机构投资者对上市公司自由现金流量控制的研究

——基于代理问题角度

梁 勇 著

科学出版社

北 京

内 容 简 介

　　本书系统地介绍了我国机构投资者发展状况和上市公司自由现金流量持有现状，详细阐述了自由现金流量内涵和机构投资者对自由现金流量的控制问题，通过实证研究，着重分析了机构投资者、不同机构投资者与自由现金流量持有之间的委托代理问题。本书共分为10章，包括绪论、相关理论基础、机构投资者与自由现金流量相关文献综述、机构投资者对自由现金流量控制的相关内容，然后分别对机构投资者在自由现金流量闲置、过度投资、在职消费、大股东掏空、公司并购、股利分配及审计监督等方面的委托代理问题进行了实证研究，从而得出相关结论，并提出充分发挥机构投资者"股东积极主义"的措施。

　　本书可供财务与会计、证券投资等相关专业的研究生参考使用。

图书在版编目(CIP)数据

机构投资者对上市公司自由现金流量控制的研究:基于代理问题角度／梁勇著.—北京：科学出版社，2017.11
　ISBN 978-7-03-054833-7

　Ⅰ.①机…　Ⅱ.①梁…　Ⅲ.①上市公司–企业管理–现金管理–研究
Ⅳ.①F276.6

　中国版本图书馆CIP数据核字（2017）第253267号

责任编辑：张　展　杨悦蕾／责任校对：王　翔
责任印制：罗　科／封面设计：墨创文化

科 学 出 版 社 出版
北京东黄城根北街16号
邮政编码：100717
http://www.sciencep.com

成都锦瑞印刷有限责任公司印刷
科学出版社发行　各地新华书店经销
*

2017年11月第　一　版　开本：B5（720×1000）
2017年11月第一次印刷　印张：13 3/4
字数：277千字
定价：96.00元
（如有印装质量问题，我社负责调换）

前　言

　　自从 Jensen 提出"自由现金流量"这一重要的财务概念之后，自由现金流量与公司委托代理问题结下了不解之缘。就自由现金流量本身来讲，仅仅作为一个财务指标，代表公司在预计未来投资项目净现值大于零所需资金之后所剩余的那部分现金流量。然而，该部分现金流所牵涉的财务关系、利益关系、所有权关系、公司治理关系等却是非常复杂的，由此引发了公司管理层与股东、大股东与中小股东、股东与债权人之间的自由现金流量、存量和增量之争。本书以干胜道教授的"所有者财务理论"为指导，主要从公司管理层与股东、大股东与中小股东之间的自由现金流量的委托代理关系入手，研究机构投资者如何积极发挥"股东积极主义"作用，主动参与公司治理，进一步督促公司管理层进行股利分配，减少自由现金流量持有，降低审计费用，最大限度地制约公司管理层对自由现金流量的占有、低效滥用、闲置不用等代理问题。同时，发挥机构投资者对大股东的制衡作用，防止大股东掏空，保护中小股东利益。在此基础上，本书也考察了机构投资者股东异质性特点，分析了不同的机构投资者对自由现金流量代理问题的影响和控制，为研究和分析各类机构投资者特征、有针对性地发展机构投资者队伍提供有价值的参考依据。

　　本书的研究重点为机构投资者对公司自由现金流量代理问题的影响和控制，总体研究思路为：先分析机构投资者股东积极主义的各种体现、自由现金流量的代理问题表现，然后结合自由现金流量内涵、特征及持有重要性，找到机构投资者与自由现金流量的契合点。在此基础上，主要参照符蓉、干胜道教授对自由现金流量代理成本的随意性支出、随意性资本支出等划分方式，梳理了自由现金流量在使用与管理、审计监督等环节的代理问题，并实证研究了机构投资者对自由现金流量存在于这些环节的代理问题的影响作用及控制情况，同时也延伸到不同类型的机构投资者对自由现金流量的影响体现。结合实证研究结果，本书提出如何改善资本市场投资环境和政策环境，完善机构投资者市场监督机制，壮大机构投资者队伍，增强机构投资者责任意识，促使机构投资者积极参与公司治理，充分发挥机构投资者股东积极主义，切实承担起保护中小股东利益的重任。

　　本书共分为 10 章。第 1 章从宏观经济、资本市场发展、股东利益三个角度分析本书研究的背景，阐述研究的意义、研究对象、研究方法、思路及主要内容和整体框架；第 2 章以所有者财务理论为主导，阐述自由现金流量代理成本理论、股权制衡理论、股东特质理论、信息不对称理论等相关支撑理论，贯穿于全书的研究；第3章为机构投资者与自由现金流量相关文献综述；第4章为机构投资者对上市公司自由现金流量控制的相关内容，对机构投资者的相关概念、分类和发展状况进行整理，着重阐述自由现金流量概念、构成结构、内在特征、持有现状和财务意义，同时从机构投资者自身优势出发，分析论证机构投资者对上市公司自由现金流量控制角色地位的确立；第5章从公司募集资金闲置角度研究机构投资者、自由现金流量与资金闲置之间的关系；第6章实证研究机构投资者对自由现金流量随意性经营支出的控制作用(自由现金流量的过度性投资与在职消费)；第 7 章实证研究机构投资者对自由现金流量随意性非经营性支出(自由现金流量被大股东掏空和低效并购)的作用关系；第8章实证研究在公司股利分配、审计监督等方面机构投资者对自由现金流量的制约作用；第9章综合前面的论述和实证分析，从制度环境、信息披露、机构投资者自身建设等方面提出政策建议和制度规范；第10章总结本书研究的不足及未来研究方向。

本书系作者在职攻读四川大学商学院会计专业博士的论文成果。在此期间，我的博士生导师干胜道教授亲自指点，在本书的框架构思、内容写作、观点提炼等方面给予很多建议；四川大学任佩瑜教授、王虹教授、程宏伟教授，西南财经大学余海宗教授、何杰教授、罗宏教授，西南大学杜勇教授及四川农业大学罗华伟教授等提出了许多宝贵意见；我的家人、同学、单位领导在我读博期间和修改书稿过程中给予了很大的支持；科学出版社在编辑出版过程中也提供了很多帮助，在此一并表示感谢。

本书撰写中引用的参考文献较多，未能一一列出，在此向原作者致谢。由于作者的学术和知识水平有限，书中难免存在不足之处，敬请广大读者批评指正。

目　　录

第1章 绪 论

1.1 研究背景及意义

1.1.1 研究背景

正当我们感叹 2007 年中国股票市场震荡，从之前的 6000 多点滑到 1600 点，从此一蹶不振时，沉默了近十年的股票市场从 2014 年下半年到 2015 年上半年再次死灰复燃，然而 2015 年 5 月又再次大滑坡，数十万亿市值顷刻消散。2015 年 5 月，国家全力救市，首次公开募股(initial public offerings，IPO)暂缓，打击投机商，才勉强把股市拉回 3000 点左右。券商圈股，大股东做空，投资者投机如此猖獗，短期投资水分严重，股市如何让人安于长期投资，上市公司如何回报投资者，投资者利益如何得到保障，委托代理成本问题日益突出，中小股东们利益何在？

面对资本市场的非理性动荡，政府监管部门积极干预，机构投资者肩负起股市"稳定器"的社会责任，使得股市逐渐恢复，市场信心被挽回。随着机构投资者的发展，其在资本市场上发挥的作用越来越明显。在 1929 年美国股票市场大崩盘之后，美国机构投资者发展迅速，包括养老基金、各类捐赠式基金、保险基金、对冲基金、互惠基金、投资公司等成为美国资本市场的新兴主体，合力维持美国股市，使美国安然度过 2008 年次贷危机。机构投资者的"稳定器"作用与其执着的价值投资理念和市场责任感是分不开的。

近年来，我国资本市场得到了快速发展。截至 2014 年底，中国资本市场 2592 家上市公司 A 股市值总规模首次突破 35 万亿元，达到 37.11 万亿元，按 2014 年中国国内生产总值(gross domestic product，GDP)63.65 万亿元计算，证券化率为 58.3%。从我国 5 年来沪深市场市值变化来看，2009 年市值总额为 24.05 万亿元，2014 年达到 37.11 万亿元，增加了 13.06 万亿元，增幅为 54.30%(表 1-1)。如此看来，我国资本市场规模在逐年扩大，市值不断攀高。上市公司数量也在上升，从 2009 年的 1581 家增加到 2014 年的 2592 家，增幅为 63.95%(表 1-2)。股市上市股票从 2009 年的 1804 亿股增加到 2014 年的 2696 亿股，增加 892 亿股，增幅为 49.45%。2014 年与 2009 年相比，总股本增幅为 67.63%,流通股股本增幅为 98.93%,总市值增幅为 47.43%(表 1-3)。市场主体的多元化发展和壮大为资本市场发展提供了更广泛的投资环境。

表 1-1　我国沪深市场 2009～2014 年 A 股市值变化情况　　（单位：万亿元）

市场板块	2009 年	2010 年	2011 年	2012 年	2013 年	2014 年
深圳市场	5.74	8.38	6.51	7.05	8.70	12.77
上海市场	18.31	17.80	14.78	15.80	15.06	24.34
合计	24.05	26.18	21.29	22.85	23.76	37.11

表 1-2　我国资本市场 2009～2014 年 A 股市值及上市公司数情况

情况	2009 年	2010 年	2011 年	2012 年	2013 年	2014 年
A 股市值/万亿元	24.05	26.18	21.29	22.85	23.76	37.11
存量公司数量/家	1581	1680	2029	2311	2466	2592
均值/亿元	152.12	155.83	104.93	98.87	96.35	143.17

数据来源：2013 年和 2014 年《中国 A 股市值年度报告》。

表 1-3　我国资本市场 2009～2014 年上市公司情况统计

年份	上市公司总数/家	上市股票总数/亿股	上市 A 股总数/亿股	总股本/亿股	流通股本/亿股	总市值/亿元	流通 A 股市值/亿元	平均市盈率
2014	2613	2696	2592	43931.08	39228.10	428620.57	314829.03	17.419
2013	2489	2574	2468	40662.43	36714.84	272499.64	198025.63	12.408
2012	2494	2579	2472	38487.68	31321.16	267848.81	180141.84	13.861
2011	2342	2428	2320	36194.88	28806.12	250115.90	163597.46	12.849
2010	2063	2149	2041	33281.67	25226.93	305214.865	191040.65	20.061
2009	1718	1804	1696	26207.33	19719.88	290727.179	149618.19	34.992

数据来源：Wind 数据库。

从全球部分国家/地区上市公司情况来看，截至 2013 年底，在上市公司数量方面，中国共有 2498 家，总市值为 3.95 万亿美元，分别为日本市值的 87.00%和美国市值的 32.89%，平均市值达到 15.81 亿美元(表 1-4)。

表 1-4　全球部分国家/地区上市公司统计(截至 2013 年底)

国家/地区	上市公司数量/家	市值/万亿美元
中国	2498	3.95
美国	5008	12.01
日本	3408	4.54
亚洲	23682	18.48
美洲	10158	28.30

数据来源：http://date.worldbangk.org.cn

　　长期以来，投资回报与投资者利益保护始终是社会各界关注的焦点。投资回报与公司价值息息相关，投资者往往偏好以公司价值为基准来评定所投资的公司的未来发展业绩，从而使利益回报和投资倾向再次回归公司财务领域，还原到以公司财务为核心，从财务角度去探讨股东利益回报。根据会计最基本的恒等式，即"资产=负债+所有者权益"。在股份制改革后，基本恒等式演化为"资产=负债+股东权益"，体现出现代公司经营权与所有权分离。企业资产形成源于债权人和股东投入。债权人利益主要依靠按期支付利益、到期支付本息来实现债权人利益保护，即使公司破产，按照《中华人民共和国企业破产法》也是先偿还债务再做其他分配。而股东权益则不一样，股东权益依靠股东投资回报，依赖于公司市场价值、所购股票价格和股利分配升降来实现。因此，股东更关注公司的长期发展和公司价值的提升。然而，在所有权与经营权分离的情况下，资本所有者从所有者经营分离出来，形成了股东与经营者之间的委托代理关系，在信息不对称情况下，经营者道德问题和逆选损害股东利益，一方面表现为资本所有者与公司经营者的委托代理问题，另一方面表现为资本所有者构成中控股股东（大股东）与机构投资者、中小股东之间的利益纷争。自从 Jensen 提出"自由现金流量"概念后，股东与经营者之间的委托代理问题集中到自由现金流量上来，表现为经营者掌握着公司盈余的信息优势，通过各种手段占有充足的可支配的自由现金流量，进行过度低效益投资、在职消费、随意性支出，而股东则要求经营者对自由现金流量予以现金分红和派发现金股利，以获取投资回报。与此同时，股东内部结构的分化，特别是在我国股权结构环境下，控股股东依靠其所占股份的比例和股份的非流通性，在维护股东利益的同时与经营者共谋，通过利益输送、掏空等方式侵害机构投资者、中小股东利益。上市公司面临的代理问题已不再是简单的股东与经营者之间的矛盾，而且也存在大股东与中小股东之间的利益冲突。

　　2000 年以来，国家不断促进机构投资者发展，机构投资者队伍的不断壮大，在资金规模、投资技术、信息发掘能力等方面有较大的优势，通过委派董事成员、市场调控等方式，对经营者的管理行为进行约束和监督，也对公司的控股股东形成牵制和制约，从而平衡股东利益分割，稳定资本市场发展。本书旨在从机构投资者角度研究对上市公司自由现金流量委托代理的控制问题，从而更加有效、规范地使用和管理自由现金流量，降低委托代理成本，充分发挥自由现金流量在公司发展中的积极推动作用，有效保护股东利益和中小股东利益，提高公司经营绩效，最终提升公司整体价值。总体来说，本书研究背景主要包括以下 4 个方面。

1. 资本市场发展逐渐成熟，国家政策支持显著增强

　　长期以来，我国资本市场发展较为缓慢，股市发展尚处于不成熟阶段，大多数上市公司是由国有企业通过改制或分拆、粉饰财务报表、包装后直接上市，以致上市公司国有主体缺位，国有股票不完全流通，存在同股不同权、同股不同价

等现象，造成市场调节股市失效。多年来，国家积极推进资本市场发展，不断完善我国股市发展制度。2001 年 3 月，在中国证券监督管理委员会(以下简称证监会)发布的《上市公司新股发行管理办法》中，首次对上市公司再融资行为进行了规范，要求上市公司近三年必须要分红派息，收益回报股东。

同时，国家在制度管控方面进一步加大对资本市场的规范管理。2004 年 1 月，国务院下发的"国九条"对建立有效的资本市场体系、完善资本市场产品结构、健全上市公司和市场群体、市场主体约束和优胜劣汰机制、市场监督机制等方面作了明确的规定，努力建设透明、高效、结构合理、机制健全、功能完善、运行安全的资本市场。2005 年 4 月，国家开始启动股权分置改革，从股票上进行改革，解决上市公司"同股不同权，同股不同价"的制度性缺陷，实行股票市场化的全流通，真正做到同股同权、同股同价，充分发挥市场化的资本配置调节作用，优胜劣汰。同年 9 月，《上市公司股权分置改革业务操作指引》和《上市公司股权分置改革说明书格式指引》先后出台，为股权分置改革奠定了良好的政策依据。紧接着，《上市公司证券发行管理办法》于 2006 年 4 月颁布，对上市公司新股发行条件作了要求，明确提出上市公司要以现金或股票方式进行利润分配，督促上市公司分红。

2008 年 9 月，财政部调整了证券交易印花税政策，降低了股票交易成本，改善了股票交易环境。2014 年，国发〔2014〕17 号《关于进一步促进资本市场健康发展的若干意见》提出要进一步促进资本市场健康发展，健全多层次资本市场体系，为我国资本市场发展创造了有利的条件。

2. 理论研究不断深入与完善，为机构投资者与自由现金流量研究提供了强有力的支撑

1932 年，"公司治理"概念首次在 Berle、Means 所著的《现代公司与私有产权》一书中提出，随后理论界对其进行了多方面研究。所有权与经营权分离理论引发委托代理理论和利益相关者理论，进而发展到产权理论，不断丰富了公司治理理论。1976 年，Jensen 提出了"自由现金流量"理论假说。他认为，由于公司委托代理问题的存在，管理层与所有者之间在目标定位、利益享有方面出现了差异。当企业持有超额自由现金流量时，管理者与所有者的委托代理转向了自由现金流量代理问题。管理者将持有的自由现金流量用于满足个人在职消费，扩大企业投资规模，增大个人权力控制，建立商业帝国等，严重损害所有者利益。那么，如何解决自由现金流量带来的代理成本问题呢？Jensen 提出了自由现金流量假说理论的两个重要的推论——负债控制说和并购效应。同时，学术界对自由现金流量的定义、公式计算、代理成本问题，以及由自由现金流量引发的过度投资、低效并购、随意性收益支出(在职消费)及现金股利分配等一系列问题展开了研究。同时，苏敏(2006)、汤谷良(2002)等将自由现金流量与现代财务理论相结合，提出了以自由现金流量为主线的现代财务运行体系。干胜道等(2009)分析了 FCF 理论在发展和应用方面存在的定量难、代理成本分解难、自由现金流量控制难问题，提出了资本市场要引进"猎食者"，防止公司自由现金流量大量"闲置"或低效使用，建立信息披露机制，消除股东与机构投资者之间的信息不对称。同时，引入经济增加值业绩评价方法，引导经营者财务行为优化等思路，促进机构投资者发挥对上市公司再融资、股利分配等重要作用。符蓉(2006)梳理了国内外对自由现金流量研究的相关成果，在此基础上提出要结合信息不对称理论、财务契约论、公司治理结构学说、激励约束理论、博弈论、业绩评价方法等，进行自由现金流量理论的相关研究，降低自由现金流量代理成本。

另外，学术界对自由现金流量理论在中国的实践利用也作了研究。比如怎样利用自由现金流量实施企业价值评估、企业绩效考核、进行股票投资决策、确定企业的最佳资本结构等。张敦力等(2014)则提出了如何量化自由现金流量的代理成本、机会成本、交易成本，影响自由现金流量代理成本、机会成本和交易成本；如何构建优化模型，综合考虑代理成本、机会成本与交易成本，确定自由现金流量最优持有量。在确定自由现金流量最优持有量的基础上，进一步研究其与闲置现金流量的关系，特别是结合我国实际情况，拓宽自由现金流量范围，深入研究负债对自由现金流量的控制验证问题，从而丰富了自由现金流量理论。通过相关的理论及文献综述归纳本书基础理论框架，如图 1-1 所示。

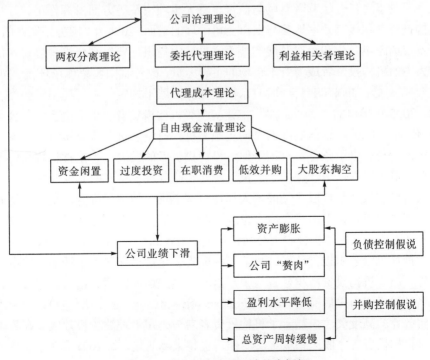

图 1-1　自由现金流量理论基本框架

3. 机构投资者发展与积极作用日益显著

在西方发达国家，机构投资者已经成为资本市场主要的投资者，占有资本市场较大比例。比如，1997 年美国机构投资者所持股份占上市公司总市值的 55%，资产总量达到了全球机构投资者资产总量的一半左右。1998 年底，除德国以外的其他西方七国集团的人寿保险、养老基金等机构投资者的资产总值占本国 GDP 比例超过了 100%（姚会员等，2006）。2006 年底，机构投资者所控制的资产总额达到了 27.1 万亿美元，较 1980 年增长了 9 倍。机构投资者持有的股票市场价值达到 12.9 万亿美元，较 1980 年增长了 225 倍。

我国机构投资者的产生和发展较晚，长期以来较大程度上依赖于政府干预和资本市场发展，发展速度相对缓慢。根据范海峰（2012）、罗栋梁（2007）、彭丁（2012）、张婉君（2013）等梳理的相关文献来看，我国机构投资者发展主要经历了萌芽初期（1993～1999 年）、初步发展阶段（2000～2003 年）和逐渐壮大阶段（2004年至今）。

我国在推进资本市场、发展多元化投资主体的同时，也在加强制度建设，规范机构投资主体，优化投资结构，支持各类基金以多种方式参与市场竞争。同时，国家也出台了一系列相关规定和通知，进一步从投资环境上去改善机构投资者投资环境。比如 2002 年发布了《中国上市公司治理准则》，明确规定"机构投资者应在公司董事选任、经营者激励与监督、重大事项决策等方面发挥作用"，肯定了机构投资者积极有效率地参与上市公司治理的一面。2004 年，国务院颁发的《推进资本市场改革开放和稳定发展的若干意见》中指出，要以基金管理公司和保险公司为主的机构投资者成为资本市场的主导力量，改善我国股票市场环境。同年，证监会在《关于加强社会公众股股东权益保护的若干规定》中又提出了分类表决机制。2005 年推出的"询价制度"，让基金等机构投资者有更多机会参与公司管理（刘传葵，2006）。这些制度的贯彻实施为机构投资者进一步直接或间接参与上市公司的治理提供了条件，有利于促进机构投资者的发展，为发挥机构投资者的"股东积极主义"作用、保护中小投资者的利益营造了良好的制度环境。

随着机构投资者持股比例的增大和在资本市场中地位的提升，机构投资者短期持有和"用脚投票"的机会成本也逐步增加，机构投资者也在逐渐放弃原有的"华尔街准则"，主动积极参与公司治理活动（Pound，1988），开始理性行使股东权利，推行"股东积极行动"，目前已经成为公司治理和资本市场的重要主体。在国外，由于机构投资者积极参与公司治理，美国运通公司、伯顿公司等六大国际知名公司一年内先后撤换 CEO（chief executive officer，首席执行官），引起理论界和实务界的高度关注，显示了机构投资者参与公司治理的积极效应。在我国，近年来机构投资者"股东积极主义"作用也越来越明显，如 2001 年发生的"方正科技股权之争"事件；2002 年"集体反对中兴通讯发行 H 股"的事件；2003 年

"招商银行可转债发行"事件和"清华同方等八家股改公司方案被否决"事件；2010 年"河南双汇机构投资者否决公司优先股转让优先受让权"议案；2012 年 5 月，"格力电器的机构投资者成功推选自己提名的董事并拒国资委的提名董事于门外"；2013 年 6 月，"大商股份的机构投资者否决大商集团及大商投资管理公司非公开发行股份及购买资产"的相关案件等，从不同方面都说明了我国机构投资者在积极参与上市公司治理，并发挥了保护中小投资者利益的作用。

当然，机构投资者在发展中，由于受多方面的外界因素限制和自身先天性的不足，也出现了不少问题。比如国债"3·27"、证券投资基金风波、2000 年的"基金黑幕"、"羊群效应"、2009 年的"老鼠仓"事件等，在不同程度上暴露出机构投资者存在的投机行为和短期利益效应，甚至出现机构投资者与管理者合谋形成"利益共同体"，共同侵占中小投资者利益。

据统计，截至 2014 年底，我国新开户 950.92 万户，其中自然人开户数量占全国新开户比例较大，2003 年以来，自然人平均开户比例为 98.53%；机构投资者为 5.29 户，占比为 0.56%，新开户比例总体趋势平缓（表 1-5）。各类机构投资者持有证券数量总体在逐年上涨，其中一般法人、基金、社保基金、合格境外机构投资者（qualified foreign institutional investors，QFII）、阳光私募基金、信托公司等持有证券数量呈增加趋势（表 1-6）。

表 1-5　2003～2014 年股票投资者历年新开户统计情况　　　　（单位：万户）

年份	全国新开户数合计			A 股新开户数		沪市 A 股新开户数		深市 A 股新开户数	
	总数	自然人	机构投资者	自然人	机构投资者	自然人	机构投资者	自然人	机构投资者
2003	140.76	135.62	1.52	135.62	1.52	73.62	0.85	62.00	0.67
2004	170.65	166.66	1.26	166.66	1.26	85.36	0.73	81.30	0.53
2005	87.02	84.92	0.86	84.92	0.86	43.81	0.53	41.11	0.33
2006	311.66	305.52	2.83	305.52	2.83	150.51	1.37	155.01	1.46
2007	3829.37	3748.00	11.48	3748.00	11.48	1867.36	5.88	1880.64	5.60
2008	1436.63	1425.14	5.30	1425.14	5.30	719.53	2.75	705.61	2.54
2009	1732.77	1719.98	6.59	1719.98	6.59	856.22	3.35	863.76	3.24
2010	1494.25	1484.85	4.92	1484.85	4.92	743.86	2.55	740.99	2.37
2011	1079.51	1072.98	4.05	1072.98	4.05	574.23	2.18	525.75	1.87
2012	556.21	552.45	2.48	552.45	2.48	289.38	1.33	263.07	1.15
2013	492.90	488.05	3.23	488.05	3.23	254.44	1.68	233.61	1.54
2014	950.92	943.89	5.29	943.89	5.30	480.41	2.64	463.48	2.66

数据来源：《中国证券登记结算统计年鉴》（2014 年），《上海证券交易所统计年鉴》（2012 年），《深圳证券交易所市场统计年鉴》（2012 年）。

表 1-6　我国 2010～2014 年各类机构投资者持股数量及持股市值情况

机构类型	2014 年		2013 年		2012 年		2011 年		2010 年	
	持有证券数量/亿股	持股市值/亿元	持有证券数量/亿股	持股市值/亿元	持有证券数量/亿股	持股市值/亿元	持有证券数量/亿股	持股市值/亿元	持有证券数量/亿股	持股市值/亿元
一般法人	2327	163901.34	2209	10.28	2218	95644.96	1995	88068.35	1697	95780.88
基金	2419	15133.58	2132	1.32	2101	13650.01	2055	12973.11	1653	17773.69
保险公司	381	9952.92	385	0.47	499	5910.36	561	4917.59	499	5456.60
社保基金	627	1638.88	508	0.10	386	639.70	312	435.30	277	427.32
券商集合理财	1028	603.36	1361	0.05	748	312.62	706	287.39	710	393.51
QFII	231	1546.60	191	864.78	152	759.47	134	575.23	214	646.54
阳光私募	467	386.04	327	171.95	307	130.44	285	109.60	263	142.51
券商	348	381.13	215	179.63	269	242.02	258	265.48	278	359.06
财务公司	37	58.41	45	71.63	54	104.59	67	75.07	36	99.61
信托公司	100	532.04	191	429.28	186	380.94	178	307.69	141	405.39
非金融类上市公司	171	3549.85	177	2022.47	179	1649.64	173	1372.23	158	1703.51
银行	21	50.34	32	64.16	30	97.04	28	115.04	25	164.11
企业年金	27	7.32	17	8.96	14	3.47	24	19.93	45	20.67
基金管理公司	0		1	3.95	1	0.35	2	0.85	3	1.03

数据来源：Wind 数据库。

4. 自由现金流量代理问题日益突出

自由现金流量是满足所有具有正的净现值投资项目所需资金后多余的那部分现金流量，因此企业出于"交易成本动机"和"预防性动机"而大量持有自由现金流量，以便在某种程度上可以节约企业交易成本，增加财务弹性，满足企业战略调整的需要，或者能够在市场竞争中保持资金优势，从而增加企业市场价值。我国沪深两市 A 股上市公司 2007～2014 年自由现金流量持有量的统计数据显示，我国上市公司自由现金流量均值和中位数都呈递增趋势，最大持有量也在不断增大。从 2007 年自由现金流量持有均值的 322094.07 万元增加到 2014 年的 612944.05 万元，增加了 290849.98 万元，增幅达 90.30%。就制造业而言，自由现金流量持有均值从 2007 年的 49207.70 万元增加到 2014 年的 126049.06 万元，增加了 1.6 倍。

然而，由于所有权与经营权分离，而我国股权高度集中，国有股处于控股地位，所有者严重缺位，在信息不对称和公司激励机制不健全、经理人市场尚未形成的情况下，上市公司管理层出于"自利动机"，方便自身能够持有和使用现金，将上市公司作为"提款机"，大量持有自由现金流量，从而产生过度投资、在职消费、"构建企业帝国"等代理成本(李悦，2001)。

(1)过度投资。过度投资和盲目多元化投资是信息不对称状态下固定资产投资过热的两种表现。盲目多元化投资导致重复建设严重，大量产品积压，企业亏损，供给结构失衡。过度投资体现在我国很多国有企业将大量自由现金流量用于项目低效益投资，管理层从中获得额外收益，侵害股东投资利益。过度投资在财务指标上可由固定资产增长率、总资产增长率来反映。我国上市公司 2007~2014 年固定资产增长率、总资产增长率的统计数据显示，2007~2014 年我国固定资产增长率、总资产增长率一直大于零，且呈正增长趋势。固定资产年平均增长率为 102%，总资产年平均增长率为 75%，特别是 2007 年、2010 年、2013 年和 2014 年，固定资产增长率较大，2014 年较 2013 年有所减缓，投资倾向开始发生调整，从规模投资转向质量投资(表 1-7)。

表 1-7 　我国企业 2007~2014 年固定资产增长率、总资产增长率情况 　(单位：%)

年份	名称	固定资产增长率	总资产增长率
2007	均值	1.1000	0.2850
	中位数	-0.0029	0.1270
2008	均值	0.3200	0.1640
	中位数	-0.0047	0.0590
2009	均值	0.4800	1.3800
	中位数	-0.0040	0.1030
2010	均值	1.0140	0.4200
	中位数	0.0130	0.1540
2011	均值	0.7700	2.5600
	中位数	0.0250	0.1160
2012	均值	0.6400	0.4520
	中位数	-0.0160	0.0800
2013	均值	2.7720	0.4195
	中位数	-0.0220	0.0800
2014	均值	1.0340	0.3540
	中位数	-0.0320	0.0880

(2)随意性支出严重。肯尼斯·汉克尔(2001)认为，随意性支出是指那些不是为了公司未来增长而随意花费的资本支出，属于自由现金流量的一部分。干胜道(2009)对随意性支出作了三个层次的分析，他指出，随意性支出是公司管理层为了自身效用最大化，主观上进行的不合理、非必要的支出，是增加公司代理成本的"赘肉"部分，是自由现金流量代理成本的一种具体表现，直接导致企业营业利润受损，相关案例也频频出现。2007年，中国铝业股份有限公司(以下简称中铝公司)对澳大利亚铝业投资收购失败而损失4.2亿元，导致中铝公司的营业利润率从2007年的135%下滑到2009年的70%。审计署2015年6月向全国人民代表大会提交的报告显示，2009~2013年，中国核工业集团公司下属财务公司以办公用品、招待费等名义购买消费卡及礼品共计914.11万元。中国中冶集团下属公司在2007年12月~2012年12月投资5.76亿元租地1640亩(1亩≈666.7平方米)，违规建设高档高尔夫球场及配套设施。

(3)在职消费。在职消费主要体现为管理层高管薪酬、业务招待费、公用车辆和通信补助等。自由现金流量的超额预留，随意增加高管薪酬，都会拉大贫富差距，有失财务公平。2010年，高管年度平均报酬水平在不同的行业中都有所提升。整个行业中，金融服务业高管薪酬最高，年度薪酬均值高达2582.25万元。其次是房地产行业，其高管年度报酬均值为618.22万元，较上年同期增加了41.70%，明显高于行业平均值26.38%。农、林、牧、渔业的高管薪酬最低，平均仅有240.04万元。2011年5月，在审计署公布的报告中，薪酬福利管理方面，中国核工业集团公司、中国远洋运输集团、中国南方电网累计违规发放薪酬近50亿元。据相关统计，2013年，沪深两市上市公司主要负责人的平均薪酬为76.3万元，而央企负责人薪酬水平是上市公司主要负责人的2~3倍，相对于职工来说，差距在12倍以上。当然，高管并不只有薪酬的获得，他们还可能通过各种途径不断地扩大在职消费。2015年，审计署在2014年年度审计工作汇报中披露，中国长江三峡集团公司高管人员违规领取购物卡，平均金额在3.6万元左右。高管在职消费不仅仅是获取高额薪酬和消费卡，在职务享受方面也是追求高档次、高规格。比如神华集团下属的铁路公司高管人员出行多次享受飞机头等舱。我国上市公司披露的2009~2013年年报中，"业务招待费"栏目数据显示，2009~2013年，在职消费绝对金额总体上逐年增加，住宿和餐饮业，租赁和商务服务业，金融业，信息传输、软件和信息技术服务业等行业业务招待费最高，农、林、牧、渔业，建筑业，科学研究和技术服务业等行业相对较低。从2009~2013年行业均值增幅来看，农、林、牧、渔业，采矿业，交通运输仓储和邮政业，批发和零售业业务招待费增长比例较大。受国家相关政策影响，住宿和餐饮业，信息传输、软件和信息技术服务业，租赁和商务服务业业务招待费近几年来呈负增长(表1-8)。

表 1-8　2009～2013 年我国上市公司在职消费（业务招待费）统计情况

行业名称	2009 年		2010 年		2011 年		2012 年		2013 年	
	企业数量/家	均值/元	企业数量/家	均值/元	企业数量/家	均值/元	企业数量/家	均值/元	企业数量/家	均值/元
农、林、牧、渔业	16	302.57	14	455.13	16	690.09	15	867.66	15	940.58
采矿业	21	837.56	21	987.35	20	1839.95	21	1934.89	18	2080.16
制造业	388	638	387	818.37	388	1053.60	369	1004.58	364	803.5
电力、热力、燃气及水生产和供应业	35	469.44	36	560.76	37	809.13	36	827.14	37	770.68
建筑业	10	282.05	11	395.97	9	362.82	8	348.62	9	303.85
批发和零售业	43	732.08	41	1604.34	43	1828.38	42	2468.28	40	2770.75
交通运输、仓储和邮政业	33	762.67	34	858.30	33	1347.04	32	1501.71	27	2064.93
住宿和餐饮业	2	3459.03	1	7011.90	2	5255.95	2	5255.69	2	2338.92
信息传输、软件和信息技术服务业	46	1021.36	48	1251.17	46	1558.94	44	1573.70	43	696.01
金融业	9	850.49	8	1155.5	9	1575.08	9	1682.18	8	1629.55
房地产业	55	652.66	54	556.58	54	650.26	47	716.56	46	865.30
租赁和商务服务业	10	1367.23	11	1581.04	11	1662.64	10	2539.90	10	892.12
科学研究和技术服务业	4	244.58	4	281.49	3	369.04		0	1	109.12
水利、环境和公共设施管理业	5	938.33	5	1069.80	5	1243.3	5	1418.34	5	1975.16
居民服务、修理和其他服务业	3	896.42	3	1676.79	3	1841.26	3	1766.64	3	1234.85
文化、体育和娱乐业	5	955.31	5	1170.76	6	306.79	5	437.93	5	4916.78
公共管理、社会保障和社会组织	17	715.831	17	837.23	16	884.92	15	848.35	15	1083.89

数据来源：上市公司 2009～2013 年年报整理数据。

(4)资金闲置。公司留存的自由现金流量越多,在成长机会相对稳定的前提下,资金闲置的可能性越高。审计署相关报告显示,我国国有上市公司仍然存在留存大量净利润的情况。从目前来看,资金闲置较为集中体现在我国募集资金方面。长期以来,我国资金募集审批政策宽松,不少上市公司通过 IPO、增发和配股、发行可转换债券等方式再融资,夸大项目资金募集说明书,超额募集资金。然而,由于项目资金计划前期不合理或投资机会不足,可能导致所募集的资金无法按期投入到项目中去,从而产生大量的闲置资金。据证监会提供的数据显示,2009~2011 年,我国 A 股 IPO 共募集资金 16000 多亿元,其中超募 3500 多亿元。A 股上市公司闲置募集资金年均达到 3580 亿元,2011 年底,尚未使用的闲置募集资金多达 4824 亿元。闲置的募集资金除了少部分用于临时补充公司流动资金外,有的则进行委托理财,甚至频繁发生募集资金变更,改变使用用途,而大部分资金是闲置在银行专用账户上。2012 年,证监会对募集资金进行了规范要求,允许公司改变募集资金的最初用途,用于投资短期收益较高的国债或银行理财产品。由此,闲置募集资金找到了新的使用方向。然而,资金募集、恶意圈钱仍然是造成新的资金闲置问题的根本源头,资金闲置问题依然严重。

2007~2014 年上市公司 A 股研究样本显示,现金持有比例(货币资金+短期投资净额占期末资产比例)超过 50%的公司数年平均占当年样本公司数的 4.1%;现金持有比例在 30%~50%的公司数年平均占当年样本公司数的 10.17%;现金持有比例为 20%~30%的公司数年平均占当年样本公司数的 12.19%。其中,连续 5 年持有 50%以上的现金比例的公司有 11 家。如此看来,我国上市公司现金持有偏好显著。由于闲置资金存量较大,公司债务水平相对较低,那么其在利息支出等财务费用方面有所降低。数据统计显示,我国连续 8 年财务费用为 0 的公司数目较多的行业有制造业,房地产业,信息传输、软件和信息技术服务业,交通运输、仓储和邮政业,批发和零售业(表 1-9~表 1-11)。

表 1-9　我国上市公司 2007~2014 年现金持有比例统计情况　　　　　　(单位:家)

比例	2007 年	2008 年	2009 年	2010 年	2011 年	2012 年	2013 年	2014 年
≥50%	44	42	90	152	107	99	54	37
30%~50%	117	118	141	230	244	312	227	189
20%~30%	174	162	214	229	240	347	313	307
10%~20%	373	409	393	439	541	671	727	761
<10%	841	872	856	867	916	686	815	840
小计	1549	1603	1694	1917	2048	2115	2136	2134

数据来源:国泰安 CSMAR 数据库。

表 1-10 我国上市公司 2007～2014 年现金连续持有比例统计情况 （单位：家）

比例	1 年	2 年	3 年	4 年	5 年
≥50%	43	17	14	12	11
30%～50%	117	40	21	10	1
20%～30%	171	36	16	5	2
10%～20%	368	174	85	46	23
<10%	823	665	112	56	43
小计	1522	932	248	129	80

数据来源：国泰安 CSMAR 数据库。

表 1-11 2007～2014 年我国 A 股上市公司财务费用连续 n 年小于 0 行业分布（单位：家）

行业名称	1 年	2 年	3 年	4 年	5 年	6 年	7 年	8 年	小计
农、材、牧、渔业	2	1	1	1	1	1	1	1	9
采矿业	6	2	1	1	0	0	0	0	10
制造业	75	53	48	44	37	32	29	25	343
电力、热力、燃气及水产和供应业	4	2	1	1	1	1	1	1	12
建筑业	3	3	3	3	2	2	1	1	18
批发和零售业	11	6	5	5	5	5	5	4	46
交通运输、仓储和邮政业	16	9	5	5	5	5	4	4	53
住宿和餐饮业	3	3	3	2	2	0	0	0	13
信息传输、软件和信息技术服务业	12	8	8	7	6	6	6	6	59
房地产业	26	14	11	7	3	2	2	1	66
租赁和商务服务业	3	2	1	1	1	1	1	1	11
科学研究和技术服务业	1	1	1	1	1	1	1	1	8
居民服务、修理和其他服务业	2	2	1	1	1	1	1	1	10
卫生和社会工作	1	1	1	1	1	1	1	1	8
文化、体育和娱乐业	1	1	1	1	1	1	1	1	8
公共管理、社会保障和社会组织	2	1	1	1	1	0	0	0	6
小计	168	109	92	82	68	59	54	48	680

数据来源：国泰安 CSMAR 数据库。

(5)股利分配少，有损股东投资回报。长期以来，我国上市公司大多是从国企分离出来的，上市就是为了融资，筹集资金促进企业发展。因此，很多上市公司为发展而少分红或不分红。上市公司所有权与经营权分离后，由于信息不对称，加之国有大股东长期缺位监管不够，造成公司管理层与投资者目标不一致，管理层利用职权进行在职消费、随意增大费用支出，盲目多元化并购和低效率投资，导致我国上市公司分红状况不容乐观。施光耀(2012)指出，我国上市公司重融资、轻分红，导致中国的证券投资者承担风险有余、享受红利不足，而且我国分红表现出派现面窄、派现额少、派现率低等特征，使得上市公司与投资者的分红需求矛盾日趋加大。

为引导和规范上市公司现金分红，我国"半强制分红"监管模式特点日益突出。2001年以来，监管层出台政策，多举措引导上市公司分红，主要包括《上市公司新股发行管理办法》(2001年)、《关于加强社会公众股股东权益保护的若干规定》(2004年)、《上市公司证券发行管理办法》(2006年)、《关于修改上市公司现金分红若干规定的决定》(2008年)、《关于进一步落实上市公司分红有关事项的通知》(2012)、《上市公司现金分红指引》(2013年)等政策。分红政策逐渐强化了再融资公司利润分配水平的门槛，对上市公司分红的监管进一步细化，比如分红信息披露更加完整，分红程序、分红标准和分红比例日益明晰。各项政策进一步强化了上市公司分红管理，督促公司提高分红水平。

表1-12~表1-15显示，我国上市公司2007~2014年现金分红发放家数逐年增长，金额也在不断增加，说明上市公司"不分红"现象有所改善。2003~2014年，上市公司按分红次数划分，大多数分红公司分红次数为1~5次或6~10次。股利支付率基本在10%以下，大于30%股利支付率的相对较少，说明我国上市公司在国家政策的约束和规范下，分红政策在不断调整，但分红力度仍然比较低。

表 1-12　我国沪深两市上市公司 2007~2014 年现金红利发放情况

年份	沪市		深市		小计/家	上市公司数量/家	所占比例/%
	数量/家	金额/万元	数量/家	金额/万元			
2007	437	4372326.63	286	995729.56	723	1530	0.47
2008	443	5919727.87	367	3221220.72	810	1604	0.50
2009	441	6543405.63	407	2682384.11	848	1700	0.50
2010	461	23290858.24	563	4440137.28	1024	2061	0.50
2011	507	32112521.53	832	6433035.70	1339	2342	0.57
2012	571	39332615.97	1110	7915263.47	1681	2494	0.67
2013	661	44536779.25	1160	8292304.25	1821	2489	0.73
2014	862	46353404.42	1220	4231837.27	2082	2586	0.81

数据来源：根据《2007~2014年中国证券登记结算统计年鉴》整理。

表 1-13　我国上市公司 2007～2014 年分红情况

年份	数量/家	占总样本(2780 家)比例/%
2007	795	28.60
2008	839	30.18
2009	990	35.61
2010	1306	46.98
2011	1610	57.91
2012	1798	64.68
2013	1866	67.12
2014	1942	69.86

数据来源：Wind 数据库。

表 1-14　我国上市公司 2003～2014 年分红情况（按分红次数）

分红次数/次	公司数量/家	占总样本(2780 家)比例/%
0	277	9.96
1～5	1446	52.01
6～10	721	25.94
11～15	333	11.98
16 及以上	3	0.11

数据来源：Wind 数据库。

表 1-15　我国上市公司 2003～2014 年分红情况（按股利支付率）

股利支付率(D)	公司数量/家	占总样本(2780 家)比例/%
$D \leqslant 10\%$	742	26.69
$10\% < D \leqslant 20\%$	665	23.92
$20\% < D \leqslant 30\%$	615	22.12
$30\% < D \leqslant 40\%$	353	12.70
$40\% < D \leqslant 50\%$	174	6.26
$D > 50\%$	231	8.31

数据来源：Wind 数据库。

1.1.2　研究意义

纵观理论界对机构投资者和自由现金流量的研究成果，基于我国资本市场环境因素，一方面，上市公司管理层通过各种方式，编造各种理由，比如预留发展资金、投资新项目、提取风险基金、扩大公司发展规模等来占有大量的自由现金流量，以便为自己在职消费和享受创造机会；另一方面，我国特殊的资本环境、特有的股权结构、处于控股地位的国家股和法人股的"一股独大"，导致股权高度集中，对公司自由现金流量的使用监管缺乏主动性和积极性，发生通过占款、关联购销、担保、现金股利等方式掏空自由现金流量，侵占和损害机构投资者、中小股东利益的情况。在自由现金流量管理和使用博弈中，常常出现债务治理的软约束（于东智等，2006）、资产重组与政府干预、并购失效（原红旗，2004）、中小股东股权分散、监督成本过高而导致"搭便车"等情况。因此，我国机构投资者在参与公司治理中所发挥的作用仍然非常有限。当然，机构投资者自身也存在双重的委托代理问题，有其天然的缺陷。随着我国股权设置改革的深入，国家股和法人股的非流动比例逐渐降低，流通股比例逐年增多，为机构投资者的发展创造了有利条件。而且，大量养老金的投入，机构投资者规模日益扩大，机构投资者参与公司治理的作用也在不断增强，逐渐成为处于中小股东和控股股东之间重要的监督力量。因此，探讨机构投资者与公司自由现金流量之间的关系，如何影响自由现金流量的闲置、在职消费、过度投资或被占用等问题，体现出机构投资者的治理作用，以此促进公司提高自由现金流量使用效益，维护中小股东利益，降低代理成本，显得尤为重要。其研究的意义归纳如下。

（1）进一步梳理和深入研究自由现金流量委托代理相关问题，充实自由现金流量理论。本书着重梳理自由现金流量委托代理问题的相关文献，对自由现金流量理论框架进行完善。同时，通过深入研究自由现金流量的代理问题，并从机构投资者"股东积极主义"入手，研究机构投资者与自由现金流量之间的关系，从而丰富了自由现金流量内容，对自由现金流量代理问题形成了较为清晰的研究脉络。

（2）以自由现金流量为主体，积极探讨了机构投资者"股东积极主义"在我国财务管理领域中的应用，进一步完善了机构投资者参与公司治理、发挥监督作用、维护中小股东利益的相关内容，为下一步优化公司资本结构、加强机构投资者监督治理、完善资本市场发展提供了参考价值。

（3）为进一步深入研究公司内部治理、优化治理结构、发挥机构投资者积极作用、保护股东利益、实现财务公平提供了明确的思路。

1.2　研究问题、对象及目标

1.2.1　提出问题

综上分析，本书研究的基本问题是：自由现金流量是股东与经营者争夺的利益焦点，谁拥有和占有公司剩余所有权中归属于股东和经营者的自由现金流量，那么谁就能够获得投资回报。由于自由现金流量给股东与经营者所带来的效用不同，自由现金流量在形成、使用与管理中出现了不同的代理问题，导致股东与管理者、大股东与中小股东之间利益冲突异常突出。在我国特殊的股权结构中，机构投资者在公司治理中是如何代表中小股东利益加强对上市公司自由现金流量进行监督，督促公司管理层将公司自由现金流量及时分配给股东，实现股东投资回报，降低股东投资机会损失，或者投资到收益高的项目，提高公司未来收益；又如何与大股东博弈，防止大股东对公司自由现金流量的掏空，将自由现金流量有效地分配给中小股东，保护中小股东利益，实现投资公平的呢？基于这个问题，本书着重研究自由现金流量所产生的代理问题，通过机构投资者对自由现金流量闲置、管理层在职消费、过度投资、并购和大股东占用方面，以及机构投资者对自由现金流量的股利分配、审计监督的代理问题进行了系统研究，深入探讨了机构投资者的"股东积极主义"。在此基础上，提出加强机构投资者规范管理和引导发展，加大对公司自由现金流量监督管理的相关政策建议和实施措施，克服"股东异质"的不足，发挥"股东特质"的优势作用，从而有效实现机构投资者的"股东保护""股东制衡"和"股东抑制"作用。

1.2.2　研究对象与研究目标

　　本书研究对象是机构投资者和自由现金流量。研究目标就是探讨机构投资者如何影响自由现金流量的代理问题，研究机构投资者的股东积极主义，全面阐述和分析自由现金流量的委托代理问题，平衡各相关利益主体在自由现金流量问题上的利益均衡，实现对自由现金流量的优化使用，减少自由现金流量的委托代理问题，发挥其应有的内在价值和市场价值。

1.3　研究方法及研究思路

1.3.1　研究方法

　　本书主要采用规范性与实证相结合的研究方法。规范性研究就是对机构投资者与上市公司自由现金流量的内在联系进行梳理，提出机构投资者对自由现金流量代理问题的先天性制约优势。在此基础上，通过实证研究分析机构投资者与自由现金流量的联系，抽象出可以反映二者之间实质关系的模型；在此基础上实证分析机构投资者对自由现金流量的代理问题，从而探讨机构投资者在发挥"股东积极主义"中反映的主动性、有限性和消极性，进而提出相关的解决措施。

　　本书的实证研究主要运用 SPSS19.0 等统计分析软件对理论模型和替代变量的数据进行方差分析和回归分析，通过数据实证分析，验证机构投资者、自由现金流量及其代理成本问题之间的相关关系，从而检验出不同类型的机构投资者对自由现金流量代理问题的不同影响作用，挖掘出自由现金流量代理问题影响的关键点，为降低自由现金流量代理问题，发挥机构投资者的监督作用，保护股东及中小股东投资回报提供有价值的参考依据。

1.3.2　研究思路

　　本书首先对国内外学者对机构投资者"股东积极主义"相关文献进行了系统梳理和总结，并对自由现金流量代理问题的文献作了归纳整理，全面系统认识理论界对机构投资者、自由现金流量及机构投资者与自由现金流量之间问题的研究状况。同时，本书对自由现金流量内涵和存量进行了分析理解，突出了自由现金流量代理问题的内在特征，进一步分析了机构投资者对自由现金流量控制和影响角色地位的确立，将机构投资者与自由现金流量之间的关系有机结合起来。接着，本书沿着符蓉、干胜道对自由现金流量随意性经营支出(包括随意性收益支出和随意性资本支出，随意性收益支出表现为"公司脂肪"，随意性资本性支出表现为"投资过度")与非经营支出(表现为"利益输送"等)的层次划分思路，着重探讨机构投资者对自由现金流量代理问题的关注重点，即资金闲置、在职消费、过度投资、低效并购、大股东占用、股利分配和审计费用等代理成本的不同影响作用表现，并实证研究机构投资者及其不同类型的机构投资者对自由现金流量主要代理问题的不同作用，从而反映出机构投资者参与公司自由现金流量监督过程中存在的差异性特点。

　　同时，本书也分析了机构投资者在对公司自由现金流量发挥控制作用时存在的制约问题。那么，由此可以提出在发挥机构投资者"股东积极主义"作用时，特别是针对公司自由现金流量的监督管理中，应着重突出机构投资者对公司自由现金流量哪些代理问题有突出影响作用，哪些代理问题则因为多种因素影响而无法产生积极作用，指出机构投资者在这些代理问题的监督管理上存在的不足之处，然后给予政策支持和有效加强，而对于机构投资者关注度不够或监督作用发挥不到位的代理问题，通过相关制度约束、职责完善、手段改进等方式进行监督管理，由此使得机构投资者"股东积极主义"作用得到有效发挥，而且更有助于规范和完善机构投资者自身发展，为今后切实承担起稳定股市、促进资本市场有序发展职责，有效履行其社会责任奠定良好基础。

1.4　研究创新点

(1) 以股东特质的视觉，较为系统、全面地探讨了机构投资者与自由现金代理问题之间的关系。按照肯尼斯·汉克尔、符蓉和干胜道对"随意性支出"的层次分解思路，进一步对自由现金流量的代理成本支出进行划分，并通过实证发现机构投资者对自由现金流量代理问题所体现出的不同影响和控制作用。深入分析这些不同作用隐藏的原因，更有效地提出改进机构投资者"股东积极主义"的措施，从而承担起保护股东利益的社会责任。

(2) 以财务公平为出发点，研究机构投资者在对上市公司自由现金流量进行控制和影响的过程中，实证发现不同利益相关者对自由现金流量代理问题存在不同的影响作用，以及而机构投资者如何发挥其持股优势和专业优势，克服中小股东和债权人弱点，与大股东博弈，防止大股东的掏空行为对自由现金流量的占有，侵害中小股东利益。

(3) 研究机构投资者在对上市公司自由现金流量的监督中受到哪些因素的制约，从因素分析中把握各个影响因子的不同作用，有利于引导机构投资者强化和提高自身管理能力，提高监督制约能力。

(4) 考虑股东异质的特征，研究机构投资者内在不同类型对上市公司自由现金流量控制作用的差异。

1.5　主要内容与框架

本书主要内容安排如下：

第 1 章为绪论。首先从宏观经济、资本市场发展和股东利益三个角度分析本书研究的背景，阐述研究的意义，对所研究的问题即研究目标进行简要介绍，最后提出研究的方法、思路，以及研究的主要内容和整体框架。

第 2 章为相关理论基础。紧紧围绕研究对象和内容，以所有者财务理论为主导，阐述自由现金流量代理成本理论、股权制衡理论、股东特质理论、信息不对称理论等相关支撑理论，贯穿于全书的研究。

第 3 章为机构投资者与自由现金流量相关文献综述。梳理了机构投资者表现出的"股东治理""股东制衡""股东异质""股东抑制"等股东积极主义的相关文献，对机构投资者积极作用有较为清晰、系统的认识。同时，在自由现金流量代理问题文献的梳理过程中，也对自由现金流量存在的各种代理问题和自由现金流量所涉及的各种利益关系和利益矛盾有了深刻的认识。二者结合起来可以清晰发现，机构投资者"股东积极主义"体现和自由现金流量代理问题存在都具有共同的归属点，如公司的过度投资、在职消费、公司并购、资金闲置、大股东占有掏空自由现金流量等。由此，文献的梳理也为下一步研究机构投资者参与公司自由现金流量管理监督作了铺垫。

第4章为机构投资者对上市公司自由现金流量控制的相关内容。主要介绍了机构投资者相关概念、分类和发展状况；着重阐述了自由现金流量概念、构成结构、内在特征、持有现状，并回归到自由现金流量的财务指标本质，追溯了其财务意义；同时从机构投资者自身优势，分析论证了机构投资者对上市公司自由现金流量控制角色地位的确立，当然也对机构投资者"股东积极主义"的异质性作了分析。

第5章为机构投资者对自由现金流量产生的控制研究——基于自由现金流量的闲置问题。从公司募集资金闲置角度研究了机构投资者、自由现金存量与资金闲置之间的关系。研究发现，作为资本投资的机构投资者，往往追求长期规模收益，公司存有大量的自由现金流量，对于机构投资者来说，现金流敏感性相对较弱，自由现金流量存量只是暂时性的低效益使用，对他们投资收益回报仅仅是周期增长，他们更在乎公司的长远发展和市场价值的提升。因此，机构投资者对自由现金存量的闲置问题往往会采取默许态度，对资金闲置的代理问题的控制积极性不高。同理，机构投资者中各类机构投资者对此也存有不积极态度。

第6章为机构投资者对自由现金流量随意性经营支出控制的实证研究——基于自由现金流量过度性投资与在职消费。①过度投资是指自由现金流量被用于规模扩张、资产扩大。对于公司发展来说，扩大战略目标，增加资本性支出是公司适应市场需求发展变化需要和管理层追求超规模投资收益的客观要求。过度投资是公司对外扩大项目投资范围的重要体现，是满足公司发展决策的要求。②公司管理层在职消费，对自由现金流量随意支配，这些都是公司内部运行和经营所必需的。对于外部治理的机构投资者来说，在信息不对称状态下，它们也无法真正了解和熟知所投公司的行业特征、行业发展趋势、公司运营模式和机制等。因此，本章论证了机构投资者如何对公司过度投资和在职消费进行制约与控制的问题。

第7章为机构投资者对自由现金流量非经营性支出控制的实证研究——基于自由现金流量的掏空与低效并购。研究发现，大股东占款和进行低效益并购的行为，在很大程度上损坏了机构投资者等中小股东的投资回报利益。机构投资者以自己的持股比例和专业优势，充分发挥"股东积极主义"，对公司自由现金流量代理问题进行有效的监督和控制，切实保护中小股东利益。

第8章为机构投资者对自由现金流量支出的监督控制研究。主要是在公司股利分配、审计监督等方面论证了机构投资者对自由现金流量的制约作用。

第 9 章为机构投资者对公司自由现金流量积极控制的措施。综合前面的论述和实证分析，从制度环境、信息披露、机构投资者自身建设等方面提出政策建议和制度规范。

第 10 章为总结与展望，总结了本书研究的不足及未来研究方向。

全书的框架结构如图 1-2 所示。

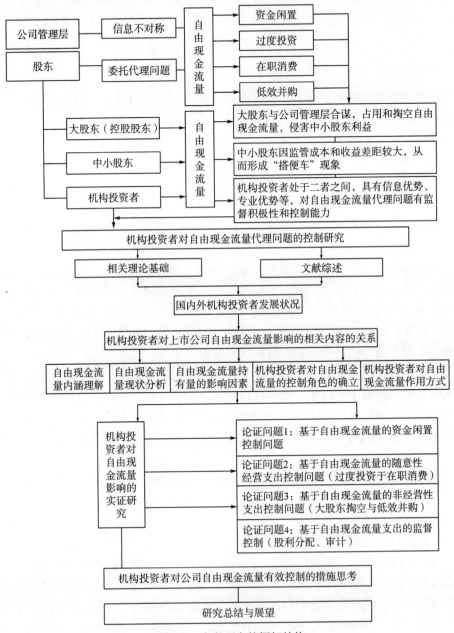

图 1-2　本书研究的框架结构

第2章 相关理论基础

2.1 所有者财务理论

所有者财务理论是财务分层理论发展的新突破。1995 年，干胜道(1998)在阐述所有者财务理论时，将公司财务划分为所有者财务与经营者财务两个层次，这与公司所有权与经营权分离是密不可分的。所有者财务理论是对郭复初提出的国家财务、部门财务与企业财务三个层次的继承与优化，符合现代企业制度要求。所有者财务理论进一步阐释了财权主体与财务主体的区别与联系，有效地将财权与产权相结合，提出了财权根植于产权，并且财权是由资本派生出来的，只存在于所有者与经营者之间，可以是多元化的，而财务权是一元的。在现代企业制度中，所有权与经营权两权分离，那么财权与财务权之间的区别就更加明显。所有者财权表现为对企业的重大决策权、监督权等，而经营者拥有的是公司日常财务管理权。所有者理论认为，财务经理由于没有独立的财权，不能算是一个独立的财务主体。对于公司财务经理来说，他们是代为行使所有者财权。而利益相关者(债权人、债务人、公司员工等)相对于公司来说，他们从公司获取的是投资理财的财务收益，而不是行使其对公司的财权或财务权。

在干胜道提出所有者财务理论("财务管理二层次理论")后，汤谷良(2003)等在此基础上拓展了公司财务管理理论，提出出资者财务、经营者财务、财务经理财务等"三层次理论"。赵德武(2000)也提出了债权人财务、出资者财务和企业财务的"三层次说"，之后李心合(2003)还提出了包括利益相关者财务、经营者财务、职能部门财务、分部财务、员工财务等"五层次说"。在此期间，解群鸣(1998)、伍中信(2005)、杨君伟(2002)、王跃武(2005)等先后对所有者财务理论进行了四次争论，通过观点的分歧与争论的融合，进一步拓展了所有者财务理论的内涵，完善了所有者财务理论体系，为指导机构投资者等利益相关者参与公司财务治理与公司决策，缓解上市公司内部控制问题提供了理论基础。

对于我国上市公司来说，脱胎于国有企业，国有控股和国有股的不完全流通，导致国有资产的所有者长期"缺位"，在"一股独大"的情况下，控股股东与公司管理层合谋，通过股权比例和经营决策权把控来控制股东大会和董事会，控股股东采取各种"利益输送"手段来获取控制权私人利益，侵害中小股东利益。而管理层则利用所有权与经营权分离出现的信息不对称情况，在以国有产权为主导的制度下，在政府职能"缺位"、独立董事独立性缺乏、监事会监督不力等情况下谋取个人利益。

因此，对于机构投资者来说，他们是公司资本的投资者，也代表了最大流通股和中小股东利益，凭借持股优势、专业优势和经营优势，通过股东大会、董事会，以及与公司管理层对话沟通等途径来对公司内部控制人施压，从而监督公司经营活动、筹资活动、投资活动，加强对公司的经营管理和财务监督，审查上市公司财务信息披露和经营活动是否合法规范，防止公司各种关联性交易和内部交易，防止损害中小股东投资利益。而自由现金流量是公司剩余的可随意支配的现金流，自由现金流量使用与管理产生的各种代理问题直接损害了机构投资者和中小股东的投资回报利益。那么，机构投资者积极参与公司治理、对公司重大决策进行投票监督就是必然的，也是非常必要的。

2.2　自由现金流量代理成本理论

委托代理理论是现代企业理论的重要组成部分。《国富论》中，亚当·斯密(2003)曾写道："股份公司中的经理人员使用别人而不是自己的钱财，不可能期望他们会有像私人公司合伙人那样的觉悟性去管理企业……在这些企业的经营管理中，或多或少的疏忽大意和奢侈浪费的事总是会流行"，指出了这种委托代理问题的根源。Berle 等(1932)指出，公司所有权和经营权的分离是产生委托代理问题的基础。Ross(1973)对委托代理进行了描述，即由于所有者与经营者在两权分离后不是同一个利益主体，他们所追求的效用也不一致，从而产生了委托人与代理人之间的委托代理问题。林毅夫等(1997)认为，委托代理关系中存在信息不对称、激励不相容和责任不对称三个显著特征。在现代企业制度中，实现企业价值最大化、获得长期投资回报是股东的经营目标，而公司管理层有所不同，他们更在意私人利益的获取，比如提高薪酬、增加闲暇时间、更多在职享受、风险最低、取得较大的股权激励等。在股权较为分散的情况下，股东持股不集中，对经营者监督力下降，容易产生代理问题。企业代理关系主体主要包括股东与管理者、大股东与中小股东、债权人与股东之间的委托代理关系。

1976 年，Jensen 和 Meckling 阐述了代理成本学说，随后在公司理财和组织设计中推广了这一学说，以自由现金流量为核心逐渐形成了代理成本理论的一个重要分支——自由现金流量理论。Jensen (1986)指出，自由现金流量代理成本产生的原因主要在于自由现金流量与管理者自身效用最大化之间的关系。当企业存在大量自由现金流量时，公司管理层有动机谋取私人利益，为了增加控制的资源，增强控制权力，实施扩张战略，管理层不愿意增加股利发放或偿还债务，而是将自由现金持有量用于过度投资、在职消费等，由此增加代理成本，产生自由现金流量代理问题。自由现金流量作为公司的一种特殊资源，对于公司管理者、股东、控股股东与中小股东都有着特殊意义。对于公司与公司之间的竞争来说，自由现金流量越多，越受到"猎食者"的关注。

对于如何解决自由现金流量代理成本问题，Jensen 提出了自由现金流量假说的两个推论，即负债和收购或被收购，减少自由现金流量持有量。Jensen(1986)认为，负债是股利的有力替代品，比支付股利更有约束力，负债通过按期还本付息，督促管理者定期偿还本息，减少公司自由现金持有量，从而制约管理者对自由现金流量的低效益使用。在企业外部融资不变的情况下，负债比例的提高有利于强化负债约束力，缓解管理者与股东的利益冲突。而收购或被收购则是指管理者在持有超额自由现金流量时，他们不愿意发放股利或回购股票回报股东收益，而是去收购其他公司，建立自己的权力"帝国"。否则就是持有大量自由现金流量而被"猎食者"锁定为被收购目标，当公司被收购后，新公司会重新整合公司自由现金流量，调整经营战略，提升公司价值。因此，Jensen(1986)提出"自由现金流量理论可以预计哪一类兼并与收购更可能会摧毁价值而不是创造价值；它也表明收购怎么样既成为股东与管理者之间的利益冲突的铁证，同时也是这一问题的解决方法"。

2.3　股权制衡理论

股权制衡在于制约控股股东为获取私人利益而损害中小股东利益的行为，从而在一定程度上保护中小股东。从股权结构来看，我国上市公司包括国有股、法人股、流通股、境外股。按照持股量和持股比例，可划分为第一大股东、中小股东等。由于股东股权的不一样，它们对公司的控制权力也不一样。从理论上分析，股权制衡一方面通过大股东持股抑制控股股东对公司利益的侵害，保护中小股东利益，另一方面股东与股东之间的控制权争夺，影响公司决策效率，使公司经营绩效下降。股东制衡理论中主要存在两种观点，一是内部控股股东出于自利动机，做出有损于其他投资者利益的决定；二是外部股东监督和约束控股股东，降低控股股东侵占利益的可能性，保护中小股东利益。Patibandl(2006)研究表明，国外机构投资者与一般普通股东不同，其持股比例越高，对公司控股股东约束力越强。王奇波(2006)指出，机构投资者能够对控股股东形成制衡作用，牵制控股股东侵害中小股东利益的行为，减少控股股东的控制权私人收益，促进公司提升业绩水平。

2.4　股东特质理论

2011 年，在所有者财务理论的基础上，干胜道(2011)首次提出了股东特质范畴。他指出不同的股东具有不同的特征，这与股东在投资理念与投资策略、投资额度、持股份额等方面体现的特征相关。干胜道对股东特质在企业盈余管理、收益分配、财务监督等财务行为方面的影响做了深刻分析，对探讨股东行为、思考和解决公司法人治理问题等方面有积极的意义。梁勇等(2013)阐述了基于股东特质的自由现金流量监管问题，分别分析了控股股东掏空和占有自由现金流量，中小股东倾向于"搭便车"的行为，而提出机构投资者能够发挥"股东积极主义"的作用，约束管理层对自由现金流量低效使用的行为，缓解股东与管理者之间的矛盾。由于机构投资者与其他股东不同，它处于大股东与中小股东之间，本身在持股比例、专业优势、机构功能等方面要优越于中小股东，他们参与公司治理、监督管理层所产生的代理成本也较中小股东低。同时，基于机构投资者的投资模式和运营机制，他们能够主动积极督促公司提高股利分配、减少过度投资、降低自由现金流量代理成本等，发挥"股东积极主义"作用。具体到不同类型的机构投资者，由于资金来源渠道不同，资产所属性质差异、债务特点、股东委托要求、投资长短期限、投资偏好等各方面存在，产生了机构投资者在自由现金流量问题上不同的行为。如同证券投资基金，偏好短期收益最大化，忽视对自由现金流量的监管。而社保、保险基金偏长期投资，追求长期投资利益，往往更加重视对自由现金流量的监管。

2.5　信息不对称理论

市场是不完全市场，各市场主体仅仅占有部分信息。Akerlof(1970)提出了信息不对称理论。该理论认为，在市场经济活动中，由于社会分工的不断深化，市场被逐步细分，客观导致市场信息在经济个体之间的分布差异，同时各经济主体对市场经济参与度不同，获取信息的渠道和能力不一样，那么必然使得各经济主体之间存在信息不对称现象。Akerlof 指出，由于信息不对称而使得信息拥有一方损害另一方的利益，比如逆向选择和道德风险。对于现代公司来说，所有权与经营权分离，公司管理者则掌握公司更多经营信息，股东很少参与公司具体业务，这种情况下，管理者会利用信息优势来进行个人利益最大化满足，从而偏离"股东利益最大化"的目标，造成企业资源低效率或浪费。自由现金流量是不影响公司持续经营，满足公司未来年度资金正当资金需求之后剩余的那部分现金流量，该部分现金流量应该以股利形式发放给股东，维护股东投资回报权益。然而，由于信息不对称，管理者以预防风险为由，随意占有大量自由现金流量为己所用。在股权集中度较高的资本市场，大股东则以持股比例的绝对控股权力，任意占用掏空公司自由现金流量，损害机构投资者和中小股东的利益。

2.6 理论评述

综上所述，通过对上述相关理论基础的梳理不难发现，机构投资者与自由现金流量之间的问题始终围绕着公司治理结构和委托代理问题不断展开。所有者财务理论提出，在所有权与经营权分离的情况下，股东是公司财务唯一的财权主体，而经营者只是代理股东行使日常财务权的主体。机构投资者作为公司投资者，他们有权享有对公司经营活动、投资活动和筹资活动的财务监督权，对公司拥有剩余利益索取权。自由现金流量是公司所拥有的特殊财务资源，其本身的价值不仅仅在于它能够满足公司管理层进行在职消费、随意性支出、增加高管薪酬、过度投资、多元化低效投资等意愿，而且它也是债权人获取本息保障、股东股利回报的重要来源。实质上，自由现金流量更重要的价值在于它能够真正发挥出调剂资金需求、降低企业融资风险、防范财务风险、衡量企业价值的积极作用。然而，从当前理论渊源和实务来看，自由现金流量由于定量难、分解难、控制难，成为委托代理问题的核心，也是迫切需要解决的委托代理问题，从而维护财务公平，和谐管理层与股东、控股股东与中小股东之间的投资关系。机构投资者作为公司外部治理的重要力量，它依赖于持股地位和自身优势，在参与公司治理时要比其他股东更为主动和积极。机构投资者的作用和地位被认可，在很大程度上是与其自利动机、专业优势密不可分的，正是因为这些因素，机构投资者在减少控股股东掠夺中小股东利益的机会主义行为，以及对公司管理层产生实质性约束方面发挥了"股东积极主义"作用。当然，机构投资者在发挥"股东积极主义"的时候，也要受到控股股东的制约，同时不同类型的机构投资者与公司有着不同的利益关联，加上各自投资偏好、利益目标和股东性质的差异性，也会对公司自由现金流量有不同的控制差异。

第3章 机构投资者与自由现金流量相关文献综述

3.1 机构投资者"股东积极主义"

目前，"股东积极主义"尚无统一的定义。"股东积极主义"更多的是用于描述股东积极的行为方式。当然，学术界对其也有不同的阐述。Bfair(1995)把"股东积极主义"看作是投资者对公司管理的一种积极、主动的监督履职状态。Smith(1999)认为"股东积极主义"是指监督和督促管理者始终保持与股东一致的目标，并通过各种方式监督管理层调整战略决策，优化组织结构，追求与股东相同的目标。Black(1998)认为，美国机构投资者通过提交股东议案或对公司管理层、董事会进行施压等方式来影响公司决策，从而发挥"股东积极主义"作用。Stephen(2005)认为"股东积极主义"就是机构投资者加强公司管理监督，行使积极的表决权力来干预和调整管理层决策。综合相关文献，本书机构投资者"股东积极主义"体现为"股东治理——机构投资者参与公司监督与管理""股东制衡——机构投资者参与'股东保护'""股东异质——不同机构投资者的差异化作用""股东抑制——机构投资者与自由现金流量的关系"四个方面。

3.1.1 股东治理——机构投资者参与公司监督与管理

机构投资者股东治理主要集中反映在机构投资者能够对公司绩效、公司审计、股利分配、高管薪酬、公司会计信息质量、盈余管理、公司投融资等方面发挥积极监督的作用。本章主要就机构投资者对公司过度投资和并购活动的监督与管理内容进行文献梳理，体现出机构投资者的股东治理作用。

在公司过度投资行为方面，机构投资者较为关注公司投资决策，他们能够依托其持股比例优势、专业人员优势、信息处理优势等对公司投资决策发挥监督作用。Jensen(1986)认为，经理会将自由现金流量用于扩大投资，增加企业规模来满足自己各种利益需求。Hart(1995)也认为经理有建造"企业帝国"的强烈动机。Conyon等(2000)发现，经理收益随企业规模扩大而增加，二者之间是增函数关系。

因此，公司经理层会利用自由现金流量来增大规模，而不管投资项目未来的投资收益如何，结果导致过度投资问题时有发生。Lakonishok 等(1994)认为，机构投资者能够使经理人员以股东价值最大化为管理目标，防止发生企业过度投资。李云鹤等(2012)研究发现，企业发展的生命周期对机构投资者制约公司过度投资行为有极大影响。即成熟期的上市公司，过度投资越严重，机构投资者发挥的抑制作用越显著。而那些处于成长期和衰退期的公司，过度投资严重程度不高，机构投资者对其过度投资行为制约作用不显著。信息披露质量和披露考评对机构投资者发挥公司过度投资抑制作用也有影响。崔学刚(2004)和宋常等(2010)研究发现，如果公司信息披露评级较高，信息披露质量好，那么能够减少信息不对称程度，公司透明度增强，机构投资者对过度投资的控制更有效。同时，机构投资者也通过促进公司提高信息披露来缓解公司的过度投资行为程度。

在公司并购活动方面，机构投资者能够介入上市公司并购决策，维护股东利益。比如，较为成功的案例有 2010 年双汇集团高官与股东争利议案遭基金集体否决、机构集体反对盐湖钾肥 1000 亿并购事件。汪忠等(2006)研究认为，企业并购活动存在利益转移的可能性，从而损害股东利益。机构投资者代表大多数中小股东利益，他们会采取措施阻止公司并购侵害公司股东利益，会对公司并购决策施加影响，阻止并购决策的执行。机构投资者对公司并购的积极作用体现在机构投资者提出的议案通过率远远大于个人投资者，Gillan 等(2000)指出，机构投资者在股东大会上所获得的支持票数是个人投资者平均数的 1.75 倍。当然，机构投资者的独立性和对公司并购活动的预期判定，对过度投资仍然有影响。Chen 等(2007)扩大了 Qiu(2004)对公共养老基金的研究范围，他指出机构投资者的独立性强能够对公司并购发挥显著的监督作用，一旦发现公司并购有损公司价值，机构投资者会督促管理层放弃并购决策，减小价值损害型并购发生的概率。机构投资者以并购活动是否影响公司业绩或是否影响其切身利益为标准，来决策他们对并购活动的行为选择，若有正向影响，他们会积极支持，否则会采取措施坚决反对。

机构投资者存在异质性，他们对公司并购的作用也不一样。Lily 等(2008)研究表明，公共养老金持有的公司即使并购后也会改善长期业绩，它对并购活动有监督作用，其他机构投资者则效果不明显。Chen 等(2007)研究发现，独立、长期的机构投资者往往对公司并购活动起着监督作用，降低未来预期业绩不好的公司并购活动发生的可能性。

3.1.2　股东制衡——机构投资者参与"股东保护"

"股东保护"是股东投资回报和股东利益保护的综合体现。近年来，在我国资本市场发展不成熟时期，由于股权集中，上市公司的大股东凭借其持股优势与管理层合谋，通过对上市公司自由现金流量的掏空、占款、过度分红等方式进行利益输送，侵害小股东利益。机构投资者拥有专业的队伍，信息处理能力显著高于中小股东，他们能否与大股东抗衡，制约大股东在公司治理中的控制作用，保护中小股东利益呢？主要体现在防止大股东与管理层合谋，掏空、占用公司资金，损害中小股东利益。

唐清泉等(2005)认为，机构投资者在大股东占有大量市场份额时会主动介入公司治理，约束大股东利益输送行为，保护中小股东利益。王琨等(2005)分析发现，前十大股东中若存在机构投资者的上市公司，它们的关联方占款程度明显要低于其他公司，而且机构投资者持股比例越高，公司中关联方占款程度越低。王化成等(2006)研究发现，机构投资者通过监督和限制大股东对小股东利益的侵害，抑制公司盈余管理行为最终达到维护自身利益的目的。王奇波(2006)认为，机构投资者能够积极参与公司控制权竞争，形成制衡的股权结构，从而限制大股东对中小股东的利益侵吞与掠夺。

机构投资者能够发挥股东制衡作用，在很大程度上也是在于其持股及其所拥有的话语权。翁洪波等(2007)指出，机构投资者由于持股比例较高，在公司治理中拥有较多的话语权，他们能够有效发挥监督作用，制约公司的超能力派现行为。李刚 (2009)研究发现，大股东依靠持股比例优势、通过分红来占有公司自由现金流量，侵害股东利益，而机构投资者能够清晰判定上市公司分红的目的，辨别分红是否与大股东掏空相关，从而引导和有效保护中小股东利益。

"隧道挖掘"也是大股东侵占公司自由现金流量、损害股东利益的一种方式。高雷等(2006)和唐清泉等(2005)指出，机构投资者可以降低上市公司"隧道挖掘"行为，保护中小股东利益。赵敏等(2011)则认为，机构投资者对大股东掏空行为的制约程度依托于证券监管部门的参与。如果证券监管部门能够有效监督大股东的掏空行为，机构投资者才能够在此基础上发挥有效抑制作用。反之，机构投资者对其制约作用非常有限。张婉君(2010)研究发现，我国股权集中，控股股东为了获取控制权私人收益，通过关联交易、资金占用等掏空行为占有公司自由现金流量，从而减少对公司的资本性支出，影响未来公司发展基础。机构投资者对此发挥了对公司经营决策的监督作用，以减少股东占用资金现象，减少随意性支出，提高资本性支出水平。

3.1.3 股东异质——不同机构投资者的差异化作用

2011 年，干胜道在《股东特质与企业财务行为研究》中首次提出了股东特质范畴，他认为，不同类型的股东因为投资金额、所占份额、投资目的、投资理念与投资策略的不同，所表现出来的投资行为特征也存在很大差异。按照Coffee(1991)提出的利益冲突标准、持股量标准和长期持股标准来评价机构投资者参与公司治理的程度差异。机构投资者与公司利益越紧密，就越关心公司业绩的发展。机构投资者持股比例越大，在公司决策中越有充足的话语权，参与公司治理的机会更多，影响决策力度才越强。长期持股的机构投资者只有通过发挥对公司治理的长期监督作用才能获得改善公司治理所得到的收益。Black(1992)、MoshePinto(2006)分别研究了机构投资者的股东异质性特点，主要分为内在和外在的特点差异。内在特点体现在不同机构投资者资金规模、投资期限、持股股票比例、管理人员等。外在特点包括治理框架、激励机制、利益冲突、文化差异、法律限制等内容。由于上述差异性的存在，不同的机构投资者在公司中执行的股东受托责任不一样，那么他们执行任务时的行为表现就不同。归纳起来，机构投资者的异质性具体体现在公司绩效、公司投融资、公司并购、过度投资、公司股利分配政策、高管薪酬、会计信息披露、审计监督等各个方面。本书主要阐述机构投资者股东异质对公司绩效、公司并购和公司过度投资的相关内容。

在公司绩效影响方面，Woidtke(2002)研究发现，私人养老基金持股比例与公司 Tobin-Q 之间存在正相关关系。私人养老基金管理者的薪酬与业绩挂钩，更加关注公司价值的提升。汪光成(2001)研究基金持股特征时，发现基金持股与股票每股收益之间有显著的相关性。娄伟(2002)、肖星等(2005)、邵颖红(2006)等对证券投资基金进行了研究，结果反映证券投资基金与公司业绩有明显的正相关关系，证券投资基金也倾向选择业绩好的公司，也对公司业绩有促进作用。石良平等(2007)研究表明，基金持股比例越高，上市公司的每股收益越高。宋渊洋等(2007)针对 2003～2007 年的样本进行了回归分析，结果发现证券投资基金、券商等持股比例高的机构投资者与公司绩效改善显著正相关，而信托公司、保险公司等持股低的其他机构投资者与公司绩效改善不相关。

在公司并购活动影响方面，Gaspar 等(2005)发现，短视的机构投资者会弱化对公司管理层的监督，助长管理层的随意性，弱化机构投资者对公司经理人的监督。2007 年，Chen 等又验证了长期的独立的机构投资者更倾向通过监管和影响公司决策获得收益，其他类型的机构投资者不存在监督效应。机构投资者持股比例高，对公司管理层监督更有效，公司价值不会被损害，其被接管并购的可能性会降低。同时，机构投资者对并购活动的影响还表现在对反接管修正案的处理方面。Brickley 等(1988)、Jarrell 等(1988)及 Borokhovich 等(2000)实证研究发现，机构投资者对公司的反收购修正案发挥了显著的制约作用。机构投资者所有权比例越高，接管防御能力越强。而且，共同基金及公共养老基金相比于与企业有商业往来的保险公司、信托基金等，机构投资者更倾向于反对修正法则。VanNuys(1993)进一步验证发现，银行和保险公司与其他和企业不存在商业往来的投资者相比，他们更加支持管理层发起的反收购提案，不愿意进行被收购。

在公司过度投资影响方面，从大量的研究成果来看，机构投资者因其持股地位和专业优势，总体上能够对公司的过度投资行为发挥监督和制约作用。然而，基于股东特质的不同类型的机构投资者对公司过度投资作用又是如何呢？金玉娜等(2013)研究了我国 2007～2010 年沪深市场 A 股上市公司数据，引出不同类型的机构投资者参与公司治理的动机，进而研究了对过度投资的抑制作用。研究表明，基金持股、QFII 持股能够有效抑制公司的过度投资，而券商持股、保险持股、社保等机构投资者对公司过度投资作用不显著。叶建芳等(2012)按照持股比例和持股时间对机构投资者进行分类，持股比例较高的投资者和长线型机构投资者，尤其是长线型的基金能够发挥有效的监督作用，抑制企业的过度投资；而短线型机构投资者则无助于改善公司治理，发挥"利益攫取者"角色。

3.1.4　股东抑制——机构投资者与自由现金流量的关系

结合现有文献，从公司治理角度来看，机构投资者对自由现金流量的积极影响主要是通过间接方式来实现的，更多体现在降低自由现金流量的代理成本方面，如盈余管理、过度投资、股利分配、在职消费等。Chung 等(2005)研究发现，对于高自由现金流量、低增长的上市公司，其长期盈利能力偏低，公司管理层会借此来增加随意性支出项目，冲抵其投资净值为负的项目所带来的投资低收益或负收益影响，从而掩饰其低效率运营的投资行为，而机构投资者能够有效防止管理层这种盈余管理行为。Pawlina 等(2005)验证发现，投资与现金流的强敏感性与自由现金流量的代理成本密切相关。只有通过外部机构，投资者才能够有效降低投资现金流量的敏感度。Richardson(2006)指出，机构投资者能够发挥有效的制约作用，减少公司过度投资程度。李培(2010)提出，机构投资者持股比例提高有助于加强公司治理结构，降低自由现金流量引发的过度投资。Zeckhauser 等(1990)研究发现，机构投资者可以通过促使公司发放股利、减少自由现金流量持有量来使公司自由现金流量得到有效控制。Eckbo 等(1994)和 Short(2002)研究论证了机构投资者持股与公司股利发放呈正相关关系，机构投资者督促公司发放股利，一方面保护投资者获取投资回报，另一方面也减少了自由现金流量引起的代理成本。杨熠等(2004)的研究也表明，发放现金股利能够降低自由现金流量代理成本，而机构投资者通过督促公司发放股利减少自由现金流量来保护自身投资利益。

梁勇等(2013)从股东异质方面分析了机构投资者对自由现金流量监管内容、方式和监管成效的衡量。石宗辉等(2014)以沪深两市的上市公司为研究对象，实证检验了机构持股、负债和自由现金流的关系。他们认为，公司债权人对自由现金流量具有控制效应，督促公司及时偿还债务，减少自由现金流量存量。在负债控制的情况下，机构持股集中度与自由现金流量呈倒 "U" 形关系，证明了机构投资者对自由现金流量监管具有优化效应。

3.1.5　文献评述

综上所述，结合相关文献梳理，机构投资者"股东积极主义"主要归结为三个方面，即股东治理——集中反映机构投资者在有效参与公司治理，对公司绩效、公司审计、公司股利分配、高管薪酬、公司会计信息质量、盈余管理、公司投融资等方面发挥积极监督作用；股东制衡——机构投资者股东保护，指机构投资者依赖于其持股地位、专业投资机构优势等，在与控股股东博弈方面有效发挥对大股东的监督和制约作用，保护股东及中小股东利益；股东异质——不同机构投资者体现出不同的"股东积极主义"，主要反映了机构投资者由于其资金来源和构成成分不一样，形成了他们内部各投资者对投资融资的风险差异，因此机构投资者在整体上能够充分发挥股东治理和股东制衡作用，然而机构投资者内部在"股东积极主义"方面所表现的积极作用和消极作用也比较突出。Pound(1988)较早对机构投资者治理作用提出了"有效监督假说""利益冲突假说""战略结盟假说"。在此基础上，学者们对此形成两种观点，一是"股东积极主义"，机构投资者通过运用持股比例、征集委托投票权等方式与公司经理人、大股东博弈，参与公司治理，有效监督公司内部人，保护中小股东利益；二是"股东消极主义"，机构投资者扮演投机者，追求短期投资效益，采用"华尔街规则"方式，实施投机行为，扰乱股价市场，损害股东利益。因此，研究机构投资者要充分考虑机构投资者自身发展因素，客观评价机构投资者"股东积极主义"与"股东消极主义"，同时不同类型的机构投资者在参与公司治理、发挥股东制衡、保护中小股东利益等方面的作用存在差异，需要采取不同的解决措施，扬长避短，充分发挥机构投资者的优势作用。

3.2　自由现金流量代理问题相关文献综述

从整体来看，自由现金流量代理问题主要集中体现在自由现金流量的使用方面。胡建平等(2012)对此作了整理，他们认为，当公司存在自由现金流量时，管理层会随意"挥霍"资金，大致表现有三种，即过度投资、超额消费、闲置资金，其过度投资和超额消费统称为"随意性支出"。事实上，自由现金流量的代理问题总的表现在闲置的无效性、投资的专用性、使用的浪费性、并购的低效性、占有的损坏性等方面，最终导致上市公司业绩下滑。

3.2.1　闲置的无效性——自由现金流量与闲置

MM 理论提出，在信息完全对称的资本市场，企业融资与投资机会一致，不会出现资金闲置。然而，事实上由于信息不对称的客观存在，企业管理者比外来投资者熟知更多有关企业未来收益和风险的内部信息，为避免市场风险和摆脱资本结构的约束，管理者往往遵循内部融资、债券和发行股票的融资顺序，倾向于留存更多的自由现金流量。在增加自由现金流量方面，则偏好股权融资。多年来，我国融资门槛低、成本低，很多上市公司通过 IPO、配股和增股形式，夸大招股书中对拟建项目的预期效益，从而超额募集资金。然而由于随意性较大，项目投资风险与价值估计不够，导致募集资金不能够及时投入拟投项目，使募集资金闲置。近年来，我国出台了《上市公司募集资金管理办法》，同意上市公司将募集资金用于购买理财产品、补充流动资金等，虽然给原有闲置的募集资金找到了使用方向，但是与募集资金之前的项目论证相比，募集资金使用率远远不能达到。杜煊君(2002)研究了投资多元化与公司任意改变募集资金关系问题，证实了公司多元化投资导致资源低效率利用的原因在于证券市场对投资者利益保护不够。资金闲置和改变资金用途使资金不能按原来的论证项目及时投入使用，导致募集资金的投资效益不能及时得到回收和保障，一方面违背了原有项目建设的目标，另一方面严重影响了投资者资金投入的预期效益。

3.2.2　投资的过度性——自由现金流量与过度投资

根据过度投资产生的内在因素的不同，理论界提出了自由现金流量假说(Jensen，1986)、信息不对称理论假说(Narayanan，1988)和融资约束理论假说(Fazzari et al.，1988；Stulz et al.，1990)，其中自由现金流量假说的过度投资尤为显著。公司自由现金流量的大量持有，更容易引发公司管理层将自由现金流量用于扩大投资，增加企业规模，产生过度投资现象。Jensen(1986)最先提出自由现金流量对公司过度投资的影响。他指出，由于信息不对称，经理人与股东出现利益目标不一致时，经理人倾向于留存更多的自由现金流量，投资于那些虽然不能产生盈利但可以获得经理人自身利益最大化效用的项目，或者说经理人可以扩大资产控制权收益，增大公司资源支配权力，满足自我私有利益最大化需求，随意进行多元化发展和盲目并购，将现有的自由现金流量存量投资于项目预期收益为负的项目。Fazzari 等(1988)也强调，资产规模的扩大能够给经理人员带来更多的私人收益，因此经理人一旦控制更多的自由现金流量，他们便更有动机去建立"企业帝国"。自由现金流量持有越多，他们的过度投资行为越严重。Stulz(1990)证实过度投资对现金流的敏感性较强，企业自由现金流量越多，他们的过度投资的动机越强烈。Lang 等(1991)提出，企业拥有大量的自由现金流量会使企业管理层做出选择一些净现值为负的投资项目。Vogt(1994)过度投资与自由现金流量显著相关。对于规模较大的企业，其股利水平较低的原因在于经理人把自由现金流量用于投资项目而不是进行股利分配。Miguel 等(2001)发现自由现金流量高的企业具有过度投资的倾向。

在国内，冯巍(1999)、郑江淮等(2001)、何金耿(2001)、李鑫(2008)等都研究发现了企业现金流量与投资支出存在显著的正相关关系。即使投资机会相同，企业投融资决策不完全一致的企业，它们的投资支出水平也不尽相同。也就是说，自由现金流量越多的企业，过度投资的机会越大，投资支出越大。张中华等(2006)提出，公司的投资决策对现金流具有敏感性，国有企业与非国有企业都有过度投资的可能性，而国有企业对内部现金流的敏感度不高，过度投资现象较严重。张功富(2007)对 2000 年以来主板市场 434 家工业类上市公司 5 年的数据进行了研究，结果表明，自由现金流为正的公司比自由现金流为负的公司过度投资的现象更严重。李鑫(2007)的实证结果表明，由于我国上市公司的特殊历史成因，治理结构不完善，对公司管理层利用自由现金流量扩大投资规模监管不严，过度投资趋势严重。

3.2.3　使用的浪费性——自由现金流量与在职消费行为

在职消费是企业高管凭借其职位获取的除正常薪酬以外的额外收益。在职消费主要表现为管理费用中的那部分不必要的"公司脂肪"随意性收益支出。在职消费是公司代理成本的一种表现，能够为高管提供非货币性的个人收益，对公司来说不属于必要性支出。目前，大多数观点认为在职消费主要来源于自由现金流量的大量存在。正如 Jensen(1986)所说，一方面是由于自由现金流量的大量持有，又缺乏良好的投资机会；另一方面公司管理层在持有超额自由现金流量时，为满足个人效用，他们会随意增加个人物质性享受，提升职位消费档次。陈红明(2005)、符蓉(2007)研究指出，企业持有自由现金流量越多，那么高管可以任意支配的资源增加，通过随意性支出或在职消费满足个人私人欲望的可能越大。庆燕燕等(2007)、胡建平等(2008)通过实证表明，自由现金流量与随意性收益支出正相关，进而影响公司经营业绩的好坏，支持了自由现金流量的代理成本理论。刘银国等(2012a)研究认为，企业持有自由现金流量越多，越会诱使企业管理层滥用现金流量谋取私利，或者在支配自由现金流量时，不考虑自由现金流量的风险和额度限制，加剧了管理层的在职消费。同时，刘银国也发现，在自由现金流量相同的条件下，国有企业的在职消费程度相对更加严重，这与我国国有企业"政企不分""一股独大""所有者缺位"密切相关(刘银国等，2012b)。

3.2.4 并购的低效性——自由现金流量与公司并购

Jensen 在其发表的《收购争论：分析与证据》《收购：原因与结果》《褪色的公众公司》等系列文章中对公司并购的自由现金流量假说进行了系统研究，提出自由现金流量是收购的重要因素之一。他分析，持有较多自由现金流量的公司往往会去收购那些业绩发展较差的公司，由此来扩大企业规模，为公司高管提供增加薪酬、在职消费、降低职业风险等私有收益保障，而不是急于支付给股东股利。同时，积累了大量自由现金流量的公司，也会成为被"猎食"的并购目标。并购成为解决管理层与股东之间基于自由现金流量产生的冲突的有效途径。

其后，国外大量的学者从理论和实证的角度对自由现金流量对公司并购的影响进行了深入的研究。文献一方面体现出高额持有自由现金流量、低成长水平的公司有很强的并购倾向，通过并购来获取更大的收益，从而为持有自由现金流量解决出路。另一方面，从研究的成果来看，低效并购也是超额持有自由现金流量的公司的重要特征，并购并没为并购公司带来未来收益，反而使原本业绩较好的公司绩效下滑。Doukas(1995)、Lang 等(1991)研究表明，发展机会不高而自由现金流量持有量较大的上市公司开展不利于股东利益保护的并购投资活动可能性更大。Harford(1999)通过对 487 个并购样本公司的实证分析发现，拥有丰富的自由现金流量的企业更有可能从事并购活动，增加并购开支。Shleifer 等(1986)认为，并购公司的自由现金流量越多，管理层从事一些低效的并购活动来满足个人收益的可能性越大。Lang 等(1991)研究认为，具有高自由现金流量、低 Tobin's-Q 的公司从事毁损公司价值的并购活动的可能性较大，其收购收益会随自由现金流量的增加而下降。Berger 等(1995)、Lang 等(1991)、Servaes(1996)、Scharfstein 等(2000)的研究也证实了公司多元化战略与自由现金流量的代理成本相关，给股东带来了价值的损失。Myers 等(1984)和 Faleye(2004)都发现，拥有大量现金的公司在被收购后其现金持有水平明显下降。同时发现，公司在争夺代理权后，现金持有量也会减少。李善民等(2005)、王培林等(2007)对企业并购的研究也支持了自由现金流量理论，研究反映大多数的主动并购使收购方企业价值增加很少。曾亚敏等(2005)研究检验了上市公司收购前后的会计业绩变动和市场业绩变动都与公司收购前的自由现金流量呈显著负相关。黄本多等(2008)采用了主营业务收入净额增长率来衡量公司的投资机会和成长性。结果发现，高自由现金流量、低成长性的上市公司在进行并购活动后容易出现绩效的下滑。

3.2.5 占有的损坏性——自由现金流量与大股东掏空

公司对自由现金流量的占有，一方面体现为大股东直接占用，大股东利用关联交易、资金划拨、担保等形式，以应收账款、其他应收款方式把公司自由现金流量作为他们"提款机"的主要资金来源。刘峰等(2004)认为，大股东掏空的主要方式包括直接和间接占用、关联交易(资产购销和产品购销)、高派现和其他形式等。大股东与公司管理层合谋，借口各种理由不进行股利发放，或利用股利分配政策导向将公司自由现金流量占为己用。李鑫(2008)研究发现，由于我国市场经济和资本市场发展处于不成熟阶段，加之国有企业的制度背景、股权结构、融资结构、公司治理、市场环境等特殊性，普遍存在渠道单一、监管方式落后、行政干预严重、投资者不成熟、"一股独大"等特点。因此，大股东持股比例较高的公司一般倾向于现金分红，它们可以借此转移自由现金流量，由此产生了现金股利的"利益输送"假说、"现金股利悖论"，出现了"恶意派现"现象。Lee等(2002)发现，我国股权集中度高的公司会更多利用派发现金股利的形式向大股东输送自由现金流量。徐国祥等(2005)指出，大股东发放现金股利更有利于大股东谋取最大化利益，由此增加了代理成本。陈洪涛等(2005)提出，上市公司存在控股股东利用现金股利政策转移现金的现象。唐清泉等(2006)进一步证实，大股东的持股比例与现金股利发放水平具有正相关关系。控股股东可以以现金股利发放形式进行"利益输送"。武晓春(2003)、阎大颖(2004)和唐国琼等(2005)都监测到现金股利发放率与非流通股比例呈正向关系，非流通控股股东通过发放现金股利转移公司资源。姜国华等(2005)、岳衡(2006)、侯晓红等(2008)从大股东占款的角度进行了研究。他们发现，大股东占用或掏空公司现金流对公司经营业绩和盈余管理有很大影响，直接或间接损害了中小股东利益。大股东占用与公司的股权性质和控股结构相关。梅峰等(2007)研究发现，国有企业控制的上市公司的控股股东占用的现金流高于非国有企业控制的上市公司。

3.2.6   文献评述

自由现金流量的代理问题产生于自由现金流量形成、使用和管理阶段，但主要集中于自由现金流量的使用与管理阶段。在自由现金流量留存于企业时，其存量越多，引起的代理问题越多。一是表现为自由现金流量的闲置，以低于未来投资项目预期收益率存于企业专用银行账户，增加自由现金流量再投资的机会成本。二是自由现金流量被滥用，如过度投资、在职消费，满足管理层个人效用。即通过过度投资增加资源占用规模，扩大权力控制范围。在职享受职务福利，满足绩效激励之外的在职消费。三是低效使用，通过低效并购，进行资产规模、资金、债务和机构与人员重新组合。四是被掏空占用，大股东利用持股控股权力，掏空企业自由现金流量，导致企业资金短缺，经营生产受到影响，业绩下降。

第4章 机构投资者对上市公司自由现金流量控制的相关内容

4.1 机构投资者概述

目前，国内外对机构投资者的定义各有不同，国外比较权威或全面的定义主要以四大词(辞)典对机构投资者定义为代表。一是《新帕尔格雷夫货币金融大辞典》，辞典中将机构投资者界定为一种金融机构，与其他金融机构不一样，是长期管理养老金、人寿保险金、投资基金等专业化的金融机构。二是《金融与投资术语词典》，把机构投资者定义为交易的一种组织形式，这个组织是专门从事投资基金、银行、保险公司、养老基金、工会基金等交易的组织。三是《韦伯斯特新世界证券与投资词典》，它把机构投资者定义为进行高成交量和低手续费的大宗交易的公司或机构，与机构投资者基本职能接近。四是《企鹅分类词典：经济学》，它指出相对个人投资者而言，机构投资者就是能够将来自于证券收益、存款或其他方式的资金进行投资的一种组织或机构，比如信托基金、保险公司、养老基金、信托公司等。当然，还有布朗卡托对机构投资者的定义。它定义的机构投资者是由职业化人员或机构管理资金，管理私人养老金，人寿、财产及其他意外伤害保险，非养老基金和慈善捐赠基金等，将这些资金广泛用于各个投资领域，获取投资回报。

由上述内容可以归纳出，在国外，机构投资者主要依据其资金构成、资金投资领域、经营范围等因素进行定义。因此在西方，国家机构投资者所包含的不同类型差异很大。总体而言，证券投资基金、投资公司、养老基金、社会保险基金、保险公司等都被纳入了机构投资者范围，甚至还扩散到各种私人捐赠的基金会、社会慈善机构甚至教堂组织等机构。当然各个国家机构投资者所包括的机构投资者也不一样。比如美国的机构投资者由养老基金、共同基金、保险公司、投资基金、银行和基金会管理的基金等构成(David et al.，1996)；英国机构投资者除了保险公司、养老基金外，还有指数基金、信托投资公司；而澳大利亚机构投资者只包括养老基金和保险公司两类(Stapledon，1996)。

国内则侧重于与个人投资者相比较，依据机构投资者的经营模式、投资对象、设立方式、资金来源等特征描述来做定义。严杰(1993)和李维安等(2008)都认为，机构投资者是以自有资金或信托资金进行证券投资活动的团体投资者，包括投资公司、投资信托公司、保险公司、各种基金组织、慈善机构等。更多的学者把机构投资者定义为法人机构。比如，丁方飞等(2009)认为，机构投资者是指符合法律法规规定可以投资证券投资基金的注册登记或经政府有关部门批准设立的机构；桑梓卿(2005)提出，机构投资者是包括一切从事投资业务的机构；杨德群等(2004)认为，机构投资者是将自有资金或公众闲散资金进行集中，专业进行有价证券的投资活动，包括公共和私人养老基金、人寿和其他保险公司、共同基金、信托基金等，还有进行投资交易的商业银行等；而周正庆(2006)从主体上去辨别机构投资者，他将机构投资者定义为证券持有人为机构，比如证券公司、保险公司、证券投资基金、社会保险基金、QFII等，这些就是证券持有人的机构；续芹(2008)结合机构投资者的履职和投资对象，将机构投资者定义为本着盈利的目标投资于各种股票及相关证券，并以持股股东身份参与公司治理、影响企业决策的投资者。

根据现有文献整理，机构投资者主要按照参与公司业务关系、投资偏好、持股长短和持股比例大小、监督成本、资金来源等特点来进行类别划分。为便于数据整理和确保研究效果，本书参照姚颐等(2008)、蔡庆丰等(2010)依据机构投资者资金来源方式，将机构投资者界定为由基金、券商、社保基金、保险基金、QFII等组成的机构投资主体。

4.2　机构投资者发展状况

机构投资者的产生与发展离不开市场经济的发展和投资环境的成熟。产业革命的出现，产生了大量的过剩资金和新的投资需求。考虑到当时投资环境的不发达，国际市场风险很大，于是逐渐出现了由政府主导成立的基金组织，通过有组织和专业的资金运作来发展对外投资市场，开始投资国家证券和开展国际领域的投资。英国1868年的"海外和殖民地政府信托"可以被认为是证券投资基金的始祖，随后1873年苏格兰的"苏格兰美洲信托"、1926年美国的"马萨诸塞州投资信托公司"等国外机构投资者应运而生。美国、英国等国家的机构投资者代表有保险基金、共同基金、养老基金等，日本主要以法人机构持股为主要机构投资者类型。美国机构投资者发展大概划分为两个重要发展阶段。第一阶段是20世纪30年代初，1924年，美国第一个公司型开放式证券投资基金产生，但是发展很缓慢。第二阶段是20世纪30年代后期到80年代，美国机构投资者持股比例不断攀升，持股比例从1950年的7.2%增加到2001年的46.7%，机构投资者们开始抛弃"华尔街"规则，特别关注公司的长期发展，并逐渐成为美国上市公司治理的中坚力量，通过推动企业的长期稳定发展来取得长期投资的价值回报。

　　总体来看，我国机构投资者的产生和发展较晚，长期以来较大程度上依赖于政府干预和资本市场发展，发展速度相对缓慢，目前仍然处于不成熟阶段。范海峰(2012)梳理了机构投资者单一阶段(证券投资基金)、多元化机构投资者发展阶段等发展历程。罗栋梁(2007)、彭丁(2012)、张婉君(2013)等分别对我国主要类型的机构投资者发展历程作了整理。结合相关文献资料可知，我国机构投资者发展主要经历了萌芽初期(1993~1999 年)、初步发展(2000~2003 年)、逐渐壮大(2004 年至今)三个重要阶段。我国在推进资本市场、发展多元化投资主体的同时，也在加强制度建设、规范机构投资主体、优化投资结构、支持各类基金以多种方式参与市场竞争。同时，国家也出台了一系列相关规定和通知，进一步改善机构投资者的投资环境。比如 2004 年 8 月，证监会公布了《关于首次公开发行股票试行询价制度若干问题的通知》(征求意见稿)；同年 12 月，《关于加强社会公众股股东权益保护的若干规定》中对增发新股进行了申报表决规定；2005 年 1 月，财政部将证券(股票)交易印花税税率由原来单边交易的 2‰下调为 1‰。

　　据统计，截至 2014 年底，我国股票投资者新开户 950.92 万户(表 4-1)，其中，自然人开户数量占全国新开户比例较大，2003 年以来，平均开户比例为 98.53%；机构投资者为 5.29 户，占比为 0.56%，新开户比例总体趋势平缓(表 4-1)。各类机构投资者持有证券数量总体在逐年上涨，其中，一般法人、基金、社保基金、QFII、阳光私募基金、信托公司等持有证券数量呈增加趋势(表 4-2)。

表 4-1　2003~2014 年股票投资者历年新开户统计表　　　　　(单位：万户)

年份	全国新开户数			A 股新开户数		沪市新开户数		深市新开户数	
	总数	自然人	机构投资者	自然人	机构投资者	自然人	机构投资者	自然人	机构投资者
2003	140.76	135.62	1.52	135.62	1.52	73.62	0.85	62.00	0.67
2004	170.65	166.66	1.26	166.66	1.26	85.36	0.73	81.30	0.53
2005	87.02	84.92	0.86	84.92	0.86	43.81	0.53	41.11	0.33
2006	311.66	305.52	2.83	305.52	2.83	150.51	1.37	155.01	1.46
2007	3829.37	3748.00	11.48	3748.00	11.48	1867.36	5.88	1880.64	5.60
2008	1436.63	1425.14	5.30	1425.14	5.30	719.53	2.75	705.61	2.54
2009	1732.77	1719.98	6.59	1719.98	6.59	856.22	3.35	863.76	3.24
2010	1494.25	1484.85	4.92	1484.85	4.92	743.86	2.55	740.99	2.37
2011	1079.51	1072.98	4.05	1072.98	4.05	574.23	2.18	525.75	1.87
2012	556.21	552.45	2.48	552.45	2.48	289.38	1.33	263.07	1.15
2013	492.90	488.05	3.23	488.05	3.23	254.44	1.68	233.61	1.54
2014	950.92	943.89	5.30	943.89	5.30	480.41	2.64	463.48	2.66

数据来源：《中国证券登记结算统计年鉴》(2014 年)，《上海证券交易所统计年鉴》(2012 年)，《深圳证券交易所市场统计年鉴》(2012 年)。

表 4-2　我国 2010～2014 年各类机构投资者持股数量及持股市值情况（单位：亿股）

机构类型	2014 年		2013 年		2012 年		2011 年		2010 年	
	持有证券数量	持股市值	持有证券数量	持股市值	持有证券数量	持股市值	持有证券数量	持股市值	持有证券数量	持股市值
一般法人	2327	163901.34	2209	10.28	2218	95644.96	1995	88068.35	1697	95780.88
基金	2419	15133.58	2132	1.32	2101	13650.01	2055	12973.11	1653	17773.69
保险公司	381	9952.92	385	0.47	499	5910.36	561	4917.59	499	5456.60
社保基金	627	1638.88	508	0.10	386	639.70	312	435.30	277	427.32
券商集合理财	1028	603.36	1361	0.05	748	312.62	706	287.39	710	393.51
QFII	231	1546.60	191	864.78	152	759.47	134	575.23	214	646.54
阳光私募	467	386.04	327	171.95	307	130.44	285	109.60	263	142.51
券商	348	381.13	215	179.63	269	242.02	258	265.48	278	359.06
财务公司	37	58.41	45	71.63	54	104.59	67	75.07	36	99.61
信托公司	100	532.04	191	429.28	186	380.94	178	307.69	141	405.39
非金融上市公司	171	3549.85	177	2022.47	179	1649.64	173	1372.23	158	1703.51
银行	21	50.34	32	64.16	30	97.04	28	115.04	25	164.11
企业年金	27	7.32	17	8.96	14	3.47	24	19.93	45	20.67
基金管理公司	0	0	1	3.95	1	0.35	2	0.85	3	1.03

数据来源：Wind 数据库。

4.3　自由现金流量的内涵理解

4.3.1　自由现金流量概念

　　追溯自由现金流量假说的起源，有必要重新再次审视 20 世纪 60 年代到 80 年代美国垄断行业的发展。相关资料显示，20 世纪 60 年代末，美国石油、烟草、食品、广告行业等开始进入繁荣阶段，到了 20 世纪 80 年代，这些行业进入了成熟发展阶段，在成熟阶段囤积了大量剩余现金，剩余资金开始被大量用于投资和收购活动，进行多元化经营。然而，股权分散化，加上两权分离，同时董事会对公司管理层的监控也相对较弱，从而给管理层留下了很大的自利空间。管理层利用职权进行权力的扩大和利益的占有，结果导致很多投资项目损失较大，股价受到严重影响，由此，Jensen 等 (1976) 在分析美国石油行业财务状况时，发现管理层与投资项目失败有很大的关系，提出了代理成本理论，也为自由现金流量理论提供了理论依据和实践基础。1986 年，Jensen 在《自由现金流量的代理成本、公司财务与并购》中正式提出了自由现金流量的概念。他认为，企业存在大量的自由现金流量，而且也发生了管理者低效使用自由现金流量的现象。如何控制自由现金流量的代理问题，Jensen 提出了可以利用债权人对债务人的监督来限制管理层的代理行为的办法。随后，国内外许多学者对 Jensen 的自由现金流量假说做了实证分析。比如，Griffin（1988）利用"新古典模型""纯粹的自由现金流量模型""嫁接的自由现金流量模型"三个自由现金流量模型来实证验证了美国 1979～1985 年 25 家石油公司确实存在自由现金流量代理成本问题，促进了自由现金流量理论的发展。

尽管自由现金流量至今尚无一个较为清晰的定义，但是总的来说，因为理论界对自由现金流量的分析和实证研究，其核心价值观、内在特点、范围和存在的意义都已相对比较明确，自由现金流量理论体系和框架逐步形成，该理论的发展和应用开始逐渐深入人心。

再次分析和理解 Jensen 提出的自由现金流量概念，即"自由现金流量指满足所有具有正的净现值的投资项目所需资金后多余的那部分现金流量，这些投资项目的净现值按相关资本成本贴现计算出来"。概念体现出的核心思想包括自由现金流量的产生和使用与预期投资项目相关，投资项目的净现值与自由现金流量持有量有直接关系。如果说自由现金流量是"多余"的现金流量，是"超额现金流量"，是"可分配的现金流量"，以及"可自由使用的现金流量"（肯尼斯·汉克尔等，2001），那么它们来源于何处？为更好地挖掘自由现金流量的价值，理论界逐步将视线转移到企业内部经营活动的范围，将自由现金流量与企业经营活动、投资活动、筹资活动中的现金流量相关联，探索自由现金流量的产生源头。对此，国内外存在很多定性和定量的描述。詹姆斯·范霍恩等（1998）在詹森的理论的基础上指出自由现金流量是满足了所有内部收益率折现后净现值大于零的项目支出后剩余的现金流，其意思与 Jensen 的理论类似。汤姆·科普兰等（1998）认为，自由现金流量是包含了经营自由现金流量净额、筹资自由现金流量净额和投资自由现金流量净额，不包括筹资费用等。肯尼斯·汉克尔等（2001）考虑到企业的持续性经营，保持了自由现金流量的连续性，他们认为，自由现金流量是建立在企业持续经营的基础上，是保证企业未来必要的资本支出所需现金流之外的现金流存量。根据标准普尔对自由现金流量的定量描述，自由现金流量等于企业年报中税前利润减去资本性支出后的部分金额。由此看来，国外大多有关自由现金流量的描述与 Jensen 提出的概念大致相似，紧紧围绕企业"可持续经营"这一前提条件，是扣除了未来净现值为正的投资项目所需现金流之后多余的现金流，该部分现金流未指明用途，可供企业管理者自由安排用途。

国内对自由现金流量概念也作了深入分析。按照汪平（2003）的观点，自由现金流量中的"自由"即体现为管理者可以在不影响企业持续发展的前提下，将该部分自由现金流量随意分配给企业所有的利益相关者，如长短期债权人的还本付息、股东的投资回报等。那么，自由现金流量可描述为经营活动所产生的现金流量扣除经营活动中的营运资本投资与资本投资之后剩余的现金流量，既保证了经营活动中的成本补偿，也对未来预期资本性投入需求资金作了预留。李延喜(2002)指出，企业自由现金流量是产生于企业持续经营业务活动的现金流量，这些现金流量是支付了企业有价值的投资需求后所剩余的现金流量。他也提出企业所留存的自由现金流量是用于股东股利分配和债权人本息支付，但其自由现金流量来源比较单一。汤谷良等(2002)指出，自由现金流量主要来源于企业经营活动和投资活动的现金流，经营性现金流量与必要的资本性现金支出之间的差值可估计为自由现金流量的计量值。对于筹资活动产生的现金流未纳入自由现金流量计量范围。

　　由此，无论是国外还是国内，基本的观点在于自由现金流量的产生是充分考虑公司的持续经营和必要的投资增长对现金流量的要求这一重要因素，以保证公司的可持续发展为前提，主要产生来源还是依托企业正常持续有效的经营活动和投资活动产生的净现金流量。实质上，在企业筹资活动中仍然有可能产生自由现金流量，比如筹资现金流量扣除相关筹资费用，再减去预期还本和使用费用后剩余的现金流量。另外，对于利益相关者来说，自由现金流量的存在，为企业债权人获取还本付息和投资股东取得现金股利提供了资金保障。

4.3.2　自由现金流量的结构分析

　　Jensen 对自由现金流量描述的最大贡献在于它引出了自由现金流量的代理成本问题。从 Jensen 的分析来看，他揭示了现代企业中会普遍存在由于企业大量持有自由现金流量产生了一种代理成本，并在此基础上提出通过控制自由现金流量来达到降低代理成本的目的。沈艺峰等(2004)对 Jensen 自由现金流量的概念作了评价。他提出，Jensen 更多关心的是自由现金流量使用过程中所存在的代理成本。股利分配和股票回购是从内部股权分配角度减少公司管理层持有自由现金流量，而负债和并购是从外部治理角度去控制自由现金流量代理成本。干胜道等(2012)也提出自由现金流量定量难、代理成本分解难和控制难的观点，符蓉等(2006)则较为全面、系统地归纳和整理了当前自由现金流量的相关文献。总体来说，自由现金流量存在一定的内部结构，具体内容分解如下。

1. 自由现金流量的来源

　　自由现金流量内部自身来源，指企业自由现金流量是来源于企业经营活动净流量,扣除相应的为成长性所做的合理资本支出及其匹配的营运资本等剩余部分。内生性自由现金流量可以衡量企业的经营状况，评价企业经营绩效。对企业股东和经营者来说，自由现金流量越大越好，说明企业经营业绩好，自由现金流入量大，那么企业资金实力强，有利于企业持续发展。

自由现金流量外源性来源，指自由现金流量增量，指企业通过配股、增发、可转换债券等方式(在债务软约束的情况下债务资金也可能成为自由现金流量增量)获取的现金。这些资金进入自由现金流量，增大了自由现金流量存量，也会增加委托代理问题，加大股东与代理人的矛盾，这种现象在我国较为突出。

自由现金流量存量，指企业高管通过虚报项目、夸大预期资金需求等各种理由留下的经营活动现金净流量或外部筹资形成的自由现金流量，包括前期留存和当期留存。这些自由现金流量对企业的可持续发展可能带来消极影响，比如有损股东的整体利益和长远价值。对企业股东来说，自由现金流量存量越小越好，更多自由现金流量可以通过及时发放股利回报给股东，或者投资项目，提升企业未来价值。相反，如果自由现金流量越大，企业经营者越有动机满足其在职消费，构造"个人帝国"，规避风险，以致损害股东利益。因此，企业管理层在利润分配、股利发放和债务偿还时，借口种种理由，降低利润分配率，减少股利发放，拖延债务偿还，从而达到增加自由现金流量的目的。

自由现金流量反映了公司管理层留存的现金，是包括公司经营活动、筹资活动和投资活动产生的自由现金流量的留存量，是一种静态的自由现金流量，代表了股东的自由现金流量、经营者的自由现金流量和债权人的自由现金流量，诠释了各相关利益者的根本利益关系。自由现金流量则是一种动态的现金流量，体现的是公司经营活动、筹资活动和投资活动中产生的自由现金流量，其金额也是对公司各项经济活动经营效果的体现。当然，自由现金流量是产生自由现金流量的基础，自由现金流量依赖于自由现金流量。本书以公司年末静态自由现金流量为研究主体，便于对自由现金流量的计量和数据整理。

2. 不同角度划分自由现金流量种类

企业自由现金流量，指产生于企业经营活动的现金流量，并扣除上缴税收、增加的必要的资本性支出和营运资本后所剩余的现金流量，该部分自由现金流量能够用于支付具有对企业利益拥有索偿权的相关的利益者，即企业自由现金流量＝应扣除的相关利益和税收前利润＋累计折旧＋费用分摊－企业所得税－必要资本性支出－营运资本净增加。企业自由现金流量是评价企业经营活动业绩和财务状况的重要指标，经营业绩越好，企业发展越好，企业自由现金流量流入量越多。

股东自由现金流量，指在企业自由现金流量的基础上，扣除相关债务本金和利息后所剩余的现金流量，该部分自由现金流量属于投资于该企业的股东。股东自由现金流量＝企业自由现金流量＋(发行新债的现金流量－清偿债务本息的现金流量)。股东自由现金流量体现了股东投资回报利益保障，也是股东投资对象选择和股东对企业经营业绩评价的重要依据。

债权人自由现金流量，指属于债权人提供的债权本金及其利益补偿的那部分现金流量,即债权人自由现金流量=偿还的债务本息所支付的现金流量－发行新债获得的现金流量。

经营者自由现金流量，指由企业经理人所掌控的那部分自由现金流量，即股东自由现金流量扣除应支付优先股和普通股股息后所剩余的现金流量。经营者自由现金流量＝股东自由现金流量－支付优先股和普通股红利的现金流量＝企业自由现金流量＋（发行新债的现金流量－清偿债务本息的现金流量）－优先股和普通股红利的现金流量。

由此，企业自由现金流量＝股东自由现金流量＋债权人自由现金流量。

3. 自由现金流量计算公式

对自由现金流量的定义角度不同，其计算公式也存在一定差异，但是仍然未脱离 Jensen 对"自由现金流量"的描述性定义，即"自由现金流量指满足所有具有正的净现值的投资项目所需资金后多余的那部分现金流量，这些投资项目的净现值按相关资本成本贴现计算出来。"公式集中体现为经营活动中现金净流量和资本性支出问题。对于是否考虑未来必要资本性投资支出和营运资本增加，筹资活动和投资活动的现金净流量是否进入自由现金流量范畴则是学者们分歧较多的地方。目前，自由现金流量计量公式更多体现在以经营活动的现金流量、息税前利润、息税后利润和资本支出为主要计算基础而产生的不同的计算公式。①以肯尼斯·汉克尔等（2001）为代表的采用经营活动现金流量和资本支出为计算基础，即自由现金流量＝经营活动现金净流量－资本支出（必要性支出）＋其他支出（随意支出部分），该部分自由现金流量是扣除了维持企业未来发展所必要的资本性支出，同时将那些随意性支出部分纳入自由现金流量的计算范围。②以税前利润和资本支出为基础，标准普尔的计算公式为：自由现金流量＝企业税前利润－资本性支出。③以税后利润和资本性支出为基础，布瑞德福特·康纳尔的计算公式为：自由现金流量＝（营业利润＋股利收入＋利息收入）×（1－应纳所得税税率）＋递延所得税增加额＋累计折旧－资本支出－营运资本增加等。

事实上，Jensen（1986）对自由现金流量的定义尚处于初期理论意义上的概念。在实际应用中，自由现金流量既涉及企业经营活动的现金流量净额，又要考虑企业未来发展的必要性资本性支出、营运性成本增加，以及对未来投资项目预期收益做出判断。没有一个分析师可以运用现金流量表的数据计算出精确的自由现金流量，只能大致地预测自由现金流量（肯尼斯·汉克斯等，2001）。各学者根据自己的研究需要，提出了不同的自由现金流量计算方法。有的学者在计量自由现金流量时，未考虑营运资本变动对自由现金流量的影响，也未考虑企业投资活动的影响。如 Lehn 等（1989）、Lang 等（1991）、Gul 等（1998）认为，自由现金流量＝折旧前营业利润－所得税－利息费用－股利。Francis 等（2000）认为，自由现金流量＝（营业净额－累计折旧费）×（1－所得税税率）＋累计折旧费－营运资本的变动－资本支出。部分学者考虑了企业投资活动对自由现金流量的影响，但忽视了筹资活动也可能产生的代理成本。如 Richardson(2006)认为，自由现金流量＝经营现金流量－维持性投资＋研发支出－新增投资。

尽管上述自由现金流量有不同的计算基础，但总的来看，自由现金流量还是依赖于企业经营活动中产生的现金净流量，反映了企业在一定经营期间内的经营成果。无论是税后利润、息税后利润，还是经营现金净流量，最终还是以满足企业未来持续经营所需资金后剩余的那部分现金流量，这种现金流量是由管理层掌握，股东、债权人等相关利益者对此具有剩余索取权。本书考虑到我国上市公司特殊性，以及自由现金流量在企业中的累积性、企业规模等因素，主要借鉴了黄本多等(2008)所提出的自由现金流量计算公式，并在其基础上作了调整，在研究过程中采用了公式：自由现金流量＝(经营活动产生的现金流量净额－分配股利、利润或偿付利息所支付的现金＋发行债券所收到的现金＋借款所收到的现金－偿还债务所支付的现金－资本性支出＋期末现金等价物)/期末总资产。该公式考虑了未来必要资本性支出因素，并将企业年末现金等价物余额纳入自由现金流量范围。

4.3.3　自由现金流量内在特征

1. 自由现金流量具有生命周期性

企业是有生命周期的。Dickinson(2010)分析了企业现金流量特征，将企业经营活动、投资活动和筹资活动中产生的现金流与企业生命周期相结合，运用 Gort 等(1982)的五阶段划分法，把企业生命周期划为导入期、增长期、成熟期、淘汰期、衰退期等阶段，并描述了不同生命周期阶段的不同现金流量特征组合。

基于每个生命周期阶段里企业所面临的生存与发展环境、生产技术、生产目标、产品周期、资金情况、企业战略、股利分配政策等差异，它所产生的自由现金流量也有显著不同，自由现金流量产生的方式、来源及数量与企业生命周期阶段特点密切相关。一般而言，企业在成长期时，其产品满足市场需要，销售增长较快，营运业绩较好，流入的现金流量较大，但是由于企业前期投入成本很大，运营成本高，总体来说，企业营运净现金流量为负。同时，外部融资筹措量大，净筹资现金流为正。在投资市场不成熟的情况下，投资机会较少，那么净投资收益为负，如此一来，企业所留存的自由现金流量基本趋于零或为负。企业在成熟期时，企业规模不断扩大，市场竞争能力日益增强，销售与利润实现了持续增长，产品价格降低，成本摊销减少，营运成本增加，企业税后利润为正，留存收益较多，经营现金流量为正，产生的自由现金流量存量也逐年增长。虽然该时期资本支出项目在不断增加，折旧与摊销加大，外部筹资逐步转向内部筹资，股利分配增加，投资领域开始拓展，投入支出在一定程度上大于投入收益，但总体上企业自由现金流量为正。当然，由于市场的逐步饱和，市场需求有所下降，竞争也在加大，企业自由现金流量增长速度减慢，趋于平稳或开始下降。在企业从成熟向衰退期过渡时，企业销售业绩开始下降，管理费用有所增加，长期资产折旧与摊销费用基本保持不变，但产品下降后，企业净利润转为负数，现金流入量下降。企业在调整和变革时，投入到新产品的研发，再投资资金成本加大，大大减少了现金流量。在弥补现金需求时，企业通过减少股利分配、增加负债方式等增加现金流量，因此衰退期企业自由现金流量为正值。自由现金流量内在的生命周期性特征，对于研究企业不同阶段的筹资、融资决策具有重要意义。

2. 自由现金流量委托代理性

自由现金流量的委托代理性问题体现为自由现金流量形成过程中的代理性和自由现金流量存量使用过程中的代理性。前者体现在利润分配能力倾向上，IPO、增发或配股等股权融资的盈余管理，Christie 等(1994)研究发现，高自由现金流量公司的管理者更有可能通过盈余管理来掩饰这些有损公司价值的行为。孟丽荣等(2007)研究发现，当公司获得较高的自由现金流量时，经营者倾向于做低利润、隐藏收益，公司没有实现自由现金流量剩余收益时，经营者倾向于作高利润的盈余管理。后者体现在由于信息不对称的存在，公司管理层对自由现金流量的随意性支出方面。肯尼斯·汉克尔(2001)等提出现金流量的随意性支出可以分为随意性收益支出和随意性资本支出。符蓉等(2007)结合我国上市公司国情，按照随意性支出的发生动因，在上述基础上又将随意性收益支出和资本支出划为随意性经营支出。其中，随意性收益支出体现为"公司脂肪"(在职消费)，随意性资本支出体现为"投资失误"(低效并购)和"投资过度"(过度投资)。而随意性非经营性支出则体现为管理层与内部控制人的"利益输送"，如自由现金流量的"恶意"派现、关联交易、大股东占用等。

3. 自由现金流量潜在的增值性

根据 Jensen 对自由现金流量的定义，其是满足净现值大于零的所有项目之后的剩余的现金流量，意味着该部分自由现金流量可随意支配。由此，自由现金流量的使用和管理存在两个方面，即潜在的增值与损失。潜在的增值体现为自由现金流量和企业现金持有一样，都具有预防功能、抗风险功能、应急功能。同时，自由现金流量也具备适机投资的用途。自由现金流量的存在，表示企业已经在已确保可持续发展的基础上留存了现金流量。那么，自由现金流量在理性经营者的管理和使用下，能够将自由现金流量用于股利分配，缓解股东与公司管理层之间的矛盾，吸引更多投资者，从而改善企业外部筹资融资环境。同时，企业抓住市场投资机会，将闲余的自由现金流量及时投资于短期回收效益高的项目，能够增加企业投资收益。当然，在并购市场发挥资产重组作用，充当"猎食者"，瞄准拥有更多自由现金流量，对具有潜在竞争力的并购对象进行并购组合，一方面能够迅速实现企业规模扩张，优化企业资产结构，增加企业经济增长点，从而增强企业竞争能力；另一方面，企业持有大量的自由现金流量，也能够对反并购、防止被其他企业并购起到很大的自我保护作用。同时，自由现金流量的存在，也能够使企业随时预防突发性危机，从而增强企业抗风险能力。

4.3.4　自由现金流量代理的财务意义

长期以来，"现金为王"作为企业开展财务决策、评价公司业绩等的一项重要财务指标，较利润最大化、股东价值最大化等具有不可比拟的优势，越来越被投资者所关注。自由现金流量作为财务指标，能够客观反映企业经营业绩，体现股东投资回报率、债务本息现金保障等评价内容。自由现金流量贯穿于企业筹资、投资、经营活动等各个环节，每个环节所产生的自由现金流量是每个环节活动成果的体现。一旦自由现金流量小于零，势必会引起其他环节的经营策略调整和决策变化。姜秀珍等(2003)认为，自由现金流量是融合企业投资决策、筹资规划和股利政策决策的重要变量，自由现金流量是企业所有财务政策(资金预算、营运资本政策、资本预算、资本结构和股利政策)贯彻执行的必然结果。自由现金流量真正体现了企业在一定时期内所创造的净利润和创造企业财富的能力。它是财务管理与企业战略管理过程相连接的重要纽带，它将企业财务目标与财务活动、财务收益与财务风险、价值管理与制度管理有机整合，使财务理论与实践发展得以升华和深化。

同时，自由现金流量较好地诠释了各利益相关者利益的关键点。一是企业需要稳定和大量的自由现金存量和流量，有利于企业应对债务风险、筹资风险，而且持有越多的自由现金流量对企业来说主动权越强。二是自由现金流量是股东的最大投资回报保障，也是股东投资偏好最佳选择的依据。自由现金流量真实地反映了企业的内在价值，是评价管理者努力程度的最好指标，相对客观直接。三是管理层可通过对自由现金流量的科学判定来衡量公司经营状况和财务实力，自由现金流量的占有也间接反映了管理层对公司经营权利的持有程度。四是稳定充足的自由现金流量也反映了企业还本付息的能力与经营能力的稳定性和持续性，增强了债权人信心，为债权人给予持续资金支持提供了有力的参考依据。

因此，自由现金流量在财务意义上是非常重要的，它涉及各个利益相关者利益，自由现金流量所引发的各种关系矛盾需要企业来妥善解决和处理，有利于企业内部利益群体的平衡，从而保持财务目标高度一致。机构投资者在对自由现金流量监督管理时，必须清醒认识到自由现金流量内在的财务分层管理作用，在提出议案时要充分考虑公司内部各相关者的利益，才能真正赢得他们的决策支持，有效发挥机构投资者对自由现金流量的监督和制约作用。

4.4　我国上市公司自由现金流量的现状分析

自由现金流量是公司中流动性最强的资产，也是获利效益最低的资产。自由现金流量持有量及其价值是衡量公司自由现金流量留存程度的重要指标。自由现金流量的持有量，取决于公司大股东、管理层、机构投资者中小股东利益博弈的结果。对于不同的利益相关者，它们对自由现金流量的期望值也不尽相同。公司股东希望通过现金持有有效地抓住有利的投资机会，投资净现值大于零的投资项目，从而获得这些项目的股利回报，实现再投资收益。或者说公司股东对自由现金流量的持有，也是增强他们对已投资股本收益回收的信心。公司管理层往往与公司股东效用目标不一致，在激励机制一定的情况下，公司管理层想方设法尽可能摆脱资本市场和债券市场的监督约束，增加自己的主动控制权，扩大利益享受范围，他们对自由现金流量持有越多，越有机会用于扩大自身权力，增加自身消费，满足在职享受欲望。从我国上市公司近几年来的自由现金流量持有状况来看，主要体现在如下 5 个方面。

4.4.1　自由现金流量留存的绝对量较大，占公司总资产比例较高

据统计，我国上市公司自由现金流量总量较大，占有公司总资产比例大多在10%左右。表 4-3 显示，我国上市公司 2007～2014 年自由现金流量呈每年递增趋势，均值与中位数都大于零。2007 年，自由现金流量均值为 322094.07 万元，2014年达到 629088.18 万元，增加 306994.11 万元，增幅为 95.31%。

表 4-3　我国上市公司 2007～2014 年自由现金流量统计情况

年份	公司数/家	均值/万元	中位数/万元	最大值/万元	均值占总资产比例/%
2007	1549	322094.07	18827.85	78362900	0.13
2008	1603	377775.36	18489.05	129801800	0.13
2009	1694	393169.85	29207.32	80084200	0.12
2010	1919	407697.85	33189.23	107391200	0.10
2011	2048	514592.17	32018.60	127533500	0.12
2012	2115	615279.24	36732.64	165469500	0.11
2013	2136	479412.42	35880.64	129481500	0.08
2014	2129	629088.18	32575.52	126135300	0.09

数据来源：国泰安 CSMAR 数据。

表 4-4 数据显示，2007～2014 年，我国制造业上市公司自由现金流量的均值、中位数都大于零，这说明我国制造行业有一半以上的公司存在正的自由现金流。而且，在此期间，制造业上市公司自由现金流量最大值、中位数、均值总体上呈递增的趋势。2010 年，自由现金流量最大值、中位数、均值都达到最高点，并逐渐下降，2013 年、2014 年又开始回升。

表 4-4　我国制造业上市公司 2007～2014 年自由现金流量统计情况

年份	公司数/家	均值/万元	中位数/万元	最大值/万元	最小值/万元
2007	853	49207.70	15868.31	165302	−6073001
2008	853	59869.59	16198.52	2760783	−198964
2009	853	75400.79	22361.77	4025771	−367122
2010	853	96843.21	25306.53	67401641	−258538
2011	853	100480.01	24970.49	4936235	−591719
2012	853	106236.45	26196.09	3448468	−339770
2013	853	106059.90	27814.28	6386515	−688858
2014	853	126049.06	26272.55	6084241	−334836

数据来源：国泰安 CSMAR 数据。

在我国，由于资源的垄断或相关政策性的限制，垄断行业能够在市场竞争中占据优势地位，从而获得高额的垄断利润，自由现金流量留存来源充足。这里以我国电力行业为例（表 4-5、表 4-6）。电力行业公司数量少，但是其掌握的自由现金流量的中位数同期显著高于制造业。垄断企业通过垄断竞争手段，获取更充裕的自由现金流量，凭借其政策限制，随意增加自由现金流量支出。

表 4-5　我国电力行业上市公司 2007～2014 年自由现金流的留存情况

年份	公司数/家	均值/万元	中位数/万元	最大值/万元	最小值/万元
2007	58	59612.96	22189.06	1320947.36	−527755.86
2008	58	103050.08	25592.39	2271657.61	−74329.05
2009	58	52855.46	25962.82	643299.62	−157109.00
2010	58	80741.64	26615.90	916506.11	−99405.89
2011	58	108347.63	35703.85	1257216.11	−434912.50
2012	58	97328.62	33907.11	1198872.17	−244744.67
2013	58	82028.16	51989.33	931749.98	−247179.18
2014	58	121219.87	63085.54	932680.31	−705381.04

数据来源：国泰安 CSMAR 数据。

表 4-6　我国电力行业与制造业行业上市公司 2007～2014 年自由现金流留存对比

（单位：万元）

年份	电力行业自由现金流量均值	制造业自由现金流量均值	电力行业与制造业上市公司自由现金流量均值差值	电力行业自由现金流量中位数	制造业自由现金流量中位数	电力行业与制造业上市公司自由现金流量中位数差值
2007	59612.96	49207.70	10405.26	22189.06	15868.31	6320.75
2008	103050.08	59869.59	43180.49	25592.39	16198.52	9393.87
2009	52855.46	75400.79	−22545.33	25962.82	22361.77	3601.05
2010	80741.64	96843.21	−16101.57	26615.90	25306.53	1309.37
2011	108347.63	100480.01	7867.62	35703.85	24970.49	10733.36
2012	97328.62	106236.45	−8907.83	33907.11	26196.09	7711.02
2013	82028.16	106059.90	−24031.74	51989.33	27814.28	24175.05
2014	121219.87	126049.06	−4829.19	63085.54	26272.55	36812.99

数据来源：国泰安 CSMAR 数据。

　　因此，自由现金流量不仅留存在国有企业或国有控股公司，在其他公司也同样存在留存自由现金流量、产生自由现金流量代理成本问题的现象。主要体现为过度投资、随意性支出、在职消费、低效益收购等方面，从而导致公司"赘肉"、资产膨胀、盈利水平降低、资产周转速度迟缓，最终使公司绩效下降，不利于公司持续有效发展。

4.4.2　行业分布较广，各行业持有差异显著

　　我国上市公司自由现金流量分布于各个行业，不同行业自由现金流量存量存在显著差异。从 2007～2014 年上市公司自由现金流量统计来看，持有自由现金流量均值较大的行业主要分布在采矿业，金融业，批发和零售业，交通运输、仓储和邮政业，房地产业，建筑业等。其中，金融业、采矿业、建筑业最高。自由现金流量均值较少的有住宿和餐饮业，科学研究和技术服务业，卫生和社会工作。采矿业留存的自由现金流量波动相对较大。交通运输、仓储和邮政业，住宿和餐饮业，租赁和商务服务业等第三产业自由现金流量增长较快（表 4-7）。

表 4-7 我国上市公司 2007～2014 年自由现金流量分行业均值情况

行业	2007 年 公司数家	2007 年 均值/亿元	2008 年 公司数家	2008 年 均值/亿元	2009 年 公司数家	2009 年 均值/亿元	2010 年 公司数家	2010 年 均值/亿元	2011 年 公司数家	2011 年 均值/亿元	2012 年 公司数家	2012 年 均值/亿元	2013 年 公司数家	2013 年 均值/亿元	2014 年 公司数家	2014 年 均值/亿元
农、林、牧、渔业	18	3.82	20	1.90	25	4.97	27	5.27	27	4.65	26	5.57	27	4.65	26	5.57
采矿业	48	184.91	47	33.02	56	56.19	53	34.03	59	33.17	60	42.81	59	33.17	60	42.81
制造业	750	6.03	762	7.44	1071	11.33	1135	11.32	1114	11.96	1130	13.77	1114	11.96	1130	13.77
电力、热力、燃气及水产和供应业	63	7.86	67	11.17	66	13.28	68	12.15	66	14.07	76	16.44	66	14.07	76	16.44
建筑业	33	29.02	35	34.07	53	90.86	56	98.81	58	96.51	54	103.76	58	96.51	54	103.76
批发和零售业	116	6.30	112	6.26	129	15.31	131	15.42	130	16.46	125	15.10	130	16.46	125	15.10
交通运输、仓储和邮政业	58	24.58	60	19.31	66	30.34	69	27.06	72	26.89	67	31.34	72	26.89	67	31.34
住宿和餐饮业	10	2.20	10	1.73	10	2.66	10	2.26	10	3.05	8	6.27	10	3.05	8	6.27
信息传输、软件和信息技术服务业	37	5.10	40	4.72	62	83.79	64	11.82	64	12.44	63	14.82	64	12.44	63	14.82
金融业	32	995.96	33	1489.98	42	1857.86	44	2283.11	45	1601.63	46	2207.62	45	1601.63	46	2207.62
房地产业	108	7.87	90	9.96	96	19.12	117	32.69	115	31.03	108	36.28	115	31.03	108	36.28
租赁和商务服务业	13	6.17	12	3.58	18	9.97	16	10.97	19	13.67	14	17.91	19	13.67	14	17.91
科学研究和技术服务业	3	2.68	3	2.17	5	5.30	5	4.34	5	6.57	11	5.59	5	6.57	11	5.59
水利、环境和公共设施管理业	13	2.96	13	1.15	17	6.11	18	10.05	18	9.24	20	12.06	18	9.24	20	12.06
卫生和社会工作	1	1.50	1	0.40	1	2.83	1	1.81	1	2.97	1	2.82	1	2.97	1	2.82
文化、体育和娱乐业	13	2.94	16	3.15	20	14.22	21	13.81	22	14.71	24	18.11	22	14.71	24	18.11
公共管理、社会保障和社会组织	19	5.74	19	5.18	20	6.46	21	5.72	19	5.79	17	5.96	19	5.79	17	5.96

数据来源：国泰安 CSMAR 数据。

4.4.3 自由现金流量来源渠道的多元化

一般而言,自由现金流量源于三种渠道:一是当年净利润留存部分,从表 4-8 可以看出,公司每年净利润均值仅占自由现金流量均值的 20%左右(净利润占自由现金流量平均比例的 24.77%,未分配利润占自由现金流量平均比例的 33.34%),尚有较大部分为公司其他渠道留存的自由现金流量;二是通过可转换债券;三是通过 IPO、配股、增股等股权再融资方式募集资金。企业利用信息不对称,在公司配股、增股等股权融资过程中进行盈余管理,从而获取募集资金,然后通过更改资金用途来调增企业自由现金流量,由此增大经理人对自由现金流量的控制权力。

表 4-8 我国上市公司自由现金流量 2007～2014 年来源分析

年份	名称	净利润/元	未分配利润/元	自由现金流量/元	净利润占比/%	未分配利润占比/%
2007	均值	651245783.16	437215268.64	3220940684.65	20.22	13.57
	中位数	70493771.31	11376072.58	188278533.17	37.44	6.04
2008	均值	544543108.85	555580749.99	3777753627.88	14.41	14.71
	中位数	55185471.72	20891545.30	184890472.87	29.85	11.30
2009	均值	671055316.74	750056687.39	3931698480.72	17.07	19.08
	中位数	74948640.27	52424944.64	292073213.76	25.66	17.95
2010	均值	907789323.56	947436373.28	4076978491.87	22.27	23.24
	中位数	100410212.79	97995081.48	331892284.50	30.25	29.53
2011	均值	986276517.07	1236150532.14	5145921692.09	19.17	24.02
	中位数	106784334.73	129797524.12	320185988.34	33.35	40.54
2012	均值	971872222.35	1887426628.71	6152792436.09	15.80	30.68
	中位数	94672071.40	213557623.83	367326387.20	25.77	58.14
2013	均值	1113978032.33	2197243052.87	4794124178.57	23.24	45.83
	中位数	104275269.87	237643194.56	358806360.43	29.06	66.23
2014	均值	1147037730.36	2595265722.78	6129440466.74	18.71	42.34
	中位数	111083588.05	293727154.09	325755156.79	34.10	90.17

数据来源:国泰安 CSMAR 数据。

4.4.4　自由现金流量存在的隐蔽性

继 Jensen 提出"自由现金流量"概念之后，学者们对其范畴、计算公式、产生的代理问题等进行了研究。然而，自由现金流量在企业财务中存在隐蔽性，日常所使用的自由现金流量的定量数据都是通过从财务报表中提取的各项指标计算出来的。从一般意义上理解，自由现金流量应该归结为一种"剩余"现金，包括现金、银行存款等货币资金，以及通过其他形式存在的资金。结合财务报表披露的信息来看，企业自由现金流量首先表现为现金及银行存款，这是其最基本的存在形式。其次为应收账款、其他应收款、预付账款，该部分自由现金流量为公司内部占有或大股东占有，或者暂时预付给交易方。从企业自由现金流量、股东自由现金流量和债权人自由现金流量来看，应付股利、应付利息等拟支付给公司股东和债权人的现金应包括在自由现金流量计量范围内。这些隐蔽的自由现金流量在公司发生诸如并购、破产等重大变化时，必然会凸显出来，影响并购、破产资产的核定。

4.4.5　超额持有诱发各种代理问题，损害股东利益

公司持有大量自由现金流量的主要目的是预防风险危机、方便交易、使未来投资增值。然而，从另外的角度来看，超额的自由现金流量留存也会诱发公司管理层对自由现金流量的滥用。Jensen 指出，企业管理者为不受资本市场约束，增加他们对市场的自主性，他们会储备现金流，不愿给股东分配股利或是给债权人偿还利息，也为他们滥用自由现金流量扩大公司规模，增大资源控制范围，满足自我在职享受创造了有利条件。有研究成果表明，企业规模与企业的自由现金流量持有量之间存在相关关系，企业规模大，自由现金流量持有多。Harford（2004）研究认为，若公司管理层持有高额的自由现金流量，他们就会采取多元化的并购活动来满足自身利益，支持了自由现金流量具有代理成本问题的观点。Lang 等（1994）、Berger 等（1995）发现，企业进行多元化经营会降低其市场价值。

为进一步分析我国上市公司超额持有自由现金流量在投资和并购方面的代理问题，本节选取我国上市公司 2007～2014 年净利润增长率、净资产收益率增长率、固定资产增长率、总资产增长率、管理费用率等财务指标数据，并做了初步分析（表 4-9）。从表中各年数据对比发现，净利润增长率均值总体趋势是呈逐年负增长，中位数大多年份为负数。净资产收益率中位数和均值大多年份也是负数。固定资产增长率、总资产增长率较过去有所减缓，2007 年、2013 年固定资产增长较快，2009 年、2011 年总资产增长率有所提升，企业规模不断扩大。管理费用逐年递增，公司"赘肉"比较多。

表 4-9　我国上市公司 2007～2014 年净利润增长率等财务收益指标变化（单位：%）

年份	名称	净利润增长率	净资产收益率增长率	固定资产增长率	总资产增长率	管理费用增长率
2007	均值	24.21	-17.21	1.10	0.285	0.014
	中位数	0.03	-0.08	-0.0029	0.127	0.0031
2008	均值	17.82	-10.24	0.32	0.164	0.259
	中位数	-0.32	-0.35	-0.0047	0.059	0.172
2009	均值	-37.64	3.69	0.48	1.38	0.15
	中位数	-0.041	-0.071	-0.004	0.103	0.07
2010	均值	4.139	14.63	1.014	0.42	0.258
	中位数	-0.027	-0.070	0.013	0.154	0.168
2011	均值	-48.96	-35.92	0.77	2.562	0.377
	中位数	-0.149	-0.173	0.025	0.116	0.157
2012	均值	-7.74	-0.912	0.64	0.452	0.24
	中位数	-0.21	-0.283	-0.016	0.080	0.08
2013	均值	10.48	0.68	2.77	0.4195	0.15
	中位数	-0.24	-0.34	-0.022	0.080	0.078
2014	均值	-1.92	0.17	1.034	0.354	0.119
	中位数	-0.26	-0.54	-0.032	0.088	0.052

数据来源：国泰安 CSMAR 数据。

　　肯尼斯·汉克尔等(2001)等对自由现金流量的使用提出了"随意性支出"的概念，在此基础上，符蓉等(2007)对自由现金流量的随意性支出进行了细化，划分为随意性经营支出与随意性非经营支出。其中随意性经营支出又分为随意性收益支出和随意性资本支出，分别表现为"公司脂肪"与"过度投资"。非经营支出表现为"利益输送"和"低效并购"。

　　由此，本书为了全面、系统考察机构投资者在自由现金流量的产生、使用、管理等环节的控制作用，着重从自由现金流量的产生入手，即对企业在利润分配、盈余管理和资金闲置时的代理问题进行了论证。然后按照自由现金流量使用的随意性收益支出(在职消费)、随意性资本支出(过度投资)、随意性非经营支出(低效并购、大股东占用)等自由现金流量的代理问题进行了实证研究，通过数据验证机构投资者对公司自由现金流量的代理问题存在的差异性特点，从而挖掘机构投资者"股东积极主义"深层次的作用体现。同时，本书也对机构投资者在督促管理层进行股利分配、减少自由现金流量、加强审计监督、降低审计成本、提高公司绩效等方面如何发挥"股东积极主义"进行了实证研究。

4.5　机构投资者对上市公司自由现金流量积极控制地位的确立

近年来，国家对机构投资者发展进行了政策推进，机构投资者在股东积极主义方面发挥了极大的作用。自由现金流量问题关系到机构投资者自身投资利益的维护，机构投资者必然会主动积极参与对上市公司自由现金流量的控制和治理。

4.5.1　机构投资者具有逐利偏好的内在需求

机构投资者集社会资本进行投资，在成本控制、投资风险可控的情况下获取投资收益是机构投资者的经营模式。国内学者翁洪波等(2008)指出，机构投资者对公司现金股利有偏好性，现金股利水平往往是机构投资者选择投资对象的重要指标。由于过去机构投资者投资渠道狭窄，几乎主要以证券投资基金为主，总体资金实力较弱，投资持股比例小，机构投资者往往以短期投资为主，投机主义行为严重，在投资环境发生变化时，他们往往采取"用脚投票"的方式抛售股票保护其利益。然而，随着机构投资者持股比例大幅度上升，他们在上市公司中的地位不断提高，有很大的话语权。上市公司发展和市值提升，与机构投资者自身投资利益休戚相关。机构投资者持股比例越大，获取的决策收益水平越有可能超过参与决策成本。当企业拥有大量的自由现金流量时，可能出现企业经理人编造各种理由，将发放给股东现金股利的自由现金流量占为己有，进行低效投资、在职消费，将严重损害股东利益和公司利益。机构投资者会为了股东利益和自身利益，凭借其所持有的上市公司股份比例行使股东权利，参与股东大会表决，甚至直接进入董事会，参与对股东大会、董事会有关自由现金流量使用的政策拟定，监督经理人以公司发展和价值创造为主，将自由现金流量用于公司高效益投资和股东利益保护方面，促进公司价值提升，提高公司股票市值价值的持续增长。由此，既可以弥补机构投资者积极参与公司治理的成本，又能获得更多的投资收益。同时，对于机构投资者来说，参与对上市公司自由现金流量的监督，也是追求规模经济效益，持有同一家公司股份比例越高，参与公司自由现金流量股利分配或投资收益就越多。

4.5.2　机构投资者四大优势促使

机构投资者四大优势指组织优势、资金优势、信息优势和专业优势。机构投资者在组织结构上一般采用有限责任公司或股份有限公司，他们依托现有的公司治理模式，建立股东会、董事会、监事会和经理层，内部管理和监督机制较为完善。基金公司、证券公司、保险公司等均建立了完善的独立董事与内部控制制度。机构投资者与中小股东最大的不同在于其资金实力雄厚，资金规模较大，机构投资者能够在投资中发挥规模投资效应。在运营过程中，机构投资者的从业人员经过一定专业培训，拥有全面的专业知识，信息分析能力强，信息收集和处理效率高。因此，一方面作为大股东之一的机构投资者对监督公司管理层的能力和动机越来越强，能有效防止公司经理人滥用自由现金流量，促其实施股利政策；另一方面，机构投资者能够与控股股东抗衡，制约控股股东更多地占有自由现金流量，从而损害中小股东利益。总的来说，随着机构投资者掌握的金融资产和持有的股份越来越多，他们参与自由现金流量的监督主动权更大，获取持续收益。Shleifer 等(1986)认为，相对于股权分散型公司，机构投资者对公司经理的监管能力和监督动机更强。他们更加关注上市公司所处的行业背景、经营状况、发展前途，关注公司经理人对属于公司发展和股东利益的自由现金流量的分配和使用。

4.5.3　政府政策支持与推进

政策支持是机构投资者发展壮大和参与公司治理能力提升的重要因素。长期以来，政府非常重视对市场主体参与的环境、参与的范围及自身发展的政策引导和约束。机构投资者抛弃"华尔街规则"，以"股东积极主义"的角色参与公司治理，充分发挥大股东的监督作用，维护中小股东的利益，依赖于政府每个阶段性政策调控。比如，1975 年，美国实行了股票交易手续费完全自由化；1992 年，美国降低了机构投资者参与公司治理的成本和潜在的法律责任，强化了机构投资者作用。在我国，长期以来一系列政府政策的出台，为机构投资者进入股票市场和参与公司治理提供了很好的政策平台。如 2004 年国务院颁发的《关于推进资本市场改革开放和稳定发展的若干意见》中提出，要通过机构投资者的介入改善我国股票市场的投资者结构，给机构投资者参与公司治理提供了操作平台；2006 年公布的《中国上市公司治理准则》11 条中对机构投资者在公司董事选任、经营者激励、公司重大决策等方面提出了履职要求。政策规定极大地支持了机构投资者积极参与公司治理，充分发挥机构投资者"股东积极主义"作用。

4.5.4　机构投资者社会责任与企业社会责任趋同性

在某种意义上，公司治理实质上就是解决公司管理层与股东和其他相关利益者之间的利益平衡问题。一般而言，股东拥有企业的所有权，经理人受股东委托管理企业的经营发展。经营企业的目的是在合法前提下为股东取得最大的投资回报。企业对社会的责任就是维护社会的稳定与发展，具体而言就是实现公司管理层、员工、股东、社会消费者利益共享和持续利益平衡。因此，企业社会责任包括了股东利益保护，股东利益要服从企业社会责任。企业社会责任的实现有利于公司股东利益及其他利益者利益的长期维持。机构投资者是受托于各类资金委托者进行资金运作的法人机构，获利于受托收益的增长。机构投资者参与公司治理所付出的成本包括机会成本、监督成本和行动成本。相对应的效益则是机构投资者的参与监督提升了公司股价，增长了市场价值，减少了委托代理成本，机构投资者从中获取投资回报。因此，作为企业内部治理和外部监督重要主体的机构投资者，就是要积极参与投资企业的经营管理，督促企业社会责任的实现，从而实现机构投资者的社会责任，维护各类投资者投资利益回报。所以，机构投资者具有倾向于这种受托收益的动力。同时，机构投资者投资企业股份金额和数量相对于中小股东都较大，必然也会受到企业社会责任的监督。

4.5.5　机构投资者具有制衡优势

制衡大股东，保护中小投资者利益是经常被讨论的热点话题之一，机构投资者是资本市场的重要投资主体，在很大意义上它肩负着监督公司经理人、制衡控股股东、保护中小股东的社会责任，并随着机构投资者资产规模和持股比例的增加，将加大对上市公司的影响。机构投资者通常属于公司前十大股东之一，对自由现金流量的持有和使用具有话语权。机构投资者对公司经营决策具有更大的表决权，特别是改变了股权结构单一、"一股独大"的现状，发挥了制衡作用。另外，机构投资者在直接参与公司治理以外，它们还可以"用脚投票"，大量卖出和减持公司股票，降低公司股票价格，影响公司外部融资成本。同时，机构投资者能向资本市场传递信息，影响其他投资者的投资方向，降低公司市场价值，给公司管理层形成外在压力，促使公司更换公司经理人。Chidambaran 等(2000)研究发现，机构投资者可以将其从公司股东大会、董事会会议获取的信息传递给其他投资者，从而扩大机构投资者对公司经理人的约束作用。

在对控股股东的制衡方面，机构投资者对控股股东的利益输送行为(掏空和占款、过度分红、消极或激进经营等)进行有效控制。唐清泉等(2005)认为，机构投资者能够有效抑制大股东的利益输送行为。翁洪波等(2007)分析认为，机构投资者能够制约上市公司的超能力派现行为,发挥股东监督和治理作用。姚颐等(2008)研究发现,在企业融资决策方面,机构投资者与中小股东立场是一致的,基金持股比例与企业再融资呈显著正相关关系。

根据 Jensen 的自由现金流量假说,减少自由现金流量代理成本的手段就是增加负债,高负债对高代理成本有抑制作用。但是,结合我国国情,由于我国国有企业的资金需求刚性和国有银行的资金供给刚性长期存在一种高度黏合的状态,国有企业与银行都不是独立的融资主体,债务治理作用受到很大限制。王满四(2006)指出,由于自由现金流计量的复杂性,负债对自由现金流量的约束往往只能验证自由现金流量及其代理成本的严重性,不能够通过债务治理来减少自由现金流量的代理成本,因此债务约束弱化,需要机构投资者支撑。

4.5.6　机构投资者“股东积极主义”的异质性

干胜道等(2011)提出的股东特质理论对机构投资者存在的异质性特点作了较好的诠释。不同类型的机构投资者由于投资理念、投资金额、投资目的等原因导致他们在参与公司治理中表现出不同的监督作用。机构投资者的异质性在公司绩效、公司投资融资、公司股利分配、过度投资、高管薪酬、会计信息披露等方面体现很明显。总的来看,在不同类型的机构投资者中,持股比例大、受托责任大、关注公司长期投资、注重企业长期发展和市场价值发展的机构投资者,他们参与公司治理和自由现金流量影响的积极性较高,所表现的“股东积极主义”较为显著,如基金。而持股比例低,追求短期利润的机构投资者,参与公司治理积极性不明显,对公司自由现金流量代理成本问题不敏感,如保险公司、信托公司等。当然,不同类型的机构投资者投资的目的不同,或者与公司的业务关联程度不同,他们在公司决策方面也会有相同的倾向。比如券商、社保及保险基金对现金股利需求性不大,证券投资基金、QFII 更偏好现金股利(董峰等,2011),对公司自由现金流量股利分配较为关注;证券投资者基金、QFII 较信托公司、保险基金与公司绩效相关性大,能够对自由现金流量引起的公司绩效问题起积极监督作用(唐跃军等,2008);基金、QFII 持股对公司过度投资有显著的抑制作用,那么他们会对公司自由现金流量的过度投资问题起到抑制作用,而券商持股、保险持股和社保持股则不具有这种制约作用(金玉娜等,2013)。

第5章 机构投资者对自由现金流量产生的控制研究——基于自由现金流量的闲置问题

5.1 理论基础与假设

融资优序理论认为，股权融资成本低于债权融资，而且资金筹集速度快，加上股票市场所筹集资金没有过多使用用途限制，因此大多上市公司通过各种盈余手段进入股票市场融资。然而，在募集资金管理和使用过程中，由于投资机会和投资风险的约束，以及项目建设进度因素的影响，导致募集资金不能按照当初的募集资金计划投入到项目建设中，同时上市公司将取得的募集资金随意改变资金用途，调剂到其他项目建设，结果使得募集资金难以回收。2012年12月，中国证监会颁发的《上市公司募集资金管理和使用的监管要求》明确规定，允许上市公司使用闲置资金购买国债、银行理财产品等类似的安全性高、流动性好的投资产品等，由此放松了对上市公司闲置募集资金的用途限制。2013年4月，上海证券交易所颁发了《上市公司募集资金管理办法》（以下简称《办法》）的修订版，《办法》中允许将闲置募集资金暂时用于补充公司日常流动资金，投资符合安全性高、流动性好等相关要求的产品，同时简化了闲置募集资金暂时补充流动资金的内部程序，而且将延长闲置募集资金暂时补充流动资金的期限从6个月延长至12个月。那么，留在公司的闲置募集资金则成为自由现金流量的重要资金来源，由此提出假设1。

假设1：资金闲置与自由现金流量的持有有关，自由现金流量持有越多，资金闲置越多。

按照刘勤等(2002)对募集资金闲置处理方式的整理，我国上市公司募集资金闲置的主要处置方式包括存入银行、委托理财、投资国债、购买其他公司股票及拆借给大股东或关联方。据统计，2015年我国有582家上市公司用闲置资金购买了银行理财、结构性存款、证券公司理财产品等理财产品，资金量达5000亿元。机构投资者运营基础在于社会闲置资金的筹集和组合投资。一方面，公司资金闲置增加了机构投资者资金积累的来源，机构投资者通过降低手续费、佣金等方式来吸引闲置资金的进入；另一方面，机构投资者对投资于公司项目的资金也期望能够得到高收益的投资回报。因此，他们对公司闲置资金也存在一定的约束作用，由此提出假设2。

假设2：机构投资者对资金闲置有制约作用，但影响程度不高。

不同的机构投资者对收益需求存在差异，长期持股机构投资者更在意未来预期收益的获得，即使资金闲置，它们也能够通过购买理财产品获取高额的存款利息，那么资金闲置对它们的权益保障影响不大。而短期投资者倾向于短时间的高效益回报，它们会对资金闲置有很大的敏感性，闲置周期较长时，它们会选择退出。因此，提出假设3。

假设3：不同的机构投资者对资金闲置的作用存在显著差异性，基金、券商、保险公司、社保公司、QFII与资金闲置呈负相关，其中持股比例较高的基金对资金闲置作用较显著。

5.2　研究与设计

1. 数据来源与样本选择

本章收集了2009～2014年沪深两市A股上市公司年报数据，主要对年报中披露的募集资金闲置数据分年进行了整理。按以下标准选取样本：①剔除历年曾被特别处理（special treatment，ST）、特别转让（particular transfer，PT）的公司；②不考虑金融类公司；③剔除同时发行A、B、H股的公司；④剔除数据缺失的公司。最终确定1021个样本公司记录。其中，2009年318家公司，2010年241家公司，2011年157家公司，2012年123家公司，2013年88家公司，2014年94家公司。机构投资者持股数据来源于Wind数据库，相关财务数据来源于国泰安CSMAR数据库。采用Spass20.0统计软件来进行实证检验。

2. 变量设置与解释（表5-1）

表5-1　变量设置与意义

变量	变量名称	符号	变量意义
被解释变量	资金闲置率	IDL	闲置资金/资产。年报披露募集资金使用情况表中存银行专户的数据/年末资产
解释变量	机构投资者持股比例	Insist	机构持股比例/流动股总数
	自由现金流量	FCF	（经营活动产生的现金流量净额-分配股利、利润或偿付利息所支付的现金+发行债券所收到的现金+借款所收到的现金-偿还债务所支付的现金-资本性支出+期末现金等价物）/期末总资产
	托宾Q值（成长机会）	Tobin-Q	公司成长机会
	总资产净利润率	Roa	净利润/总资产平均余额

变量	变量名称	符号	变量意义
	流动资产周转率	Rat	主营业务收入/平均流动资产总额
	流动比率	Rr	流动资产与流动负债的比率
	每股股利	Dps	股利总额与流通股股数的比值
	股利分配率	Divid	普通股每股现金股利与每股收益额的比率
控制变量	公司规模	Size	公司经营规模, 年末资产取自然对数
	资产负债率水平	Level	负债/资产, 表示负债水平
	第一大股东持股比例	Top1	第一大持股股东
	第二至第五大股东持股比例	Top2～5	第二至第五大持股股东
	行业	Ind	以制造行业为 1, 非制造业为 0
	股权性质	State	以国有股份为基准, 设为 1, 否则为 0

5.3　模型构建

模型 1: 自由现金流量与资金闲置率关系。

$$IDL = \beta_0 + \beta_1 FCF + \beta_2 Level + \beta_3 Size + \beta_4 Cash + \beta_5 Rr + \beta_6 Tobin\text{-}Q + \beta_7 Rat + \varepsilon$$

模型 2: 机构投资者对资金闲置率关系。

$$IDL = \beta_0 + \beta_1 Insist + \beta_2 Level + \beta_3 Size + \beta_4 Cash + \beta_5 Rr + \beta_6 Tobin\text{-}Q + \beta_7 Rat$$
$$+ \beta_8 Top1 + \beta_9 Top2\sim5 + \beta_{10} State + + \beta_{11} Divid + \sum Industry + \varepsilon$$

模型 3: 资金闲置率与企业业绩关系。

$$Roa = \beta_0 + \beta_1 IDL + \beta_2 Level + \beta_3 Size + \beta_4 Rat + \beta_5 Tobin\text{-}Q + \sum Industry + \varepsilon$$

模型 4: 各类机构投资者与资金闲置率关系。

$$IDL = \beta_0 + \beta_1 VInsist + \beta_2 Level + \beta_3 Size + \beta_4 Cash + \beta_5 Tobin\text{-}Q + \beta_6 Rat$$
$$+ \beta_7 Divid + \sum Industry + \varepsilon$$

式中, $VInsist$ 表示各类机构投资者持股比例, 下同; 其他参数定义见后文第 6 章和第 7 章内容。

5.4　实证检验与分析

1. 描述性分析

从表 5-2 来看, 公司资金闲置率均值为 0.2688, 闲置现象较为严重, 机构投资者持股比例均值为 38.39, 相对于第一大股东持股比例较高。资金闲置率高, 自由现金流量较多，净资产收益率低，资金机会成本增大。据整理的 2009～2014 年上市公司资金闲置率来看（表 5-3，图 5-1），2009 年公司资金闲置率均值和中值在 0.21 左右，随后 3 年逐渐下降，2014 年则急剧上升。这与 3 年后这些公司重新融资有密切联系，按行业划分（表 5-4），制造业和房地产业上市公司资金闲置比重很大，说明资金闲置与行业特点和行业市场环境相关。制造业、房地产上市公司资金投入时间长，生产周期长，前期投资额比较大。公司募集资金后，大多资金未来得及投入到项目建设中，且项目建设周期较长，政策因素影响较多，市场不稳定，使得该行业资金闲置现象严重。

表 5-2　描述性统计量

变量	N	均值	极大值	极小值	标准差
资金闲置率	1021	0.2688	1.0300	0.0000	0.2521
机构投资者持股比例	1021	38.3900	114.2182	0.0000	24.4847
自由现金流量	1021	0.1944	1.0835	-0.6643	0.1749
公司规模	1021	21.9740	28.1356	19.2426	1.2983
资产负债率	1021	0.4099	0.9730	0.0000	0.1929
第一大股东持股比例	1021	36.0820	86.2000	4.4900	14.7110
第二至第五大股东持股比例	1021	15.6450	54.1000	0.8000	10.6666
Tobin-Q	1016	2.1301	14.7157	0.0000	1.6520
净资产收益率	1021	0.0726	0.5475	-5.5020	0.1916
流动资产周转率	1021	1.2056	13.3465	0.0000	1.0266
流动比率	1021	4.1201	1757.4082	0.0000	55.0308
每股股利	1021	0.1022	1.0000	0.0000	0.1249
股利分配率	1021	0.3068	27.8990	-2.7549	1.0982
现金持有比例	1021	0.2028	0.9309	0.0000	0.1404
有效的 N（列表状态）	1016				

注：N 为样本数，下同。

表 5-3　2009～2014 年上市公司资金闲置率情况整理

年份	样本数/家	均值/%	中值/%	最小值/%	最大值/%
2009	318	0.2789	0.2146	0.00	0.99
2010	241	0.2451	0.1580	0.00	1.00
2011	157	0.2327	0.1633	0.01	0.95
2012	123	0.2173	0.1471	0.01	0.88
2013	88	0.2151	0.1395	0.01	0.86
2014	94	0.4729	0.4043	0.01	1.03

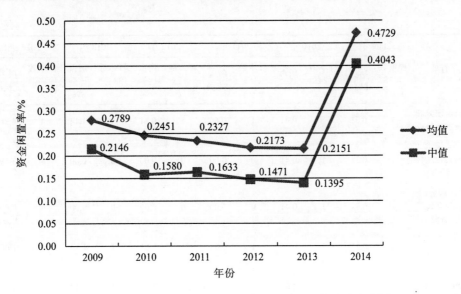

图 5-1　2009～2014 年上市公司资金闲置率均值与中值变化图

表 5-4　2009～2014 年上市公司闲置行业分布情况

行业	2009 年		2010 年		2011 年		2012 年		2013 年		2014 年	
	样本数 (318 家)/家	所占 比例/%	样本数 (241 家)/家	所占 比例/家	样本数 (157 家)/家	所占 比例/%	样本数 (123 家)/家	所占 比例 /%	样本数 (88 家) /家	所占 比例 /%	样本数 (94 家) /家	所占 比例/%
农、林、牧、渔业	7	2.20	7	2.90	4	2.55	2	1.63	1	1.14	1	1.06
采矿业	8	2.52	6	2.49	4	2.55	4	3.25	3	3.41	1	1.06
制造业	213	66.98	154	63.90	107	68.15	86	69.92	63	71.5	69	73.40
电力、热力、燃气及水生产和供应业	3	0.94	4	1.66	3	1.91	3	2.44	3	3.41	2	2.13
建筑业	13	4.09	10	4.15	5	3.18	5	4.07	1	1.14	3	3.19
批发和零售业	17	5.35	16	6.64	8	5.10	6	4.88	6	6.82	5	5.32
交通运输、仓储和邮政业	10	3.14	7	2.90	6	3.82	3	2.44	2	2.27	2	2.13
住宿和餐饮业	2	0.63	2	0.83	2	1.27	2	1.63	1	1.14	0	0.00
信息传输、软件和信息技术服务业	14	4.40	11	4.56	8	5.10	5	4.07	4	4.55	2	2.13
房地产业	19	5.97	12	4.98	5	3.18	3	2.44	1	1.14	0	0.00
租赁和商务服务业	3	0.94	3	1.24	1	0.64	1	0.81	0	0.00	1	1.06

续表

行业	2009 年		2010 年		2011 年		2012 年		2013 年		2014 年	
	样本数(318家)/家	所占比例/%	样本数(241家)/家	所占比例/%	样本数(157家)/家	所占比例/%	样本数(123家)/家	所占比例/%	样本数(88家)/家	所占比例/%	样本数(94家)/家	所占比例/%
科学研究和技术服务业	1	0.31	1	0.41	1	0.64	1	0.81	1	1.14	4	4.26
水利、环境和公共设施管理业	1	0.31	1	0.41	0	0.00	0	0.00	0	0.00	3	3.19
居民服务、修理和其他服务业	1	0.31	1	0.41	0	0.00	0	0.00	0	0.00	0	0.00
文化、体育和娱乐业	1	0.31	1	0.41	1	0.64	1	0.81	1	1.14	1	1.06
公共管理、社会保障和社会组织	5	1.57	5	2.07	2	1.27	1	0.81	1	1.14	0	0.00

2. 回归分析

(1)模型 1：自由现金流量与资金闲置率关系。从表 5-5 来看，我国资金闲置率均值为 0.26810，闲置率较高。从表 5-6、表 5-7 回归结果可以看到，成长机会 Tobin-Q、流动资产周转率、公司规模、现金持有比例与资金闲置呈负相关关系，且在 $p < 0.05$ 时显著。公司成长机会好，投资机会多，那么公司募集的资金往往会供不应求，资金流转较快，资金闲置率下降。资金闲置率越高，公司偿债能力越强，公司可以用闲置资金去偿还到期债务。公司规模越大，资金闲置率越小，与刘津等(2008)的验证结果一致。现金持有比例和自由现金流量与公司资金闲置率正相关，且相关性非常显著。现金持有比例越大，说明公司留存的现金越多，资金闲置率越可能高。自由现金流量也是资金闲置的重要部分，且在 $p = 0.069 < 0.1$ 时显著，说明持有自由现金流量越多，资金闲置率越可能会增加。

表 5-5　描述性统计量

变量	均值	标准偏差	N
闲置率	0.26810	0.25227	1016
自由现金流量	0.19416	0.17429	1016
Tobin-Q	2.13008	1.65200	1016
流动资产周转率	1.20622	1.02872	1016

续表

变量	均值	标准偏差	N
资产负债率	0.41071	0.19273	1016
公司规模	21.97709	1.29910	1016
现金持有比例	0.20220	0.13945	1016
流动比率	4.10511	55.16217	1016

表 5-6　相关性系数表

		资金闲置率	自由现金流量	Tobin-Q	流动资产周转率	资产负债率	公司规模	现金持有比例
Pearson 相关性	资金闲置率	1.000						
	自由现金流量	0.183						
	Tobin-Q	0.089	0.289					
	流动资产周转率	−0.146	−0.205	−0.097				
	资产负债率	−0.184	−0.290	−0.503	0.213			
	公司规模	−0.153	−0.130	−0.532	0.081	0.492		
	现金持有比例	0.293	0.694	0.350	−0.169	−0.404	−0.281	
	流动比率	0.001	0.042	−0.010	−0.047	−0.092	0.050	−0.019
Sig. (单侧)	资金闲置率							
	自由现金流量	0.000						
	Tobin-Q	0.002	0.000					
	流动资产周转率	0.000	0.000	0.001				
	资产负债率	0.000	0.000	0.000	0.000			
	公司规模	0.000	0.000	0.000	0.005	0.000		
	现金持有比例	0.000	0.000	0.000	0.000	0.000	0.000	
	流动比率	0.492	0.089	0.381	0.068	0.002	0.054	0.275

表 5-7　模型 1 回归系数

模型 1	非标准化系数		标准系数 (试用版)	t	Sig.
	B	标准误差			
（常量）	0.631	0.162		3.891	0.000
自由现金流量	0.054	0.061	0.037	0.2551	0.069
Tobin-Q	−0.013	0.006	−0.084	−2.224	0.026
流动资产周转率	−0.023	0.008	−0.094	−3.041	0.002
资产负债率	−0.078	0.050	−0.060	−1.557	0.120
公司规模	−0.017	0.007	−0.086	−2.305	0.021
现金持有比例	0.513	0.080	0.284	6.451	0.000

模型 1	非标准化系数		标准系数 (试用版)	t	Sig.
	B	标准误差			
流动比率	5.551E−6	0.000	0.001	0.040	0.968
R	0.326				
R^2	0.107				
调整 R^2	0.100				
F 更改	17.176				
df	1008				
Sig. F 更改	0.000				

注：因变量为资金闲置率。

(2)模型 2：机构投资者与资金闲置率关系。从表 5-8 可知，机构投资者持股比例均值为 38.3582，与第一大股东和第二至第五大股东相比，持股比例偏小，这在很大程度上影响了机构投资者对资金闲置现象的话语权。从验证结果来看（表 5-9，表 5-10），机构投资者与资金闲置呈负相关关系，且 $p=0.000<0.05$ 时显著性强。机构投资者能够督促公司积极使用募集资金，提高资金使用效益，降低资金闲置率。但系数 $B=-0.002$，说明如果机构投资者持股变动 1，那么资金闲置率就降低 0.002，机构投资者对资金闲置关注度不高。从第一大股东和第二至第五大股东对公司资金闲置率的影响来看，相关性不显著，影响力非常小。这表明股东对公司资金闲置问题重视不够，他们更在乎公司对闲置资金的未来项目投入和预期收益的获取。

表 5-8　描述性统计量

变量	均值	标准偏差	N
资金闲置率	0.26810	0.25227	1016
机构投资者持股	38.35825	24.50330	1016
Tobin-Q	2.13008	1.65200	1016
流动资产周转率	1.20622	1.02872	1016
资产负债率	0.41071	0.19273	1016
公司规模	21.97709	1.29910	1016
现金持有比例	0.20220	0.13945	1016
流动比率	4.10511	55.16217	1016
第一大股东持股	36.08050	14.73493	1016
股权性质	0.24000	0.42900	1016
第二至第五大股东持股	15.65400	10.67880	1016
股利分配率	0.30678	1.10076	1016

表 5-9 相关性系数表

		资金闲置率	机构投资者	Tobin-Q	流动资产周转率	资产负债率	公司规模	现金持有比例	流动比率	第一大股东持股	股权性质	第二至第五大股东持股	行业	股利分配率
Pearson 相关性	资金闲置率	1.000												
	机构投资者	-0.217	1.000											
	Tobin-Q	0.089	-0.017	1.000										
	流动资产周转率	-0.146	0.107	-0.097	1.000									
	资产负债率	-0.184	0.144	-0.503	0.213	1.000								
	公司规模	-0.153	0.295	-0.532	0.081	0.492	1.000							
	现金持有比例	0.293	-0.086	0.350	-0.169	-0.404	-0.281	1.000						
	流动比率	0.001	0.044	-0.010	-0.047	-0.092	0.050	-0.019	1.000					
	第一大股东持股	-0.012	0.211	0.011	0.146	0.016	0.164	0.023	0.050	1.000				
	股权性质	-0.053	-0.080	-0.107	0.066	0.073	0.173	-0.045	-0.021	0.175	1.000			
	第二至第五大股东持股	0.077	-0.032	0.230	-0.030	-0.156	-0.155	0.177	0.003	-0.313	-0.185	1.000		
	行业	0.039	-0.058	0.121	0.026	-0.142	-0.237	-0.045	0.023	0.023	-0.136	0.041	1.000	
	股利分配率	-0.019	-0.047	-0.038	-0.001	-0.031	-0.029	0.011	-0.005	0.022	0.021	-0.016	0.055	1.000
Sig. (单侧)	资金闲置率	0.000												
	机构投资者	0.000	0.298											
	Tobin-Q	0.002	0.000	0.001										
	流动资产周转率	0.000	0.000	0.000	0.000									
	资产负债率	0.000	0.000	0.000	0.005	0.000								
	公司规模	0.000	0.003	0.000	0.000	0.002	0.000							
	现金持有比例	0.000	0.082	0.381	0.068	0.307	0.054	0.275						
	流动比率	0.492	0.000	0.358	0.000	0.010	0.000	0.233	0.056					
	第一大股东持股	0.354	0.000	0.000	0.000	0.000	0.000	0.077	0.248	0.000				
	股权性质	0.047	0.006	0.000	0.018	0.000	0.000	0.000	0.000	0.000	0.000			
	第二至第五大股东持股	0.007	0.155	0.000	0.168	0.000	0.000	0.077	0.232	0.235	0.000	0.095		
	行业	0.110	0.032	0.000	0.207	0.000	0.000	0.364	0.443	0.238	0.247	0.308	0.039	
	股利分配率	0.273	0.067	0.113	0.481	0.163	0.179							

表 5-10　模型 2 回归系数

模型 1	非标准化系数		标准系数（试用版）	t	Sig.
	B	标准误差			
（常量）	0.356	0.171		2.079	0.038
机构投资者	-0.002	0.000	-0.190	-5.913	0.000
Tobin-Q	-0.010	0.006	-0.064	-1.665	0.096
流动资产周转率	-0.020	0.008	-0.082	-2.680	0.007
资产负债率	-0.063	0.050	-0.048	-1.268	0.205
公司规模	-0.004	0.008	-0.020	-0.496	0.620
现金持有比例	0.455	0.060	0.251	7.521	0.000
流动比率	3.550E-6	0.000	0.001	0.026	0.979
第一大股东持股	0.001	0.001	0.060	1.809	0.071
股权性质	-0.029	0.018	-0.050	-1.615	0.107
第二至第五大股东持股	0.001	0.001	0.036	1.116	0.265
行业	0.016	0.017	0.029	0.956	0.339
股利分配率	-0.008	0.007	-0.037	-1.243	0.214
R	0.374				
R^2	0.140				
调整 R^2	0.129				
F 更改	13.559				
df	1003				
Sig. F 更改	0.000				

注：因变量为资金闲置率。

（3）模型 3：资金闲置率与企业业绩关系。本章对资金闲置是否影响公司业绩水平作了实证检验。从表 5-11 来看，资金闲置率为 0.2681，总资产总利润率均值为 0.0448，业绩不是很显著。从表 5-12 可知，资金闲置与公司业绩水平是负相关关系，但相关性不显著。这说明资金闲置只是降低了该部分资金的正常使用效益，但闲置资金用于委托理财、购买金融产品也能够获取短期收益。总的来说与公司整体业绩水平关系不是很大。那么，由此也可以推断出，资金闲置对机构投资者投资利益并没有产生较大的波动或带来投资收益影响，机构投资者对公司闲置资金问题也不会给予特别关注，从而对资金闲置影响作用较小。

表 5-11　描述性统计量

变量	均值	标准偏差	N
总资产净利润率	0.0448	0.0539	1016
资金闲置率	0.2681	0.2523	1016
资产负债率	0.4107	0.1927	1016
公司规模	21.9771	1.2990	1016
Tobin-Q	2.13001	1.6520	1016
流动资产周转率	1.2062	1.0287	1016
行业	0.68	0.468	1016

表 5-12　模型 3 回归系数

模型 1	非标准化系数		标准系数（试用版）	t	Sig.
	B	标准误差			
（常量）	−0.191	0.033		−5.707	0.000
闲置率	−0.001	0.006	−0.004	−0.144	0.886
行业	0.004	0.003	0.038	1.306	0.192
资产负债率	−0.065	0.010	−0.233	−6.661	0.000
公司规模	0.010	0.001	0.249	7.012	0.000
Tobin-Q	0.013	0.001	0.400	11.385	0.000
流动资产周转率	0.004	0.002	0.072	2.469	0.014
R	0.453				
R^2	0.205				
调整 R^2	0.200				
F 更改	43.394				
df	1009				
Sig. F 更改	0.000				

注：因变量为总资产净利润率。

(4)模型 4：各类机构投资者与资金闲置率的关系。从表 5-13 可知，基金持股相对较高，社保基金、保险公司持股其次。在上述基础上，本章验证了各类机构投资者与资金闲置之间的关系。从表 5-14、表 5-15 可以看出，基金占流通 A 股比例要大于其他机构投资者，其次是保险公司、社保基金、券商和 QFII。

表 5-15 回归结果表明，$R=0.368$，$R^2=0.135$，$F=12.08$，Sig.＝0.000，说明模型拟合度还可以，模型方程有效。基金、保险公司、社保基金、QFII 与资金闲置呈负相关关系，其中基金与资金闲置率负相关关系显著，但是系数＝-0.001，影响力较弱。而券商与资金闲置是正相关关系，但显著性不强，说明大多机构投资者能够发挥对公司闲置资金的监督作用，客观要求公司降低资金闲置率，提高资金使用率，但是影响力不够。其原因一是各类机构投资者持股比例较低，作用力不足；二是股东默许公司发生资金闲置，通过留存一定的自由现金流量来预防未来风险。

表 5-13　描述性统计量

变量	均值	标准偏差	N
闲置率	0.26810	0.25227	1016
流动资产周转率	1.20622	1.02872	1016
资产负债率	0.41071	0.19273	1016
公司规模	21.97709	1.29910	1016
Tobin-Q	2.13008	1.65200	1016
股利分配率	0.30678	1.10076	1016
现金持有比例	0.20220	0.13945	1016
行业	0.68000	0.46800	1016
基金占流通 A 股比例	8.85096	12.60160	1016
券商占流通 A 股比例	0.24220	0.65394	1016
保险公司占流通 A 股比例	0.55343	1.34274	1016
社保基金占流通 A 股比例	0.34000	1.13400	1016
QFII 占流通 A 股比例	0.15000	0.59200	1016

表 5-14　相关性

		资金闲置率	行业	流动资产周转率	资产负债率	公司规模	Tobin-Q	股利分配率	现金持有比例	基金占流通A股比例	券商占流通A股比例	保险公司占流通A股比例	社保基金占流通A股比例	QFII占流通A股比例
	资金闲置率	1.000												
	行业	0.039	1.000											
	流动资产周转率	-0.146	0.026	1.000										
	资产负债率	-0.184	-0.142	0.213	1.000									
	公司规模	-0.153	-0.237	0.081	0.492	1.000								
	Tobin-Q	0.089	0.121	-0.097	-0.503	-0.532	1.000							
	股利分配率	-0.019	0.055	-0.001	-0.031	-0.029	-0.038	1.000						
Pearson 相关性	现金持有比例	0.293	-0.045	-0.169	-0.404	-0.281	0.350	0.011	1.000					
	基金占流通A股比例	-0.070	-0.075	-0.057	0.031	0.190	0.208	-0.046	0.007	1.000				
	券商占流通A股比例	-0.024	-0.020	-0.005	0.036	0.021	0.123	-0.016	-0.016	0.349	1.000			
	保险公司占流通A股比例	-0.044	-0.080	-0.033	0.007	0.132	-0.020	-0.027	0.023	0.276	0.132	1.000		
	社保基金占流通A股比例	-0.021	-0.086	0.009	-0.015	0.028	0.053	-0.013	0.046	0.273	0.096	0.091	1.000	
	QFII占流通A股比例	-0.045	0.005	0.033	-0.034	0.043	0.090	-0.013	-0.016	0.177	0.149	0.048	0.075	1.000
	闲置率		0.110	0.000										

续表

	资金闲置率	行业	流动资产周转率	资产负债率	公司规模	Tobin-Q	股利分配率	现金持有比例	基金占流通A股比例	券商占流通A股比例	保险公司占流通A股比例	社保基金占流通A股比例	QFII占流通A股比例
Sig.（单侧） 行业	0.110												
流动资产周转率	0.000	0.207											
资产负债率	0.000	0.000	0.000										
公司规模	0.000	0.000	0.000	0.005									
Tobin-Q	0.002	0.000	0.005	0.000	0.000								
股利分配率	0.273	0.039	0.481	0.163	0.179	0.113							
现金持有比例	0.000	0.077	0.000	0.000	0.000	0.000	0.364						
基金占流通A股比例	0.013	0.008	0.035	0.164	0.000	0.000	0.072	0.414					
券商占流通A股比例	0.226	0.264	0.432	0.123	0.254	0.000	0.311	0.307	0.000				
保险公司占流通A股比例	0.079	0.005	0.143	0.412	0.000	0.262	0.195	0.235	0.000	0.000			
社保基金占流通A股比例	0.252	0.003	0.389	0.312	0.185	0.045	0.341	0.074	0.000	0.001	0.002		
QFII占流通A股比例	0.077	0.432	0.150	0.137	0.087	0.002	0.345	0.302	0.000	0.000	0.065	0.008	

表 5-15　模型 4 回归系数

模型 1	非标准化系数		标准系数 (试用版)	t	Sig.
	B	标准误差			
(常量)	0.386	0.175		2.204	0.028
行业	0.021	0.017	0.040	1.292	0.197
流动资产周转率	−0.019	0.007	−0.076	−2.488	0.013
资产负债率	−0.072	0.050	−0.055	−1.454	0.146
公司规模	−0.004	0.008	−0.019	−0.473	0.636
Tobin-Q	−0.010	0.006	−0.064	−1.588	0.113
股利分配率	−0.009	0.007	−0.038	−1.275	0.203
现金持有比例	0.471	0.060	0.260	7.836	0.000
基金占流通 A 股比例	−0.001	0.001	−0.071	−1.913	0.056
券商占流通 A 股比例	0.006	0.012	0.017	−0.530	0.597
保险公司占流通 A 股比例	−0.008	0.006	−0.043	−1.381	0.168
社保基金占流通 A 股比例	−0.002	0.007	−0.010	−0.320	0.749
QFII 占流通 A 股比例	−0.012	0.013	−0.028	−0.915	0.360
R					0.368[a]
R^2					0.135
调整 R^2					0.124
df					1015
F 更改					12.080
Sig.更改					0.000[a]

注：因变量为资金闲置率。

5.5　研究结论

目前，资金闲置已是上市公司一种常见现象。上市公司为了套取资金，采取虚增业绩、粉饰利润、夸大投资项目预期收益等各种盈余管理手段从资本市场圈钱。然而，一旦募集资金成功，又面临着投资机会困难、投资项目未来收益不乐观、预期风险较大、募集资金投入项目建设进度缓慢等情况，从而导致大量募集资金被存入银行专户，形成闲置资金。闲置资金往往被暂时用于补充公司流动资金，或者被改变用途，用于购置其他金融理财产品。本章实证研究了资金闲置与自由现金流量、公司绩效、机构投资者及不同类型的机构投资者之间的关系。结果证明，自由现金流量持有与资金闲置呈正相关关系，说明资金闲置中有大量的自由现金流量存在，自由现金流量越多，资金闲置量越大。资金闲置使大量资金留存，未得到有效利用，产生了能够带来投资收益的机会成本，从而在某种程度上影响了公司业绩水平的提高。

然而，从回归结果来看，资金闲置对公司业绩水平影响度不是很大，与资金闲置后产生的其他用途相关，比如购买理财产品获取一定收益，用于预防债务危机、资金周转风险等。从机构投资者与资金闲置的检验结果来看，凭借持股比例和专业优势，机构投资者能够对公司管理层在使用募集资金和管理闲置资金方面起到督促作用。但是，机构投资者更关心自由现金流量的用途，闲置仅仅带来的是暂时性的投资机会成本，而且资金闲置也没有在很大程度上影响公司业绩发展。因此，机构投资者在自由现金流量资金闲置问题上给予默许，允许公司留存一定的闲置资金，以备公司发展资金周转。而不同的机构投资者因其持股比例规模、投资偏好、与被投资公司之间的利益关系等原因，各自公司闲置资金的作用存在差异。其中基金、保险公司、社保基金、QFII 与资金闲置呈负相关关系，而基金与资金闲置负相关关系显著，说明大多机构投资者在对公司闲置资金的管理方面有监督作用，但影响力不大。

第6章　机构投资者对自由现金流量随意性经营支出控制的实证研究——基于自由现金流量过度性投资与在职消费

6.1　机构投资者对自由现金流量随意性资本支出控制的研究——过度性投资角度

6.1.1　理论基础与假设

目前，基于过度投资产生的内在因素的不同，现有过度投资自由现金流量假说、公司非理性投资假说、管理者特质假说等。三种假说指出了过度投资的核心内容，即自由现金流量是过度投资的重要来源之一。一旦企业存在大量的自由现金流量，就增加了经理人过度投资的潜在可能性(Jensen，1986)；管理层限于信息不对称和有限理性，凭借个人经验和投资习惯，会做出有损股东利益的非理性投资决策；管理者基于个人性格、工作经历等特征，随着偏好权力的不断增大，缔造个人帝国，对投资决策过于乐观或自信，在利益驱动和缺乏约束力的情况下，进行多元化非效率的投资，造成过度投资。公司管理层是过度投资的始作俑者。管理者受教育程度、平均年龄特征与过度投资之间都存在显著的相关性(姜付秀等，2009)。

过度投资反映公司对自由现金流量低效益滥用的现象，是公司投资非效率的一种表现。自从 Jensen(1986)最先提出自由现金流量与公司过度投资之间的关系理论后，国内外很多学者对此作了深入探讨。一方面，理论界直接从公司投资-现金流敏感性角度进行了研究，提出自由现金流量是公司过度投资的最大诱因。Vogt (1994)认为，公司规模大、股利水平较低的企业，在企业持有大量现金流量的情况下，公司过度投资行为与现金流量显著相关。Miguel 等(2001)发现，自由现金流高的企业具有过度投资的倾向。Stulz(1990)研究发现，过度投资对现金流很敏感，一旦企业存在大量自由现金流量时，就会诱发经理人进行过度投资。张功富(2007)研究表明，自由现金流量持有大于零的公司比小于零的公司过度投资的现象要严重得多。李鑫(2007)也实证证明了过度投资在我国上市公司中确实存在，且自由现金流量多的公司发生过度投资的可能大，另一方面，理论界从公司管理层入手，分析了过度投资是在信息不对称情况下，管理层为了个人私利，追求自我占有欲和扩大控制权，将其控制的自由现金流量大量投入净现值小于零的项目，盲目投资并购，进行多元化不相关领域投资，建立个人的"企业帝国"。Fazzari 等(1988)研究提出，公司扩大规模后能够使管理层获得更多个人利益，所以他们会加大过度投资，扩大企业规模。张中华等(2006)研究认为，由于我国上市公司的特殊性，公司管理层往往通过利用自由现金流量来扩大投资规模，增大谋取私利的空间。基于此，提出假设 1。

假设 1：公司存在大量的自由现金流量，为公司管理者过度投资提供了必要基础。

由于所处公司管理地位、股东持股比例、在公司治理角色功能不同等因素，在监督成本与效益衡量的前提下，股东与债权人对公司监督的主动性和能力有所差异，对公司过度投资的制约作用也各有不同。研究证明，在我国，董事会规模与过度投资行为相关性不大，独立董事比例对过度投资行为没有显著影响(蒋明跃，2010)。相比较而言，控股股东更有动机和能力去监督公司管理层决策，防止管理层过度投资，有效保护股东利益。然而，控股股东为了维护自身利益，可能与管理层合谋，通过过度投资获取额外利益，做出损害中小股东利益的投资选择。Shleifer 等(1997)研究发现，控股股东在持股比例达到能够影响或控制公司投资决策时，他们也会忽视中小股东的利益，通过过度投资中的关联交易，转移公司资源，掏空公司可以用于股东共同分享的利益。程仲鸣等(2009)指出，控股股东有强烈的动机将自由现金流量投资到其自身利益最大化而非股东价值最大化的项目中去。

债权治理是公司外部治理的重要方式，债权人对现金流量的投资敏感性相对更高，他们注重债务资金的安全和利益回报的稳定性。黄乾富等(2009)实证研究表明，债务比例与企业过度投资支出呈显著负相关关系，进而表明债务的商业信用对企业再融资约束有很大作用，能够对企业过度投资起制约作用。然而，短期债务与长期债务对过度投资的作用不一样。李鑫(2008)、李丽君等(2010)的研究显示，短期负债在某种程度上较长期负债更能有效制约企业过度投资。基于我国上市公司的特殊性和融资环境的不成熟性，债务制约作用实际上受到很大的限制。

机构投资者受托于中小投资者的委托管理和运作资金来获取投资回报，他们对公司管理决策和投资行为更为关注，同时机构投资者依托于一定的持股比例优势、专业人员优势、信息处理优势等，他们在一定程度上具备对公司投资决策发挥作用的能力。Lakonishok 等(1994)认为，机构投资者有很强的动机监控管理者，他们能够促使经理人保持与股东一致的管理目标，追求股东价值最大化，防止企业发生过度投资。Richardson(2006)指出，公司存在积极机构投资者，可以缓解公司过度投资的严重性。宋常等(2010)提出，机构投资者持股能督促公司提高信息披露质量，降低信息不对称程度，从而缓解企业过度投资。机构投资者持股地位上升，使其发挥的"股东积极主义"作用增大。综上所述，提出假设 2 和假设 3。

假设 2：机构投资者持股与过度投资呈负相关关系，能够适当发挥对过度投资的制约作用。

不同的机构投资者参与公司治理动机不一样，它们对公司过度投资行为的影响也会存在不同。金玉娜等(2013)研究发现，机构投资者整体上能够有效制约公司产生过度投资行为。但就机构投资者的不同类别来看，基金持股和 QFII 持股能够有效抑制公司的过度投资，而券商、保险和社保对抑制公司过度投资作用不显著。叶建芳等(2012)将机构投资者划分为高持股、低持股机构投资者和长线型、短线型机构投资者。检验结果表明，持股比例较高、长线型机构投资者尤其是长线型基金能够发挥积极监督作用，制约企业过度投资行为。持股比例低、短线型机构投资者会与经理层合谋，攫取公司利益。

假设 3：由于不同机构投资者存在股东异质性，其对公司过度投资行为的约束作用表现不同。

6.1.2 研究与设计

参照 Richardson(2006)、辛清泉等(2007)、周伟贤(2010)、曹崇延(2012)、孙维章等(2014)等的研究思路，先建立过度投资估算模型，计算出公司适度投资水平，然后按照上市公司过度投资可计量为公司当年总投资支出减去维持性投资和新增适度性投资支出后的支出的方法，若该支出大于零则存在过度投资，小于零则表示投资不足。在此基础上进行相关模型检验。

目前，现有文献对自由现金流量过度投资问题的研究在计量模型应用方面主要有三种，即 FHP 模型(投资-现金敏感法)、Vogt 模型及 Richardson 的残差度量模型。FHP 模型是 Fazzari 等(1988)遵循公司外部融资成本高于内部融资成本的融资优序理论原则而建立的，模型公司在融资决策时首先会倾向于内部融资，依赖于留存的自由现金流量，由此投资支出与现金流的关系显得更加敏感。FHP 模型利用投资指数(投资指数=实际投资/适度投资)大于 1、等于 1 或小于 1 来判断是否是过度投资、投资适度、投资不足等。Vogt(1994)在 FHP 模型的基础上提出 Vogt 模型。它将现金流、投资机会与发展机会三者相结合，通过观察交乘项的符号来判断是否引起过度投资还是投资不足，弥补了 FHP 模型不能判断过度投资还是投资不足的缺陷。Richardson(2006)的残差度量模型中的公司总投资包括维持性投资、投资部分及投资不足。通过对上期数据的回归，预测企业正常的投资额。若残差大于零则为过度投资，反之为投资不足。

在这三种模型中，Richardson 残差度量模型对 FHP 模型、Vogt 模型作了优化，弥补了二者的不足之处，较好地判断了公司是否存在过度投资与投资不足，以及有效度量其严重与否的关系，因此，Richardson 残差度量模型对计量和研究公司过度投资行为更具有实用性和代表性(詹雷等，2011)。本章以 Richardson 残差度量模型为研究方法来探讨公司自由现金流量过度投资的问题。

1. 数据来源与样本选择

本章选取 2009～2014 年沪深 A 股公司数据。为避免异常值的影响，剔除：①所有 ST 类、金融保险类的，公司上市不足三年的上市公司样本；②净资产收益率、自由现金流量等指标有异常值的上市公司样本。最终得到样本共 7770 个，每年 1295 个样本公司数据。机构投资者持股数据来源于 Wind 资讯网，相关财务数据来源于国泰安 CSMAR 数据库和上证数据库及部分年报数据，采用 Excel 和 SPSS19.0 进行回归分析。

2. 变量设置

资本投资水平(Inv_t)：第 t 年的固定资产、在建工程及工程物资，长期投资和无形资产的年净增加值，除以年初总资产以消除规模影响。

成长机会(GR_t)：表示企业成长机会。公司成长机会是公司投资需求的驱动因素，国内外大多采用 Tobin-Q 度量成长机会，如 Lang 等(1991)。根据文献梳理，研究者们也有采取其他不同指标来反映公司的成长机会。比如 Hansen(1992)用销售增长率来反映公司的成长机会，Jarrel(1987)、沈洪涛(2003)等采用主营业务收入增长率来反映公司的成长机会。同时，理论界还有一些研究者通过采取多元化指标因素来构建成长机会得分函数，比如刘昌国选取资产市场价值与账面价值的比(MBA)、股权市场价值与账面价值的比(MBE)等 6 个财务指标衡量公司成长机会；李鑫等(2007)分别选取了每个公司样本的资产增长率、净利润增长率、主营业务收入增长率等财务指标与 Tobin-Q、市盈率，通过主成分分析法构造上市公司成长机会综合函数。但由于我国上市公司股价波动较大、其他财务指标计算过于复杂，因此，本章主要采用 Tobin-Q 来代表公司成长机会。

过度投资($\mathrm{Overinv}_t$)：t 年的过度投资，等于模型(1)中大于 0 的回归残差。

资产负债率(Level_{t-1})：$t-1$ 年末的资产负债率，反映公司杠杆水平。

现金持有水平(Cash_{t-1})：$t-1$ 年末现金持有比例，即(货币资金＋短期投资)/年末总资产。

年限(Age_{t-1})：截至 $t-1$ 年末的上市年限。

公司规模(Size_{t-1})：$t-1$ 年末公司总资产的自然对数。

股票收益(RET_{t-1})：$t-1$ 年考虑现金红利的年个股回报率。

自由现金流量(FCF_t)：t 年的自由现金流量。参照黄本多等(2008)自由现金流量计量公式计算所得。即 FCF＝(经营活动产生的现金流量净额＋发行债券收到的现金+取得借款收到的现金－偿还债务支付的现金－分配股利、利润或偿付利息支付的现金)/资产总额。

管理费用(Admin)：公司管理费用/营业收入。

大股东占款(Occur)：其他应收款/总资产。

另外，考虑到公司的预期投资水平在不同年份和不同行业的差异，引入行业作为哑变量加以控制，行业分类代码以中国证监会发布的《上市公司行业分类指引》为准。

6.1.3 模型构建

根据上述分析假设，分别建立模型 1、模型 2、模型 3 和模型 4。首先通过模型 1 估算出企业预期的正常投资支出，然后以实际投资支出减去预期正常的投资支出，计算出非效率投资水平。若该指标大于等于 0，表示过度投资(Overinv)，小于 0 则表示投资不足。在此基础上，检验自由现金流量与过度投资者之间的关系，以及机关投资者持股比例与过度投资之间的关系。

模型 1：

$$\text{Inv}_t = \alpha_0 + \alpha_1 \text{Tobin-Q}_{t-1} + \alpha_2 \text{Level}_{t-1} + \alpha_3 \text{Cash}_{t-1} + \alpha_4 \text{Age}_{t-1} + \alpha_5 \text{Size}_{t-1}$$
$$+ \alpha_6 \text{RET}_{t-1} + \alpha_7 \text{Inv}_{t-1} + \alpha_8 \sum\nolimits_n^i \text{Industry} + \alpha_9 \sum\nolimits_n^i \text{Year} + \varepsilon$$

模型 2：

$$\text{Overinv}_t = \alpha_0 + \alpha_1 \text{FCF} + \alpha_2 \text{Level} + \alpha_3 \text{Age} + \alpha_4 \sum\nolimits_n^i \text{Industry} + \varepsilon$$

模型 3：

$$\text{Overinv}_t = \alpha_0 + \alpha_1 \text{Insit} + \alpha_2 \text{Level} + \alpha_3 \text{Age} + \alpha_4 \sum\nolimits_n^i \text{Industry} + \varepsilon$$

模型 4：

$$\text{Overinv}_t = \alpha_0 + \alpha_1 V \text{Insit} + \alpha_2 \text{Level} + \alpha_3 \text{Age} + \alpha_4 \sum\nolimits_n^i \text{Industry} + \varepsilon$$

6.1.4 实证检验与分析

(1)计算预期投资量。对模型 1 相关变量进行描述性计量(表 6-1)，公司资本投资者水平均值为 0.1664，说明公司 2009～2014 年资本投资水平较过去有很大降低，投资速度有所减缓。公司的资产负债率为 0.5439，表明公司的负债率比较高，这也与公司投资水平有关。大多公司平均上市年限为 12 年，一般可以认为所选的样本公司已经处于公司成熟阶段。股票收益 RET 均值为 14.7791，收益还是比较高。因此，这种特征的公司进行过度投资有很大可能性。

表 6-1　描述性统计量

变量	N	极小值	极大值	均值	标准差	中位数
资本投资水平	7770	−0.9992	166.4621	0.1664	2.3649	0.0200
Tobin-Q$_{t-1}$	7770	0.0000	337.6048	1.8934	4.7499	1.2112
资产负债率$_{t-1}$	7770	−0.0029	55.4086	0.5439	0.9457	0.4941
现金持有量$_{t-1}$	7770	0.0000	0.9980	0.1556	0.1326	0.1218
上市年限$_{t-1}$	7770	2.0000	23.0000	12.5400	4.1990	12.7000
公司规模$_{t-1}$	7770	−0.6863	27.3292	7.1510	10.1151	0.1780
股票收益$_{t-1}$	7770	−0.8661	27.9552	14.7791	10.2144	21.0615
资本投资水平$_{t-1}$	7769	−0.9918	308.4535	0.3054	4.2343	0.0431
业绩水平	7770	−8.4626	12.7634	0.0463	0.2938	0.0333
有效的 N(列表状态)	7769					

在对模型 1 做线性回归后，获得各解释变量的回归系数(表 6-2，表 6-3)。公司成长机会、资产负债率与资本投资水平有正相关关系，影响比较显著。成长机会好，资产负债率高，那么公司对通过过度投资寻求新的经济增长点有很大倾向。而公司规模、股东收益与资本投资水平负相关，且影响比较显著，说明公司规模越大，公司管理层不再热衷于规模追求。个股回报率增加后，公司管理层可能会考虑资本投资收益等原因而降低资本投资水平。然后将各变量回归系数带入模型 1，计算出 Overint 残差(表 6-3)。如果 Overint≥0，则为过度投资，否则为投资不足。经统计，有 2118 个公司样本记录大于等于 0，占总样本 7770 的 27.26%，说明我国上市公司过度投资现象还是比较严重的。

表 6-2　相关性

		资本投资水平	Tobin-Q$_{t-1}$	资产负债率$_{t-1}$	现金持有量$_{t-1}$	Age$_{t-1}$	公司规模$_{t-1}$	RET$_{t-1}$	资本资投资水平$_{t-1}$	行业
Pearson 相关性	资本投资水平	1.000								
	Tobin-Q$_{t-1}$	0.115	1.000							
	资产负债率$_{t-1}$	0.091	0.597	1.000						
	现金持有量$_{t-1}$	0.022	0.072	−0.018	1.000					
	上市年限$_{t-1}$	0.019	0.027	0.055	0.003	1.000				
	公司规模$_{t-1}$	−0.019	0.003	−0.001	−0.041	−0.337	1.000			
	股票收益$_{t-1}$	0.008	−0.029	−0.016	0.042	0.336	−0.988	1.000		
	资本投资水平$_{t-1}$	−0.003	−0.012	−0.007	−0.031	0.010	0.032	−0.031	1.000	
	行业	−0.007	0.014	−0.027	0.002	−0.127	−0.001	−0.007	−0.018	1.000

续表

		资本投资水平	Tobin-Q$_{t-1}$	资产负债率$_{t-1}$	现金持有量$_{t-1}$	Age$_{t-1}$	公司规模$_{t-1}$	RET$_{t-1}$	资本资水平$_{t-1}$	行业
	资本投资水平		0.000							
	Tobin-Q$_{t-1}$	0.000		0.000						
	资产负债率$_{t-1}$	0.000	0.000		0.053					
	现金持有量$_{t-1}$	0.024	0.000	0.053		0.395				
Sig. (单侧)	上市年限$_{t-1}$	0.046	0.009	0.000	0.395		0.000			
	公司规模$_{t-1}$	0.043	0.408	0.479	0.000	.000		0.000		
	股票收益$_{t-1}$	0.243	0.005	0.074	0.000	0.000	0.000			
	资本投资水平$_{t-1}$	0.383	0.141	0.280	0.003	0.197	0.003	0.003		
	行业	0.272	0.111	0.008	0.438	0.000	0.453	0.266	0.054	

表 6-3　计算过度投资 Overint 残差系数

模型 1	非标准化系数		标准系数 (试用版)	t	Sig.
	B	标准误差			
（常量）	1.877	0.398		4.715	0.000
Tobin-Q$_{t-1}$	0.041	0.007	0.083	5.809	0.000
资产负债率$_{t-1}$	0.088	0.035	0.035	2.489	0.013
现金持有量$_{t-1}$	0.303	0.202	0.017	1.498	0.134
上市年限$_{t-1}$	0.005	0.007	0.009	0.782	0.434
公司规模$_{t-1}$	−0.090	0.018	−0.386	−5.137	0.000
股票收益$_{t-1}$	−0.087	0.017	−0.374	−4.985	0.000
资本投资水平$_{t-1}$	−0.001	0.006	−0.001	−0.113	0.910
行业	−0.043	0.054	−0.009	−0.798	0.425

注：因变量为资本投资水平。

（2）检验自由现金流量与公司过度投资者关系。表 6-4 显示，我国上市公司过度投资程度比较严重，均值达到了 0.5872。机构投资者持股比例显著提高，均值为 48.3947。公司业绩水平受到过度投资影响，均值较低。资产负债率较高，均值为 0.5376。通过对模型 2 进行线性回归发现（表 6-5，表 6-6），自由现金流量与公司过度投资为正相关，说明自由现金流量在某种程度上影响了公司过度投资。但相关性关系不显著，这可能与样本中所反映的自由现金流量占资产比例较低有关。

表 6-4　描述统计量

变量名称	N	极小值	极大值	均值	标准差
过度投资	2118	0.0002	165.2484	0.5872	4.3969
自由现金流量	2115	−0.7703	4.1489	0.0918	0.1734
机构投资者持股	2118	0.0000	114.2182	48.3947	22.4056
业绩水平	2118	−0.3092	0.6680	0.0530	0.0631
资产负债率	2118	0.0000	1.4693	0.5376	0.2022
公司规模	2118	18.9337	28.0035	23.0531	1.3359
大股东占款	2118	0.0000	0.8915	0.0526	0.1056
管理费用率	2118	0.0022	9.0195	0.0714	0.2071
第一大股东持股	2118	3.6200	89.4100	40.1854	17.0134
第二至第五大股东持股	2118	0.4000	60.2000	14.4410	11.7095
经营销售能力	2115	−21.1002	38.3489	0.0924	1.0318
有效的 N(列表状态)	2115				

表 6-5　相关性系数

		过度投资	自由现金流量	资产负债率	公司规模	行业	管理费用率	股权性质	经营销售能力
Pearson 相关性	过度投资	1.000							
	自由现金流量	0.007	1.000						
	资产负债率	−0.031	−0.072	1.000					
	公司规模	−0.029	−0.071	0.390	1.000				
	行业	−0.005	−0.014	−0.022	−0.089	1.000			
	管理费用率	−0.002	−0.019	−0.068	−0.114	−0.021	1.000		
	股权性质	0.048	0.005	0.008	0.068	−0.036	−0.020	1.000	
	经营销售能力	0.004	0.096	−0.034	0.014	−0.023	−0.356	0.004	1.000
Sig. (单侧)	过度投资		0.368						
	自由现金流量	0.368		0.000					
	资产负债率	0.077	0.000		0.000				
	公司规模	0.095	0.001	0.000		0.000			
	行业	0.411	0.253	0.160	0.000				

续表

		过度投资	自由现金流量	资产负债率	公司规模	行业	管理费用率	股权性质	经营销售能力
Sig.（单侧）	管理费用率	0.472	0.189	0.001	0.000	0.162			
	股权性质	0.014	0.406	0.356	0.001	0.047	0.177		
	经营销售能力	0.430	0.000	0.059	0.267	0.147	0.000	0.419	

表 6-6　模型 2 自由现金流量与过度投资关系回归系数

模型 1	非标准化系数		标准系数（试用版）	t	Sig.
	B	标准误差			
（常量）	2.548	1.745		1.460	0.144
自由现金流量	0.090	0.556	0.004	0.161	0.872
资产负债率	−0.480	0.515	−0.022	−0.933	0.351
公司规模	−0.079	0.079	−0.024	−1.006	0.314
行业	−0.050	0.192	−0.006	−0.263	0.793
管理费用率	−0.094	0.498	−0.004	−0.189	0.850
股权性质	0.471	0.208	0.049	2.269	0.023
经营销售能力	0.005	0.100	0.001	0.050	0.960
R					0.062a
R^2					0.004
调整 R^2					0.001
df					2117
Sig.					0.327

注：因变量为过度投资。

（3）从表 6-7 来看，我国上市公司过度投资现象比较严重，均值为 0.5872。由于过度投资通过银行贷款等方式导致资产负债率过高，均值达到 0.5376，由此导致业绩水平急剧下降，业绩均值仅仅为 0.0530。同时也可以看到，第一大股东持股比例均值为 40.1854，大股东对过度投资者存在一定影响。模型 3 回归检验结果显示（表 6-8，表 6-9），机构投资者持股比例系数值为 −0.021，表示与过度投资者 overint 呈负相关关系，且在 $p=0.000<0.05$ 时显著，说明机构投资者对公司过度投资者行为有积极的制约作用。机构投资者通过对管理层公司过度投资行为的限制，督促公司管理层有效使用自由现金流量，切实维护中小股东利益。同时也可以看到，第一大股东 $p=0.014$，系数为 0.015，第一大股东与公司管理层有合谋倾向，不但未阻止管理层过度投资行为发生，反而还助长了管理层过度投资行为。机构投资者在某种程度上与第一大股东抗衡，降低过度投资行为对中小股东利益造成的损失程度。

表 6-7　描述性统计量

变量	均值	标准偏差	N
过度投资	0.5872	4.3969	2118
机构投资者占流通股比例	48.3947	22.4056	2118
业绩水平	0.0530	0.0631	2118
资产负债率	0.5376	0.2022	2118
公司规模	23.0531	1.3359	2118
行业	0.5000	0.5000	2118
大股东占款	0.0526	0.1056	2118
管理费用率	0.0714	0.2071	2118
第一大股东持股	40.1854	17.0134	2118
股权性质	0.3100	0.4610	2118

表 6-8　相关性系数

		过度投资	机构投资者占流通股比例	业绩水平	资产负债率	公司规模	行业	大股东占款	管理费用率	第一大股东持股	股权性质
Pearson 相关性	过度投资	1.000									
	机构投资者占流通股比例	−0.088	1.000								
	业绩水平	0.046	0.014	1.000							
	资产负债率	−0.031	0.058	−0.471	1.000						
	公司规模	−0.029	0.373	−0.218	0.390	1.000					
	行业	−0.005	−0.047	−0.030	−0.022	−0.089	1.000				
	大股东占款	−0.028	−0.050	0.175	−0.037	−0.107	−0.157	1.000			
	管理费用率	−0.002	−0.039	−0.013	−0.068	−0.114	−0.021	0.011	1.000		
	第一大股东持股	0.038	0.306	0.042	−0.014	0.261	−0.100	−0.141	−0.059	1.000	
	股权性质	0.048	−0.222	−0.059	0.008	0.068	−0.036	−0.066	−0.020	0.155	1.000
Sig. (单侧)	过度投资		0.000								
	机构投资者占流通股比例	0.000									
	业绩水平	0.016	0.263		0.000						
	资产负债率	0.077	0.004	0.000		0.000					
	公司规模	0.095	0.000	0.000	0.000		0.000				
	行业	0.411	0.016	0.086	0.160	0.000		0.000			
	大股东占款	0.100	0.010	0.000	0.043	0.000	0.000				
	管理费用率	0.472	0.036	0.279	0.001	0.000	0.162	0.313		0.003	
	第一大股东持股	0.042	0.000	0.026	0.267	0.000	0.000	0.000	0.003		
	股权性质	0.014	0.000	0.003	0.356	0.001	0.047	0.001	0.177	0.000	

表 6-9　模型 3 回归系数

模型 1	非标准化系数		标准系数（试用版）	t	Sig.
	B	标准误差			
（常量）	0.695	1.848		0.376	0.707
机构投资者持股	-0.021	0.005	-0.107	-4.213	0.000
业绩水平	3.593	1.748	0.052	2.055	0.040
资产负债率	-0.048	0.571	-0.002	-0.084	0.933
公司规模	0.008	0.087	0.002	0.092	0.926
行业	-0.062	0.195	-0.007	-0.317	0.751
大股东占款	-1.408	0.942	-0.034	-1.494	0.135
管理费用率	-0.019	0.463	-0.001	-0.041	0.967
第一大股东持股	0.015	0.006	0.059	2.470	0.014
股权性质	0.148	0.220	0.016	0.672	0.502
R	0.126				
R^2	0.016				
调整 R^2	0.012				
df	2117				
F	3.750				
Sig.	0.000				

注：因变量为过度投资。

（4）为进一步验证过度投资与股权性质之间的关系，即国有与非国有公司的机构投资者与过度投资控制问题，本章按照第一大股东的股权性质将样本公司记录划分为国有与非国有公司样本记录。其中，国有公司 650 个样本记录，占总样本的 30.69%；非国有公司 1468 个样本记录，占总样本的 69.31%，并进行了描述性统计对比。从表 6-10 可以看出，国有公司过度投资均值为 0.9041，非国有公司均值为 0.4469，那么国有公司过度投资程度比非国有公司严重。国有公司自由现金流量持有量均值为 0.0931，较非国有公司均值 0.0912 大，占有的自由现金流量比非国有公司更多。在非国有公司中，机构投资者持股比例较高，国有公司持股比例大，均值达到了 44.1455，而机构投资者持股比例均值为 40.9275，说明我国国有公司确实存在"一股独大"的现象。

表 6-10　描述统计量

解释变量	股权性质	N	极小值	极大值	均值	标准差
过度投资	国有公司	650	0.0012	165.2484	0.9041	7.2761
	非国有公司	1468	0.0002	46.6259	0.4469	2.1008
自由现金流量	国有公司	649	-0.2614	1.8037	0.0931	0.1421
	非国有公司	1466	-0.7703	4.1489	0.0912	0.1856
机构投资者占流通股比例	国有公司	650	0.0000	114.2182	40.9275	22.5855
	非国有公司	1468	0.0000	112.2933	51.7011	21.5205
业绩水平	国有公司	650	-0.3092	0.3196	0.0474	0.0557
	非国有公司	1468	-0.2228	0.6680	0.0555	0.0660
资产负债率	国有公司	650	0.0000	0.9117	0.5401	0.2077
	非国有公司	1468	0.0000	1.4693	0.5365	0.1998
公司规模	国有公司	650	19.8090	26.6466	23.1890	1.3233
	非国有公司	1468	18.9337	28.0035	22.9929	1.3375
大股东占款	国有公司	650	0.0000	0.6808	0.0421	0.0856
	非国有公司	1468	0.0000	0.8915	0.0573	0.1130
管理费用率	国有公司	650	0.0022	1.7485	0.0651	0.0850
	非国有公司	1468	0.0024	9.0195	0.0741	0.2422
第一大股东持股	国有公司	650	5.0200	84.9200	44.1455	16.4676
	非国有公司	1468	3.6200	89.4100	38.4319	16.9621
第二至第五大股东持股	国有公司	650	0.4500	53.5200	14.8827	12.1305
	非国有公司	1468	0.4000	60.2000	14.2460	11.5170
经营销售能力	国有公司	649	-8.8030	1.1608	0.0993	0.5454
	非国有公司	1466	-21.1002	38.3489	0.0893	1.1852
有效的 N(列表状态)	国有公司	649				
	非国有公司	1466				

　　接着，本章分别验证了国有公司与非国有公司中自由现金流量与过度投资、机构投资者持股与过度投资之间的关系。表 6-11 反映出，国有公司中系数为正数，有正相关关系，但显著性不强。非国有公司中系数为负数，自由现金流量持有量越大，发生过度投资的可能性越小，说明非国有公司可能没有将自由现金流量用于过度投资项目方面，而是被大股东所占用。表 6-11 中显示大股东占款与过度投资呈负相关关系，相对而言，非国有公司较国有公司显著性更强。表 6-12 反映了机构投资者持股在国有公司和非国有公司中都发挥了对公司过度投资行为的约束作用，而且负相关关系的显著性较强。但系数分别为-0.033 和-0.025，表明机构投资者对公司过度投资的约束力处于一般水平，约束力总体不强。

　　由于信息不对称存在，机构投资者对所投资的公司所处行业和运营模式的认识程度相对不高，它们也无法完全监督公司的过度投资行为，只是更关心公司的未来发展价值。因此，它们对公司过度投资行为只是做了适当的约束，制约的相关性表现出不显著。而且，第一大股东持股和第二至第五大股东持股对公司过度投资行为表示沉默，甚至会在某种程度上限制机构投资者对公司过度投资行为的约束作用，因此，机构投资者对公司过度投资行为的外在监督作用仍在，但是不显著。

表 6-11　国有公司与非国有公司中自由现金流量与过度投资之间关系回归系数

模型 1	国有公司			非国有公司		
	非标准化系数	t	Sig.	非标准化系数	t	Sig.
（常量）	3.6610		0.5330	2.0700	2.0620	0.0390
自由现金流量	0.5930	0.2880	0.7730	-0.3820	-1.2550	0.2100
资产负债率	1.0670	0.6710	0.5030	-0.4730	-1.4550	0.1460
公司规模	-0.1490	-0.5800	0.5620	-0.0610	-1.3830	0.1670
行业	0.0440	0.0750	0.9400	-0.1560	-1.4060	0.1600
大股东占款	-2.6160	-0.7450	0.4570	-1.4270	-2.8320	0.0050
管理费用率	2.4820	0.4100	0.6820	-0.1070	-0.4380	0.6610
经营销售能力	0.0480	0.0830	0.9340	-0.0120	-0.2510	0.8020

注：因变量为过度投资。

表 6-12　国有公司与非国有公司中机构投资者持股与过度投资之间关系回归系数

模型 1	国有公司			非国有公司		
	非标准化系数	t	Sig.	非标准化系数	t	Sig.
（常量）	3.2420	0.5350	0.5930	0.1790		0.8610
机构投资者持股比例	-0.0330	-2.3740	0.0180	-0.0250	-8.2800	0.0000
总资产净利润率	1.992	0.332	0.740	3.7400	4.0320	0.0000
资产负债率	1.9000	1.1580	0.2470	-0.3700	-1.1720	0.2410
公司规模	-0.2640	-0.9240	0.3560	0.0070	0.1480	0.8830
行业	0.3630	0.6130	0.5400	-0.1110	-1.0240	0.3060
大股东占款	-1.3980	-0.3960	0.6920	-0.9930	-2.0170	0.0440
管理费用率	2.8080	0.4630	0.6440	-0.1000	-0.4240	0.6710
经营销售能力	0.0200	0.0350	0.9720	-0.0180	-0.3690	0.7130
第一大股东持股	0.0570	2.6710	0.0080	0.0260	6.5640	0.0000
第二至第五大股东持股	0.0860	3.1560	0.0020	0.0390	7.3790	0.0000

注：因变量为过度投资。

(5)当然，不同的机构投资者，其持股比例、投资偏好、与公司之间利益关系的差异，决定了其对公司过度投资行为不同的态度。在各类机构投资者持股规模中(表 6-13)，基金占流通股比例较大，其次是保险公司、社保基金及券商。第一大股东持股比例较大，均值为 40.1854。模型 4 线性回归结果显示(表 6-14、表 6-15)，基金持股与公司过度投资呈负相关关系，系数为-0.022，且相关性在 $p=0.031<0.05$ 时显著。保险公司、社保基金、QFII 也发挥了对公司过度投资行为的制约作用，但显著性不强。券商则与过度投资是正相关关系，但显著性不强。而第一大股东和第二至第五大股东与过度投资呈正相关关系，且显著性很强，说明他们积极支持公司管理层进行过度投资，影响机构投资者发挥监督作用。大股东可能会利用公司扩张规模，低效益投资，从中谋取二者共同的利益，进而损害中小股东利益。

表 6-13　描述性统计量

变量	均值	标准偏差	N
过度投资	0.5872	4.3969	2118
业绩水平	0.0530	0.0631	2118
资产负债率	0.5376	0.2022	2118
公司规模	23.0531	1.3359	2118
行业	0.5000	0.5000	2118
大股东占款	0.0526	0.1056	2118
管理费用率	0.0714	0.2071	2118
股权性质	0.3100	0.4610	2118
基金占流通 A 股比例	8.3498	10.9527	2118
券商占流通 A 股比例	0.2581	1.4314	2118
保险公司占流通 A 股比例	0.5890	1.4089	2118
社保基金占流通 A 股比例	0.3900	1.1460	2118
QFII 占流通 A 股比例	0.1900	0.7140	2118
第一大股东持股	40.1854	17.0134	2118
第二至第五大股东持股	14.4410	11.7095	2118

表 6-14　相关性系数

		过度投资	业绩水平	资产负债率	公司规模	行业	大股东占款	管理费用率	股权性质	基金占比	券商占比	保险公司占比	社保基金占比	QFII占比	第一大股东持股	第二至第五大股东持股
Pearson 相关性	过度投资	1.000														
	业绩水平	0.046	1.000													
	资产负债率	-0.031	-0.471	1.000												
	公司规模	-0.029	-0.218	0.390	1.000											
	行业	-0.005	-0.030	-0.022	-0.089	1.000										
	大股东占款	-0.028	0.175	-0.037	-0.107	-0.157	1.000									
	管理费用率	-0.002	-0.013	-0.068	-0.114	-0.021	0.011	1.000								
	股权性质	0.048	-0.059	0.008	0.068	-0.036	-0.066	-0.020	1.000							
	基金占比	-0.022	0.234	-0.043	0.033	0.067	0.124	-0.018	0.086	1.000						
	券商占比	-0.002	0.011	-0.051	-0.032	0.058	-0.001	0.003	-0.005	0.101	1.000					
	保险公司占比	-0.019	0.038	0.005	0.075	0.003	0.058	-0.005	0.059	0.210	0.037	1.000				
	社保基金占比	-0.021	0.044	-0.002	0.043	0.008	-0.026	-0.012	0.027	0.249	0.068	0.074	1.000			
	QFII占比	-0.016	0.070	-0.012	0.063	0.087	-0.018	-0.012	-0.015	0.163	0.027	0.041	0.011	1.000		
	第一大股东持股	0.038	0.042	-0.014	0.261	-0.100	-0.141	-0.059	0.155	-0.103	-0.063	0.042	-0.001	-0.064	1.000	
	第二至第五大股东持股	0.076	0.026	-0.048	0.077	-0.035	-0.018	0.005	0.025	0.032	0.044	-0.009	0.035	0.028	-0.332	1.000

续表

		过度投资	业绩水平	资产负债率	公司规模	行业	大股东占款	管理费用率	股权性质	基金占比	券商占比	保险公司占比	社保基金占比	QFII占比	第一大股东持股	第二至第五大股东持股
Sig.（单侧）	过度投资															
	业绩水平	0.016														
	资产负债率	0.077	0.000													
	公司规模	0.095	0.000	0.000												
	行业	0.411	0.086	0.160	0.000											
	大股东占款	0.100	0.000	0.043	0.000	0.000										
	管理费用率	0.472	0.279	0.001	0.000	0.162	0.313									
	股权性质	0.014	0.003	0.356	0.001	0.047	0.001	0.177								
	基金占比	0.160	0.000	0.024	0.064	0.001	0.000	0.199	0.000							
	券商占比	0.471	0.311	0.009	0.068	0.004	0.478	0.451	0.407	0.000						
	保险公司占比	0.195	0.041	0.412	0.000	0.441	0.004	0.416	0.003	0.000	0.043					
	社保基金占比	0.168	0.021	0.461	0.023	0.352	0.112	0.284	0.106	0.000	0.001	0.000				
	QFII占比	0.233	0.001	0.295	0.002	0.000	0.206	0.293	0.247	0.000	0.103	0.031	0.306			
	第一大股东持股	0.042	0.026	0.267	0.000	0.000	0.000	0.003	0.000	0.000	0.002	0.027	0.473	0.002		
	第二至第五大股东持股	0.000	0.120	0.014	0.000	0.054	0.204	0.401	0.124	0.068	0.021	0.332	0.055	0.096	0.000	

表 6-15　模型 4 各类机构投资者与过度投资线性回归系数

模型 1	非标准化系数		标准系数 (试用版)	t	Sig.
	B	标准误差			
(常量)	0.659	1.849		0.356	0.722
业绩水平	3.083	1.800	0.044	1.713	0.087
资产负债率	0.292	0.571	0.013	0.511	0.609
公司规模	−0.047	0.087	−0.014	−0.538	0.591
行业	0.020	0.196	0.002	0.104	0.917
大股东占款	−1.037	0.946	−0.025	−1.096	0.273
管理费用率	−0.009	0.460	0.000	−0.020	0.984
股权性质	−0.062	0.228	−0.007	−0.274	0.784
基金占流通 A 股比例	−0.022	0.010	−0.054	−2.153	0.031
券商占流通 A 股比例	0.011	0.067	0.003	0.160	0.873
保险公司占流通 A 股比例	−0.080	0.069	−0.026	−1.152	0.249
社保基金占流通 A 股比例	−0.086	0.086	−0.023	−1.011	0.312
QFII 占流通 A 股比例	−0.113	0.136	−0.018	−0.830	0.406
第一大股东持股	0.034	0.007	0.132	4.752	0.000
第二至第五大股东持股	0.054	0.009	0.143	5.791	0.000
R					0.176
R^2					0.031
调整 R^2					0.024
df					2117
F					4.463
Sig.					0.000

注：因变量为过度投资。

6.1.5　稳健型检验

为进一步验证机构投资者与公司过度投资行为之间的关系，本章进一步对数据进行了处理，选取资本投资水平大于 0 的数据，并且用营业收入增长率代替 Tobin-Q 表示公司成长机会，每年选取 228 个样本公司，连续 6 年共计 1368 个样本记录。在此基础上筛选了过度投资大于等于 0 的样本公司 411 个，然后对机构投资者与过度投资进行线性回归，结果显示机构投资者与过度投资呈负相关关系（表 6-16）。

表 6-16　模型变量回归系数

模型 1	非标准化系数		标准系数 (试用版)	t	Sig.	共线性统计量	
	B	标准误差				容差	方差膨胀 因子
(常量)	0.411	0.424		0.970	0.333		
机构投资者持股	−0.003	0.001	−0.145	−2.189	0.029	0.528	1.893
资产负债率	−0.010	0.135	−0.004	−0.074	0.941	0.649	1.542
公司规模	−0.010	0.019	−0.032	−0.527	0.599	0.626	1.598
行业	0.029	0.042	0.035	0.688	0.492	0.907	1.102
大股东占款	−0.109	0.465	−0.012	−0.235	0.814	0.948	1.055
管理费用	−0.247	0.410	−0.044	−0.602	0.548	0.427	2.340
第一大股东持股	0.005	0.002	0.206	3.158	0.002	0.541	1.848
股权性质	−0.045	0.049	−0.050	−0.913	0.362	0.785	1.274
第二至第五大股东持股	0.003	0.002	0.088	1.490	0.137	0.667	1.498
经营销售能力	0.004	0.013	0.021	0.304	0.762	0.494	2.025
营业收入增长率	0.100	0.010	0.473	9.557	0.000	0.943	1.060
总资产净利润率	−1.101	0.514	−0.120	−2.140	0.033	0.738	1.355

注：因变量为过度投资。

　　同样，对样本公司按照股份性质进行国有上市公司和非国有公司划分，然后进行回归分析。结果发现(表 6-17)，国有上市公司的自由现金流量与过度投资正相关关系显著，系数为 0.384，Sig. 为 0.035，在 0.05 内显著。而非国有上市公司自由现金流量与过度投资是负相关关系，相关性不显著。机构投资者持股比例都是负相关关系，相关性不显著。

表 6-17　国有与非国有上市公司自由现金流量与过度投资关系回归系数

模型 1	国有上市公司			非国有上市公司		
	非标准化系数	T	Sig.	非标准化系数	T	Sig.
(常量)	1.347		0.006	0.156	0.142	0.887
自由现金流量	0.384	2.120	0.035	−0.286	−0.668	0.506
机构投资者	−0.003	−1.627	0.105	−0.002	−0.524	0.601
资产负债率	−0.155	−1.215	0.226	0.992	2.701	0.008
公司规模	−0.048	−2.180	0.030	−0.037	−0.730	0.467
大股东占款	−0.874	−1.776	0.077	1.514	1.008	0.316
管理费用	−0.198	−0.706	0.481	−0.873	−0.591	0.556
第一大股东持股	0.003	1.869	0.063	0.012	2.705	0.008
第二至第五大股东持股	0.004	1.787	0.075	0.001	0.146	0.884

注：因变量为过度投资。

6.1.6 研究结论

综上可知，我国上市公司管理层普遍存在过度投资行为。通过过度投资方式，公司管理层可以扩大公司规模，占用更多资源，一方面满足自我控制欲，另一方面，公司管理层可以从投资项目中获取更多的在职消费和利益享受。自由现金流量是引发公司过度投资的重要资金来源，但从模型验证结果来看，自由现金流量与过度投资正相关关系显著性不强。这说明虽然公司占有大量的自由现金流量，但是公司决策不一定将所有自由现金流量用于过度投资，管理层也会考虑自由现金流量备存的必要性。而且，公司对自由现金流量的用途没有预先设定，公司持有和使用自由现金流量必然要与公司发展需要联系起来。特定的自由现金流量也存在一部分被大股东占用的情况，在某种程度上减少了公司管理层将自由现金流量用于过度投资的资金额度，有利于限制公司管理层过度投资程度。

总的来说，机构投资者始终对公司过度投资行为起着积极的限制作用，但是受第一大股东和第二至第五大股东的约束，以及其他因素影响，机构投资者对公司管理层的过度投资行为制约作用仍然处于一般水平。其主要原因在于行业的专业性和信息的不对称性，使得机构投资者无法判定公司投资是否属于正常投资或过度投资，且投资的未来结果尚需经历一定的项目建设周期，短期内对公司业绩发展和股东利益影响不明显。另外，虽然机构投资者能够与大股东进行博弈竞争，不同机构投资者对公司过度投资行为存在不同的关联性，所发挥的公司管理层制约能力非常有限。除券商与过度投资呈正相关关系外，其他机构投资者都与过度投资者是负相关关系，基金参与过度投资监管的作用比其他机构投资者更显著。

6.2 机构投资者对自由现金流量随意性收益支出控制的研究——在职消费

6.2.1 理论基础与假设

我国最早对企业负责人职务消费有明确规定的文件是2006年6月国务院国有资产监督管理委员会出台的《关于规范中央企业负责人职务消费的指导意见》。2014年11月，国家颁布了《关于深化中央管理企业负责人薪酬制度改革的意见》，2015年9月，国家又下发了《中共中央、国务院关于深化国企改革的指导意见》，三个文件中都对企业负责人薪酬分配制度提出了明确的规定，而且逐步向市场定价转向，特别是后两个文件中要求企业负责人薪酬分配与经营业绩挂钩，收入不得高于成本，坚持贯彻市场选人，衡量职务消费的标准要求是贡献而不是政府的指标规划。2011～2014 年，我国国企总经理薪酬整体水平增长速度减缓，2015年呈现总体微降或持平的趋势。

企业负责人的薪酬制度改革是对高管薪酬激励机制的完善，有利于进一步解决困扰企业的职务消费问题，从而实现劳资公平的目标。在职消费是高管激励机制的补充，实质上是一种职务消费。广义的在职消费包括公司管理层享受的优越的办公环境、高档的出行交通工具和通信设备，出入高档会所、宾馆、娱乐餐厅等。而狭义的在职消费一般限定在大额的业务招待费支出。由于两权分离，信息不对称，很多高管为了追求个人利益最大化而偏离公司价值目标，随意进行超额在职消费。在职消费除了为高管提供非货币性私人收益外，对于公司来说是一种代理成本的表现。

6.2.1.1　在职消费的成因

德姆塞茨(1995)认为，在职消费是所有者与管理者双方谈判商定的另外一种薪酬形式。在职消费是管理者在职报酬的一种补充。那么，在职消费形成的原因有哪些呢？目前，理论界对在职消费的成因主要有三种不同的观点。

1. 代理观

Hart(2001)认为，在职消费作为私人收益，意味着管理层对公司效益的贡献价值已经低于管理层在职消费带来的财务成本。一方面，管理层在选择在职消费层次和方式时，存在随意性和选择性，那么会直接产生增大影响公司经营效益的管理成本。同时，股东在考虑经理人在职消费成本时，出于监督的目的，限制管理层的在职消费，又产生了额外的监督代理成本。在职消费的代理观更多将在职消费视为经理人的一种机会主义行为，这种在职消费构成了股东委托代理成本内容。正如 Fama 等(1980)所认为，在职消费也不是纯粹的代理成本，只有当管理层薪酬激励不足，管理层通过在职消费来弥补的消费成本超过管理层对公司发展贡献率时，在职消费成本才能构成公司代理成本的内容。那么，这意味着在职消费往往被视为经理人的一种机会主义行为。

2. 效率观

相对于在职消费代理观来说，在职消费的效率观是有利于公司业绩发展的观点。在现代企业两权分离的情况下，在职消费是不可避免的。按照 Hirsch(1976)、Rajan 等(2004)的观点，在职消费的目的就是要为高管提供在职期间与其他员工不一样的有助于树立员工威望的"地位商品"，或者是强化经理人的权威与地位，有利于高管提高决策执行力和改进工作效率。同时，在职消费也是区别于员工与经理层之间在职期间所处地位和享受公司福利权力的重要因素，比如经理人为强化个人在企业的管理地位，树立领导组织权威，专享特殊的在职消费，设立专人工作室、专人秘书或对其他资源的占用，更利于经理人在组织管理工作、下达管理任务时被赋予一种强制性的色彩，以便于员工能够听从安排，无异议执行完成。当然，在职消费的效率观重在强调符合效率原则的在职消费形式。如果经理人在独享在职消费特殊待遇时，仅仅是为了满足个人自身效用最大化，而与股东利益目标相违背，影响公司绩效水平，损害股东利益，那么就成为代理的在职消费，从而受到股东的约束和限制。当然，在职消费是否属于代理或效率范畴，还与企业行业性质、绩效考评、股东利益、外部监督等因素相关。

3. 管制观

我国经理人市场不够健全，特别是国企经理人仍然受到政府管制，经理人的薪酬和聘用不完全由市场调节。从国外经理人薪酬来看，2009 年，德国、日本高管人员薪酬与普通员工的薪酬差别较小，日本 CEO（首席执行官）的年薪是员工的 10.8 倍。新加坡、阿根廷、巴西等相对更高，一般在 40 倍以上。颜剑英（2002）认为，国有企业经理通过过度追求在职消费来满足其货币报酬偏低带来的不满足感。在国内，从 2013 年的情况来看，2013 年中央企业负责人薪酬水平是同期沪深两市中上市公司主要负责人的 2～3 倍左右，是职工薪酬的 12 倍左右。从行业来看，中央企业高管薪酬与职工薪酬差距最大的是房地产行业，年平均薪酬差距在 13 倍左右。差距最小的行业包括信息传输业、计算机服务业和软件业，一般在 2.5 倍左右。2014 年 8 月、2015 年 1 月先后出台的《合理确定并严格规范中央企业负责人履职待遇、业务支出的意见》和《中央管理企业负责人薪酬制度改革方案》，对在职期间的公务用车、办公用房、培训费、业务招待费等都作了严格限定，逐步降低了央企高管的在职消费水平，减少了代理成本。

4. 自由现金流量观

在职消费是指企业高管在职期间获取的额外私人收益。当企业存在超额自由现金流量时，高管在职消费行为更加严重。Jensen（1986）认为，由于公司持有自由现金流量过多而又缺乏投资机会，从而增大了管理层在职消费的可能性。陈红明（2005）和符蓉（2007）认为，自由现金流量是在职消费的重要来源，企业持有的自由现金流量越多，就为高管在职消费提供了更多可任意支配的消费资源。胡建平等（2008）研究了我国垄断企业的随意性支出问题，实证结果显示自由现金流量与随意性收益支出正相关，支持了自由现金流量的代理成本理论，在此提出假设 1。

假设 1：自由现金流量是引起在职消费的重要因素，自由现金流量越多，在职消费越严重。

6.2.1.2 在职消费的制约

1. 股利政策制约

自由现金流量持有越多，公司管理层越容易发生在职消费。现金股利是约束在职消费的一种有效的治理机制。按照 Jensen 的观点，可以通过发放现金股利减少自由现金流量的持有量。Easterbrook(1984)指出，支付现金股利能够降低管理层增加在职消费的可能性。罗宏等(2008)利用 2003~2006 年 A 股上市公司数据验证了我国国有上市公司现金分红与高管人员在职消费之间的关系。结果发现，高管在职消费与控股股东的股份性质有关联，相对非国有最终控制的公司而言，国有最终控制公司的高管人员在职消费程度更加严重。国企高管在股权激励有限的情况下，通过提高在职消费水平来满足其价值补偿。结果给公司业绩水平带来了极大的影响。通过现金股利支付，可以减少公司自由现金流存量，限制高管消费资金来源，有效降低高管人员的在职消费程度，从而减少代理成本。

2. 相关利益者制约

在职消费增大了管理成本，也会影响公司业绩水平。不同的利益相关者对公司业绩诉求不同，对公司管理层在职消费的制约效力也有所差异。

管理层角度。管理层是在职消费的主体，通过管理层自身抑制行为或对其在职消费行为进行制约，实现限制在职消费行为的目的。冯根福等(2012)认为，当管理层股权激励与公司绩效紧密挂钩时，管理层会考虑到自己持有股票价格与公司未来业绩因素，他们会通过抑制自身的在职消费来提升公司业绩。卢锐等(2008)发现，弱化管理层权力，减少管理层对自由现金流量的支配权，能够抑制在职消费并提高企业绩效。刘银国等(2012)对高管薪酬激励研究发现，在职消费实质上是对高管薪酬管制的一种补充，高管可以通过在职消费来获取额外收益。那么如果提高高管薪酬，在某种程度上也会实现在职消费抑制的目的。

股东角度。股东关心公司绩效，损害公司绩效也就是损害股东利益。大股东持股比例最大，对在职消费敏感度更高。然而，事实上大股东对在职消费的控制是有选择性的。罗进辉等(2009)研究发现，大股东与公司管理层在职消费呈现一种"U"形的曲线关系。大股东持股比例的提高能有效控制管理层在职消费程度。当大股东持股超过一定比例时，大股东与管理者合谋，通过管理层的在职消费来获取自己的私人利益。夏冬林等(2008)、陈冬华等(2010)研究发现，第一大股东持股比例越高，对经理人在职消费约束的动机和能力就越强。李艳丽等(2012)研究认为，机构投资者能够降低管理层在职消费获取私人收益的概率。

公司治理角度。刘银国等(2012a)研究发现，独立董事与在职消费负相关，独立董事能够对经理人员起到一定的监督作用，抑制其在职消费，但是由于独立董事不领取薪酬，没有有效的激励，他们所发挥的作用非常有限。监事会对经理人在职消费也能够起到一定的约束作用。但是，由于我国监事会设置和职权不明确，监事在参与公司治理过程中主动性不强，所发挥的制约作用不显著。在此基础上，提出假设 2。

假设 2：机构投资者与公司管理层在职消费是负相关关系，对公司管理层在职消费行为有适当的制约作用。

不同的机构投资者与公司利益关联性不一样，基金、社保基金、保险基金追求公司长期投资回报，对公司经营发展关注度较高，券商、QFII 与公司利益往来较为密切，对于公司管理层在职消费行为关心度不高，往往会默许或支持公司管理层进行在职消费。由此提出假设 3。

假设 3：不同的机构投资者对在职消费的约束作用存在差异。基金、社保基金、保险基金与在职消费呈负相关关系，能够发挥监督作用。而券商、QFII 与在职消费呈正相关关系，予以默许或支持。

6.2.2　研究与设计

1. 数据来源与样本选择

理论界对在职消费的计量方法进行了不同的探讨，主要包括陈冬华(2010)等的绝对数值计量法和国外 James 等(2000)采用的相对数值计量法。绝对数值计量法主要通过对上市公司年报中披露的现金流量表附注表中的"支付的其他与经营活动有关的现金流量"明细项目收集，取办公费、业务招待费、通信费、董事会费等数据取自然对数来反映在职消费程度。辛清泉等(2007)、卢锐等(2008)、罗宏等(2008)对数值计量法进行了完善，用现金流量表"附注中的办公费等八个明细合计/销售收入或主营业务收入"表示在职消费程度。当然，也有用管理费用率或销售管理费用率来表示在职消费指标的，如 James 等(2000)。而王满四(2006)和吕长江等(2007)则以总资产费用率作为衡量在职消费的指标。

本章参照陈冬华等采用的绝对数值计量法，手工收集了我国沪深两市 2009～2013 年 A 股上市公司年报中"管理费"或"支付的其他与经营活动有关现金"栏目中的"业务招待费""交际应酬费"数额，剔除公司年报"管理费用"中未披露"交际应酬费"或"业务招待费"明细费用的样本公司，用"业务招待费"或"交际应酬费"除以主营业务收入作为在职消费的代理成本的数据。其他财务指标数据来自国泰安 CSMAR 数据库，机构投资者持股比例数据来自 Wind 数据库。高管薪酬数据、高管持股比例数据来自恒生聚源数据库。样本数据剔除了金融、证券类上市公司数据，对 Tobin-Q、总资产净利润率、自由现金流量值等指标数据不全的缺省值以 0 填补，最终取得每年公司样本 587 个，5 年共计 2935 个公司样本记录，并以此为数据检测全样本数据。在此基础上，选取自由现金流量大于 0 的样本记录，整理后得到每年公司样本 182 个，观测时间为 6 年，共计 1092 个样本公司记录，设为数据检测的子样本数据。文章采用 Excel 2007 和 SPSS 19.0 进行数据整理的模型回归分析。

2. 变量设定及解释(表 6-18)

表 6-18　变量设定及意义

变量	变量名称	变量含义	变量符号
被解释变量	在职消费	选取年报中管理费或支付其他与经营有关的现金流量中的"业务招待费"或"交际应酬费"数据，并除以主营业收入	Perk$_t$
解释变量	机构投资者	机构投资者持股占流通股比例	Inst$_t$
	自由现金流量	上一年的自由现金流量	FCF$_{t-1}$
控制变量	成长机会	Tobin-Q	Tobin-Q$_t$
	财务杠杆	上一年的资产负债率	Levd$_{t-1}$
	公司规模	上一年总资产自然对数	Size$_{t-1}$
	盈利能力	总资产净利润率	Roa$_t$
	股权特征	第一大股东持股比例	Top1
		第二至第五大股东持股比例	Top2～5
	股权性质	公司第一大股东为国有持股，则表示 1，即国有持股公司，否则表示为 0，即非国有公司	Gqxz
	董事会规模	董事会人数	Board
	独立董事比例	独立董事/董事会人数	Indir
	行业因素	Ind$_i$	i=1, 2, 3, …表示各行业，以制造业为基础，属于取 1，否则取 0
	年份	Year	以 2009 年为基础年份，用 Year=1 表示，其他年份则 Year=0

6.2.3　模型建立

模型 1：检验自由现金流量对在职消费的影响。

$$Perk_{i,t} = \alpha + \beta_1 FCF_{i,t-1} + \beta_2 Size_{i,t-1} + \beta_3 Tobin\text{-}Q_{i,t} + \beta_4 Level_{i,t-1}$$
$$+ \beta_5 Highpay + \beta_6 Roa_{i,t} + \beta_7 \sum Year + \varepsilon_{i,t}$$

模型 2：检验机构投资者整体对在职消费的影响。

$$Perk_{i,t} = \alpha + \beta_1 Inst_{i,t} + \beta_2 Size_{i,t-1} + \beta_3 Tobin\text{-}Q_{i,t} + \beta_4 Level_{i,t-1} + \varepsilon_{i,t}$$

模型 3：各类机构投资者对在职消费的不同影响。

$$\text{Perk}_{i,t} = \alpha + \beta_1 V\text{Inst}_{i,t} + \beta_2 \text{Size}_{i,t-1} + \beta_3 \text{Tobin-Q}_{i,t} + \beta_4 \text{Level}_{i,t-1} + \varepsilon_{i,t}$$

6.2.4 实证检验与分析

1. 描述性统计

由表 6-19 可知，我国机构投资者持股比例各公司之间差距比较大，全样本中机构投资者持股比例极大值为 112.2933，极小值为 0.0312，均值为 43.5051。而子样本中机构投资者持股均值为 49.1682，说明自由现金流量大于零的公司，机构投资者持股均值要略高于未区分自由现金流量大于或小于零的公司。子样本中公司规模、自由现金流量、Tobin-Q、总资产净利润率、第一大股东持股比例、第二大股东持股比例、第二至第五大股东持股比例较全样本公司数据高，说明自由现金流量大于零的公司特征表现为公司规模大、自由现金流量存量多、公司成长机会好、经营能力强、第二至第五大股东持股比例高。

表 6-19　描述性统计量

样本	变量名称	N	极小值	极大值	均值	标准差
全样本	机构投资者持股比例	2935	0.0312	112.2933	43.5051	20.3559
子样本		910	0.4571	96.3284	49.0489	20.5940
全样本	公司规模	2935	18.8282	26.2067	22.1529	1.1028
子样本		910	18.8282	26.2067	22.3925	1.1911
全样本	资产负债率	2935	0.0071	1.4107	0.5237	0.1865
子样本		910	0.0557	0.9369	0.5179	0.1855
全样本	Tobin-Q	2917	0.1128	14.3638	1.5885	1.4080
子样本		908	0.1364	14.3638	1.7273	1.6240
全样本	自由现金流量比	2935	−0.7472	0.4449	0.0443	0.0844
子样本		910	0.0003	0.3963	0.0872	0.0620
全样本	在职消费程度	2935	0.0000	0.0788	0.0035	0.0055
子样本		910	0.0000	0.0328	0.0028	0.0031
全样本	管理费用率	2935	−1.0652	86.7679	0.7911	5.1103
子样本		910	−1.0652	27.5420	0.2603	1.3398
全样本	总资产净利润率	2935	−0.2821	0.4637	0.0410	0.0522
子样本		910	−0.1559	0.4637	0.0523	0.0547
全样本	第一大股东持股比例	2935	3.8900	85.2300	35.5673	15.0854
子样本		910	7.6400	82.1200	38.0195	15.2163
全样本	第二大股东持股比例	2935	0.1400	42.4100	6.6760	6.9889
子样本		910	0.1600	39.7300	7.3457	7.1971

续表

样本	变量名称	N	极小值	极大值	均值	标准差
全样本	第二至第五大股东持股比例	2935	0.4200	46.1500	11.7024	9.4179
子样本		910	0.5900	45.7900	12.8729	9.3096
全样本	管理层持股比	2935	0.0000	0.4153	0.0045	0.0286
子样本		910	0.0000	0.2773	0.0049	0.0296
全样本	高管薪酬比	2935	0.0000	0.0090	0.0002	0.0004
子样本		909	0.0000	0.0030	0.0001	0.0002
全样本	董事人数	2935	0.0000	18.0000	9.1300	2.0800
子样本		910	0.0000	18.0000	9.3600	2.1080
全样本	独立董事比例	2935	0.0000	0.7143	0.3630	0.0607
子样本		909	0.0000	0.6000	0.3619	0.0604
全样本	有效的 N(列表状态)	2917				
子样本		906				

2. 回归分析

(1)模型 1 回归。模型 1 检测上一年自由现金流量持有与公司在职消费之间的关系。表 6-20 回归结果显示，公司上一年的自由现金流量与在职消费是正相关关系，且在 $p=0.05 \leqslant 0.05$ 时显著，说明公司持有越多的自由现金流量，公司管理层越容易进行在职消费。公司规模、成长机会与在职消费有正相关关系。而资产负债、公司盈利、上市年限与公司在职消费是负相关关系。

表 6-20　模型 1 回归系数

模型 1	非标准化系数		标准系数(试用版)	t	Sig.	共线性统计量	
	B	标准误差				容差	方差膨胀因子
(常量)	−0.001	0.002		−0.420	0.675		
自由现金流量 $_{i,\,t-1}$	0.000	0.000	0.274	1.958	0.050	0.013	75.874
公司规模 $_{i,\,t-1}$	0.000	0.000	0.289	2.005	0.045	0.012	80.320
Tobin-Q $_{i,\,t}$	0.001	0.000	0.163	7.970	0.000	0.617	1.622
资产负债率 $_{i,\,t-1}$	−0.001	0.001	−0.039	−1.748	0.081	0.523	1.911
高管薪酬比 $_{i,\,t}$	6.267	0.239	0.444	26.169	0.000	0.897	1.115
盈利能力 $_{i,\,t}$	−0.011	0.002	−0.106	−6.243	0.000	0.890	1.123
上市年限	−8.236E-5	0.000	−0.046	−2.742	0.006	0.904	1.106
R							0.499
R^2							0.249
调整 R^2							0.247
df							2916
F							137.531
Sig.							0.000

注：因变量为在职消费。

　　为了更好地检测自由现金流量与在职消费之间的关系，本章对全样本中当年自由现金流量持有与在职消费程度进行了回归分析。从表 6-21 可以发现，自由现金流量与在职消费程度呈负相关关系，且在 $p<0.05$ 时显著；而在职消费程度与自由现金流量也是呈负相关关系，且在 $p<0.05$ 时显著，说明当年公司的自由现金流量存量花销在在职消费方面较少，那么自由现金流量当年存量应该较为充裕。同理，若公司当年在职消费越大，那么其自由现金流量存量越小。无论是国有公司还是非国有公司，当年的自由现金流量与在职消费是呈负相关关系，该现象在国有和非国有公司样本记录中都得到了印证（表 6-22、表 6-23、表 6-24）。公司规模越大、上市年限越长，在职消费程度反而越小，反之则说明规模小、上市年限短的公司存在的自由现金流量用于在职消费的现象越严重。同时也可以看出公司发展的成长机会对在职消费有正相关影响，表明公司发展越好，自由现金流量越充裕，在职消费倾向越强烈。

表 6-21　模型 1 当年自由现金流量对在职消费的影响回归系数（全样本公司）

模型 1	非标准化系数		标准系数（试用版）	t	Sig.
	B	标准误差			
（常量）	0.013	0.002		5.391	0.000
自由现金流量	-0.005	0.001	-0.078	-4.224	0.000
公司规模	0.000	0.000	-0.089	-3.982	0.000
资产负债率	0.000	0.001	0.013	0.585	0.559
行业	0.000	0.000	-0.024	-1.314	0.189
上市年限	-5.016E-5	0.000	-0.028	-1.555	0.120
Tobin-Q	0.001	0.000	0.201	8.822	0.000
总资产净利润率	-0.009	0.002	-0.090	-4.556	0.000
R	0.274				
R^2	0.075				
调整 R^2	0.073				

注：因变量为在职消费。

表 6-22　模型 1 国有和非国有上市公司当年自由现金流量与在职消费之间的回归系数

模型 1	国有上市公司			非国有上市公司		
	非标准化系数	t	Sig.	非标准化系数	t	Sig.
（常量）	0.014		0.001	0.013		0.000
自由现金流量	-0.009	-4.276	0.000	-0.004	-2.945	0.003
公司规模	-0.001	-2.731	0.006	0.000	-2.506	0.012
资产负债率	0.004	3.410	0.001	0.000	0.191	0.849
行业	0.000	-1.255	0.210	0.000	-1.002	0.316
上市年限	-4.855E-5	-0.903	0.367	-5.088E-5	-1.291	0.197
Tobin-Q	0.001	4.919	0.000	0.001	6.865	0.000
第一大股东持股	-3.547E-6	-0.284	0.776	-4.401E-5	-4.883	0.000
第二至第五大股东持股	-1.957E-5	-.972	0.331	-2.841E-5	-2.143	0.032

注：因变量为在职消费。

表 6-23 　模型 1 在职消费与当年自由现金流量回归系数

模型 1	非标准化系数		标准系数（试用版）	t	Sig.	共线性统计量	
	B	标准误差				容差	方差膨胀因子
（常量）	−0.305	0.037		−8.129	0.000		
在职消费	−1.394	0.286	−0.091	−4.873	0.000	0.939	1.065
公司规模	0.015	0.002	0.197	9.133	0.000	0.695	1.438
资产负债率	0.036	0.010	0.079	3.707	0.000	0.720	1.389
行业	0.001	0.003	0.006	0.317	0.752	0.992	1.008
上市年限	−0.001	0.001	−0.045	−2.476	0.013	0.966	1.035
Tobin-Q	0.011	0.001	0.176	7.880	0.000	0.648	1.544

注：因变量为自由现金流量。

表 6-24 　模型 1 国有与非国有上市公司在职消费与当年自由现金流量回归系数

模型 1	国有上市公司			非国有上市公司		
	非标准化系数	t	Sig.	非标准化系数	t	Sig.
（常量）	−0.185		0.019	−0.314		0.000
在职消费	−2.874	−4.276	0.000	−0.932	−2.945	0.003
公司规模	0.011	3.157	0.002	0.014	7.006	0.000
资产负债率	−0.003	−0.165	0.869	0.052	4.682	0.000
上市年限	−0.002	−1.834	0.067	−0.001	−1.868	0.062
Tobin-Q	0.000	−0.068	0.946	0.013	8.620	0.000
第一大股东持股	0.000	1.263	0.207	0.000	1.751	0.080
第二至第五大股东持股	0.000	0.580	0.562	0.000	1.015	0.310
总资产净利润率	0.358	5.207	0.000	0.179	4.937	0.000
R	0.327			0.273		
R^2	0.107			0.74		
调整 R^2	0.095			0.71		

注：因变量为自由现金流量。

(2)模型 2 机构投资者对在职消费的全样本回归分析。从表 6-25 中可以看出，机构投资者持股与公司在职消费呈负相关关系，且 $p=0.000<0.05$ 时显著。说明机构投资者能够对公司管理层在职消费行为起到有效的监管，防止管理层发生随意性支出，损害中小股东利益。但是，系数=−2.562E-5，说明机构投资者对公司管理层在职消费监督作用非常弱。这也表明机构投资者对公司管理层在职消费行为约束力不强，他们不是很在意管理层的在职消费。管理层在职消费还尚未触及机构投资者利益，或者说由于信息不对称存在，机构投资者对公司管理费用或其他

与经营活动相关支出的现金流量信息获取渠道有限，以及无法准确判定管理层在职消费与业务需要所花费的管理成本，因此机构投资者对公司管理层在职消费的监督是有限的。

表 6-25　模型 2 回归系数

模型 1	非标准化系数		标准系数（试用版）	t	Sig.	共线性统计量	
	B	标准误差				容差	方差膨胀因子
（常量）	0.003	0.000		7.818	0.000		
机构投资者持股比例	−2.562E−5	0.000	−0.095	−5.129	0.000	0.940	1.064
公司规模 $_{t-1}$	1.310E−6	0.000	0.002	0.087	0.931	0.548	1.825
Tobin-Q	0.001	0.000	0.233	12.582	0.000	0.939	1.065
资产负债率 $_{t-1}$	−0.002	0.001	−0.074	−3.115	0.002	0.565	1.771
第二至第五大股东持股	9.007E−7	0.000	0.002	0.084	0.933	0.944	1.060
R							0.246
R^2							0.061
调整 R^2							0.059
df							2916
F							37.653
Sig.							0.000

注：因变量为在职消费。

进一步验证发现，第一大股东持股对机构投资者约束公司在职消费起着制约作用。表 6-26 显示，在第一大股东持股影响的情况下，机构投资者与在职消费之间的负相关关系变成了正相关，显著性不强。这时，第一大股东显现出监督作用，第一大股东持股比例越大，在职消费越小。高管薪酬与在职消费是同向变化，说明在职消费中包含了高管薪酬。总资产净利润与在职消费呈显著负相关，说明在职消费对盈利水平有消极影响。

表 6-26　模型 3 回归系数

模型 1	非标准化系数		标准系数（试用版）	t	Sig.	共线性统计量	
	B	标准误差				容差	方差膨胀因子
（常量）	0.003	0.000		5.924	0.000		
机构投资者持股比例	4.479E−6	0.000	0.017	0.834	0.405	0.651	1.537
公司规模 $_{t-1}$	9.669E−6	0.000	0.016	0.716	0.474	0.546	1.831
资产负债率 $_{t-1}$	−0.001	0.000	−0.023	−1.067	0.286	0.553	1.810
高管薪酬比	6.112	0.238	0.433	25.705	0.000	0.910	1.099

续表

模型 1	非标准化系数		标准系数（试用版）	t	Sig.	共线性统计量	
	B	标准误差				容差	方差膨胀因子
Tobin-Q	0.001	0.000	0.142	7.958	0.000	0.813	1.230
第一大股东持股比例	-2.335E-5	0.000	-0.064	-3.186	0.001	0.638	1.567
第二至第五大股东持股比例	-1.599E-5	0.000	-0.027	-1.472	0.141	0.744	1.343
总资产净利润率	-0.010	0.002	-0.092	-5.339	0.000	0.868	1.152

注：因变量为在职消费。

在此基础上，本章按照机构投资者持股比例进行了分组，将样本记录划分为机构投资者持股 30%以上和 30%以下两个组，并且分别对其进行了实证检验（表6-27、表6-28）。结果发现，机构投资者持股比例越大，对在职消费的作用也越大，发挥了机构投资者持股比例的优势。

表 6-27　机构投资者持股比例 30%以上回归检验系数

模型 1	非标准化系数		标准系数（试用版）	t	Sig.
	B	标准误差			
（常量）	0.004	0.001		6.869	0.000
机构投资者持股比例	-1.820E-5	0.000	-0.051	-2.362	0.018
资产负债率 $_{t-1}$	-0.002	0.001	-0.087	-2.944	0.003
公司规模 $_{t-1}$	-2.624E-5	0.000	-0.045	-1.467	0.142
Tobin-Q	0.001	0.000	0.169	7.522	0.000

注：因变量为在职消费。

表 6-28　机构投资者持股比例 30%以下回归检验系数

模型 1	非标准化系数		标准系数（试用版）	t	Sig.
	B	标准误差			
（常量）	0.003	0.001		2.543	0.011
机构投资者持股比例	-4.151E-6	0.000	-0.006	-0.163	0.870
公司规模 $_{t-1}$	4.707E-5	0.000	0.068	1.690	0.091
资产负债率 $_{t-1}$	-0.001	0.001	-0.060	-1.471	0.142
Tobin-Q	0.002	0.000	0.357	10.603	0.000
第一大股东持股	-4.813E-5	0.000	-0.116	-3.401	0.001

注：因变量为在职消费。

在机构投资者持股比例小于 30%时，虽然机构投资者能够对在职消费起着制约的作用，但是相关性不显著。这时可以发现，第一大股东持股对在职消费起到了很好的监督作用，说明在机构投资者持股较小时，大股东为了维护自身利益，也会发挥对公司管理层的监督作用，有效限制管理层的在职消费行为。

（3）模型 3 各类机构投资者对在职消费的回归检验。从表 6-29 中可以看出，基金比例在机构投资者中最大，其次是保险公司、社保基金和 QFII。检验结果发现，虽然基金、保险公司、社保基金与在职消费呈负相关关系，说明它们能够对在职消费起制约作用，但是显著性不强。而券商、QFII 与在职消费是正相关关系，说明它们之间可能存在一定的利益相关，所以券商和 QFII 对公司在职消费行为一般不予以制止。同时，表 6-30 中显示出第一大股东持股与公司在职消费是负相关关系，且 $p=0.000<0.05$ 时显著性非常强，说明第一大股东有效发挥了监管作用。由此，在某种程度上影响了各类机构投资者对在职消费行为的作用发挥。

表 6-29　描述性统计量

变量	均值	标准偏差	N
在职消费	0.0035	0.0055	2917
公司规模	22.1572	1.1012	2917
资产负债率	0.5234	0.1865	2917
行业	0.5600	0.4970	2917
上市年限	14.0735	3.0892	2917
Tobin-Q	1.5885	1.4080	2917
总资产净利润率	0.0411	0.0523	2917
基金占流通 A 股比例	6.6085	10.4193	2917
券商占流通 A 股比例	0.2364	1.2677	2917
保险公司占流通 A 股比例	0.5386	1.5415	2917
社保基金占流通 A 股比例	0.2717	0.9915	2917
QFII 占流通 A 股比例	0.1346	0.5712	2917
第一大股东持股比例	35.5825	15.0742	2917
第二大股东持股比例	6.6706	6.9840	2917
第二至第五大股东持股比例	11.6964	9.4140	2917

表 6-30　模型 3 各类机构投资者与在职消费之间回归检验系数

模型 1	非标准化系数		标准系数（试用版）	t	Sig.
	B	标准误差			
（常量）	0.011	0.003		3.959	0.000
公司规模	0.000	0.000	−0.051	−2.053	0.040
资产负债率	0.000	0.001	0.006	0.257	0.797
行业	0.000	0.000	−0.024	−1.336	0.182
上市年限	−5.502E-5	0.000	−0.031	−1.689	0.091
Tobin-Q	0.001	0.000	0.220	9.004	0.000
总资产净利润率	−0.009	0.002	−0.084	−4.134	0.000
基金占流通 A 股比例	−1.949E-5	0.000	−0.037	−1.569	0.117
券商占流通 A 股比例	2.159E-6	0.000	0.000	0.027	0.978
保险公司占流通 A 股比例	−3.574E-5	0.000	−0.010	−0.547	0.584

续表

模型 1	非标准化系数		标准系数(试用版)	t	Sig.
	B	标准误差			
社保基金占流通 A 股比例	−5.612E-5	0.000	−0.010	−0.539	0.590
QFII 占流通 A 股比例	4.129E-5	0.000	0.004	0.236	0.813
第一大股东持股比例	−3.640E-5	0.000	−0.100	−4.205	0.000
第二大股东持股比例	−4.272E-6	0.000	−0.005	−0.122	0.903
第二至第五大股东持股比例	−1.974E-5	0.000	−0.034	−0.705	0.481
R					0.280
R^2					1.078
df					2916
F					16.423
Sig.					0.000

注：因变量为在职消费。

6.2.5　稳健型检验

在上述检验的基础上，本章对在职消费检验又做了进一步的稳健型检验。用营业收入增长率 $\sqrt[3]{\text{主营业务收入净额}_t / \text{主营业务收入净额}_{t-3}}$ 代替了 Tobin-Q，在职消费变量采用了罗进辉等（2009）的管理费用/主营业务收入来表示。自由现金流量采用了自由现金流量－资本支出＋现金等级物。根据模型 1 回归后，表 6-31 显示，自由现金流量与管理费用率正相关，在 sig.＜0.05 时显著。说明自由现金流量是产生在职消费的基础，公司管理层大量持有自由现金流量，在缺乏投资机会时，管理层为了满足自己履职消费欲望，随意滥用自由现金流量，增加管理费用，影响公司发展业绩。

表 6-31　回归系数

模型 1	非标准化系数		标准系数(试用版)	t	Sig.
	B	标准误差			
（常量）	0.151	0.010		14.543	0.000
自由现金流量	0.045	0.012	0.063	3.780	0.000
资产负债率 $_{t-1}$	−0.047	0.011	−0.095	−4.304	0.000
公司规模 $_{t-1}$	−0.001	0.000	−0.050	−2.381	0.017
高管薪酬比	171.753	4.775	0.552	35.966	0.000
营业收入增长率	−0.017	0.005	−0.051	−3.344	0.001
R					0.562
R^2					0.316
调整 R^2					0.314
F					270.056
Sig.					0.000

注：因变量为管理费用率。

机构投资者持股与管理费用率呈正相关关系，且显著性较大。而第一 续表大股东与管理费用率呈负相关关系，在某种程度上限制了机构投资者作用的发挥。结果反而使得机构投资者产生了短期机会主义，与公司管理层合谋，对公司在职消费行为监管积极性降低。

在各类机构投资者检验中，表6-32、表6-33显示，基金、保险公司、社保基金、券商、QFII等都与管理费用率呈负相关关系，各类机构投资者对公司在职消费都能够产生限制作用，但显著性不强。

表6-32 机构投资者与管理费用率（在职消费）回归系数

模型1	非标准化系数		标准系数（试用版）	t	Sig.
	B	标准误差			
（常量）	0.153	0.011		13.584	0.000
机构投资者持股	0.001	0.000	0.095	5.078	0.000
资产负债率 $_{t-1}$	-0.024	0.010	-0.048	-2.352	0.019
公司规模 $_{t-1}$	0.000	0.000	-0.020	-0.967	0.333
高管薪酬比	168.911	4.783	0.543	35.318	0.000
营业收入增长率	-0.011	0.005	-0.035	-2.270	0.023
总资产净利润率	0.122	0.036	0.052	3.353	0.001
第一大股东持股	-0.001	0.000	-0.152	-7.967	0.000
第二至第五大股东持股	0.000	0.000	-0.037	-2.120	0.034

注：因变量为管理费用率。

表6-33 各类机构投资者与管理费用率（在职消费）回归系数

模型1	非标准化系数		标准系数（试用版）	t	Sig.
	B	标准误差			
（常量）	-0.818	2.084		-0.392	0.695
行业	-0.230	0.189	-0.022	-1.218	0.223
上市年限	0.162	0.031	0.098	5.247	0.000
股利支付率	-0.001	0.001	-0.012	-0.677	0.499
公司规模	0.072	0.103	0.016	0.695	0.487
资产负债率	-1.645	0.591	-.060	-2.785	0.005
总资产净利润率	-1.606	2.013	-0.016	-0.798	0.425
第一大股东持股比例	-0.007	0.009	-0.021	-0.796	0.426
第二大股东持股比例	-0.085	0.033	-0.116	-2.551	0.011
第二至第五大股东持股比例	0.071	0.027	0.131	2.628	0.009
基金占流通A股比例	-0.012	0.011	-0.025	-1.096	0.273
券商占流通A股比例	-0.081	0.075	-0.020	-1.084	0.279
保险公司占流通A股比例	-0.117	0.062	-0.035	-1.869	0.062
社保基金占流通A股比例	-0.016	0.099	-0.003	-0.161	0.872
QFII占流通A股比例	-0.244	0.167	-0.027	-1.461	0.144

注：因变量为管理费用率。

6.2.6　研究结论

　　综上可得出结论，我国上市公司在职消费现象较为普遍，国有企业在职消费相对严重。在职消费已经成为高管在职期间弥补薪酬不足的重要途径。本章检验了自由现金流量持有与在职消费之间的关系，证明了自由现金流量的大量持有是引起公司管理层在职消费行为的重要因素。通过实证检验，证实了假设 1 的结论，即自由现金流量是产生在职消费的重要来源。当企业持有较高水平的自由现金流量时，企业的高管人员为了满足自身利益而增加在职消费，支持了自由现金流量代理成本假说。从检验中也可以发现，无论是国有上市公司还是非国有上市公司，公司上年持有的自由现金流量能够对管理层在职消费产生正相关影响，而当年自由现金流量持有不能够影响管理层的在职消费。

　　检验中发现，第一大股东持股比例与在职消费呈负相关关系，而且通过了显著性检验，这说明可以通过股权集中的方式来降低管理层在职消费程度。公司治理结构中，第一大股东对管理层在职消费也能够起到有效监督作用。

　　实证证明，机构投资者对在职消费控制存在积极的作用，且显著性较强。机构投资者持股比例越大，所发挥的监督作用越大，各类机构投资者对在职消费行为也产生了负相关关系。但是总体来看，机构投资者与在职消费模型的非标准化系数较低，即影响系数不高，说明机构投资者对公司在职消费的控制力仍然较弱。原因在于，一方面，机构投资者对公司在职消费的界定判断不明确，比如哪些消费活动是划入在职消费范畴的，哪些消费活动是公司管理层开展对外发展业务所发生的管理费用。另一方面，公司在职消费分散在管理费用、销售费用等项目中，分解和累计在职消费金额难度较大，机构投资者获取的财务信息仅仅是公司年报披露的有关招待费、交际费、业务费等信息，不能够准确分析在职消费对公司发展业绩的贡献度。因此，机构投资者在综合平衡对公司在职消费控制程度与控制成本后，对公司在职消费的制约一般给予适当控制，允许公司管理层在积极谋取公司价值发展的同时适当增加在职消费，提高管理层工作效率。

第 7 章 机构投资者对自由现金流量非经营性支出控制的实证研究——基于自由现金流量的掏空与低效并购

7.1 机构投资者、自由现金流量与大股东"掏空"

7.1.1 理论基础与假设

自从 2000 年 Johnson 等提出"掏空"这一概念后,学术界对此作了大量的研究。所谓"掏空",就是指公司的股东为了私人利益将公司的资产和利润转移出去的行为。在公司治理结构中,大股东持股比例最大,对公司具有控制权。因此一般所指的掏空或占有主要指大股东掏空。据相关文献整理,大股东掏空的方式主要有关联交易、资金占用、现金股利等方式。具体体现为大股东拆借上市公司资金,大股东委托上市公司垫支工资福利、偿还债务、提供投资款项等直接占款形式,以及为大股东提供银行贷款担保等间接占款形式。刘峰等(2004)认为,我国上市公司主要的掏空方式有直接和间接占用、关联交易(资产购销和产品购销)、高派现和其他形式等。

大股东掏空上市公司现金流量一直是资本市场的较为突出的问题。据 2003~2014 年上市公司年报统计数据显示(表 7-1),上市公司大股东掏空/占款程度总体逐年减缓。2003~2006 年,大股东掏空程度上升、速度较快,2006 年达到了最高峰。受国家资本市场政策调整和机构投资者的快速发展,大股东占用公司资金流量于 2007 年开始下滑,2011 年趋于平稳。2013 年,沪深两市 1323 家公司中大股东占用金额约为 1600 亿元,给上市公司带来了极大的不利影响(图 7-1)。一是造成上市公司会计信息质量披露失真,误导投资者对公开信息的分析和预测,增大了投资风险;二是降低了上市公司的利润率,从而损害中小股东的正当利益;三是由此产生了很多大额坏账,应收账款或其他应收款余额加大,恶化了企业的资产负债结构,最后严重削弱了上市公司的资产质量,也影响公司未来还债能力;四是资金周转困难加大,资金风险增大,从而也带来很大的上市公司运营风险;五是大股东占款情况严重容易诱发上市公司退市或破产风险;六是大股东利用公司控制权侵占公司资产和净利润，削弱了中小股东对公司净资产和净利润的剩余索取权，直接侵害了中小股东利益。

表 7-1　2003～2014 年大股东掏空程度情况

年份	样本数/份	均值	中值	极小值	极大值
2003	2457	0.0943	0.0429	0.0000	3.2437
2004	2663	0.1016	0.0380	0.0000	9.9145
2005	2657	0.1132	0.0370	0.0000	11.5169
2006	2858	0.1843	0.0279	0.0000	238.6436
2007	3050	0.0669	0.0210	0.0000	0.9746
2008	3148	0.0644	0.0181	0.0000	0.8245
2009	1751	0.0233	0.0095	0.0000	0.8409
2010	2106	0.0200	0.0078	0.0000	0.9812
2011	2341	0.0181	0.0075	0.0000	0.9776
2012	2470	0.0174	0.0075	0.0000	0.9932
2013	2515	0.0168	0.0076	0.0000	0.7869
2014	2632	0.0169	0.0079	0.0000	0.4548

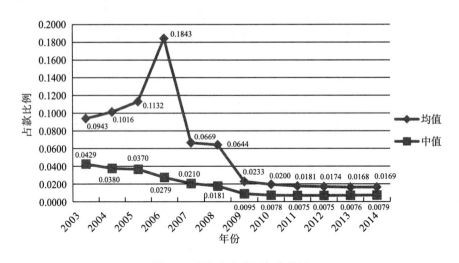

图 7-1　大股东占款历年变化图

从目前研究情况来看，大股东占用或掏空公司现金流量对公司经营业绩和盈余管理有很大影响，直接或间接损害了中小股东利益，姜国华等(2005)、岳衡(2006)、侯晓红等(2008)从大股东占款的角度作了研究。大股东占用资金与上市公司控制权性质相关。梅峰等(2007)研究发现，国有控股上市公司存在的大股东掏空现象要比非国有控股上市公司更为严重。

由此提出假设 1～假设 3。

假设 1：大股东掏空与公司自由现金流量具有相关性。

假设 2：机构投资者对大股东掏空敏感性较强，机构投资者持股越高，对大股东掏空越能够进行有效约束。

假设 3：不同机构投资者对大股东掏空作用有所不同。

7.1.2　研究与设计

1. 数据来源与样本选择

本章选取了我国沪深两市 A 股 2009～2014 年上市公司数据，剔除了金融保险行业的公司样本，删除了 ST 样本，删除了连续 6 年其他应收款净额、总资产净利润率等财务数据不全的公司样本，最终选择了每年 1090 个公司样本，6 年共计 6540 个样本记录。机构投资者持股和其他股东持股比例数据、样本公司财务指标数据分别来源于 Wind 数据库和国泰安 CSMAR 数据库。

2. 变量设计与解释

1) 被解释变量-大股东掏空程度

目前，大股东掏空主要通过两种渠道占用上市公司资金：其一，公司与大股东通过信用交易形成应收销货款项，并长期拖欠不还，反映为了上市公司向大股东提供的商业信用支持，被记入应收账款，这种被反映为经营资金占用；其二，大股东通过借贷等手段直接体现为大股东对上市公司的直接资金侵占行为，被记入其他应收款。其他应收款是核算企业经营活动中发生的非正常购销活动的应收债权，包括企业发生的各种赔款、存出保证金、备用金、应收股利等。其他应收款中不仅包括大股东占用的资金，还包括与其他非关联公司非销售关系和上市公司形成的应收款项，与大股东占款则不一样，这些款项一般短期内收回比例较高。

尽管目前相关政策对上市公司掏空问题进行了严格的规定，要求大股东占款金额在对应的会计信息栏目中明确披露出来，但是上市公司为逃避监管，将大股东占款金额分散在公司应收账款、预付账款、其他应收款等会计科目中，增加了大股东占款的隐蔽性。根据现有文献显示，罗党论等(2007)是以上市公司应收账款、预付账款、其他应收账款三个会计科目来反映。高雷等(2006)以长期应收应付账款、其他应收应付账款等八个会计科目的金额来计算资金占用额。马曙光等(2005)采用其他应收款/总资产比值、李增泉等(2004)采用经营性资金占用与非经营性资金占用之和及其净占用额来度量大股东的利益侵占程度。叶康涛等(2007)以其他应收款的增量来计算大股东占用金额。本章采用"其他应收账款净额"来反映大股东占款程度。

2) 解释变量

大股东占款程度(Ces)：其他应收款净额/资产总额。

自由现金流量(FCF)：参照黄本多等(2008)计算自由现金流量的方法，在此基础上进一步进行了优化，即自由现金流量－(经营活动产生的现金流量净额－分配股利、利润或偿付利息所支付的现金＋发行债券所收到的现金＋借款所收到的现金－偿还债务所支付的现金－资本性支出＋期末现金等价物)/期末总资产。

资产负债率(Level)：等于负债/资产，反映样本公司负债水平。

机构投资者持股(Insist)：机构投资者持股占流通股比例。

第一大股东持股比例(Top1)：前十大股东中排名第一。

第二至第五名大股东持股比例(Top2~5)：前十大股东中排名第二至第五。

3)控制变量

公司规模(Size)：反映公司规模，取资产的自然对数。

行业(Industry)：不同的行业对占款不一样。

年份(Year)：上市年份，上市年份越久，公司积累的现金流越多，大股东越有可能进行占款。

7.1.3 模型构建

模型1：

$$Ces = \beta_0 + \beta_1 FCF + \beta_2 Size + \beta_3 Tobin\text{-}Q + \beta_4 Level + \beta_5 Roa + \sum Industry + \sum Year + \varepsilon$$

模型2：

$$Ces = \beta_0 + \beta_1 Insist + \beta_2 Size + \beta_3 Tobin\text{-}Q + \beta_4 Level + \beta_5 Roa + \beta_6 Top1 + \beta_7 Top2\text{~}5 + \beta_8 Div + \sum Industry + \sum Year + \varepsilon$$

模型3：

$$Ces = \beta_0 + \beta_1 VInsist + \beta_2 Size + \beta_3 Tobin\text{-}Q + \beta_4 Level + \beta_5 Roa + \sum Industry + \sum Year + \varepsilon$$

7.1.4 实证检验与分析

1. 变量描述性统计

从表7-2中可以看出，机构投资者持股比例与第一大股东持股和第二至第五大股东持股比例相当，机构投资者在持股比例上能够与大股东抗衡。大股东占款比例为0.02213，占款程度不是很高。自由现金流量均值为－0.00172，说明公司持有自由现金流量较少。资产负债率为0.57403，说明公司债务比例较高。表7-3中，按照国有股与非国有股持股性质对样本进行了划分，由描述性统计表可见，国有上市公司机构投资者持股比例、股利支付率、大股东占款、资产负债率、Tobin-Q 都低于非国有上市公司，但是自由现金流量持有量远远大于非国有上市公司。这也说明国有上市公司的自由现金流量可能部分被高管进行了在职消费，减少了大股东占款比例。

表 7-2　描述性统计量

变量	N	极小值	极大值	均值	标准差
机构持股比例	6540	0.03118	114.21816	43.06592	21.21381
股利支付率	6540	0.00000	2726.08646	23.79808	61.08351
公司规模	6538	13.07597	28.00353	22.14926	1.39470
大股东占款	6540	0.00000	0.99320	0.02213	0.04570
资产负债率	6540	−0.19470	55.40864	0.57403	1.01195
Tobin-Q	6540	0.00000	337.60483	1.94051	5.64170
自由现金流量	6535	−22.12177	3.17629	−0.00172	0.37105
总资产净利润率	6540	−6.76372	20.78764	0.04190	0.31613
净资产收益率	6540	−18.71884	57.35452	0.06274	0.93410
第一大股东持股	6540	2.20000	85.23000	35.46380	15.89830
第二至第五大股东持股	6540	0.20000	55.70000	12.53600	10.23840
有效的 N(列表状态)	6535				

表 7-3　国有股与非国有股大股东占款相关变量描述性统计

变量	持股性质	N	极小值	极大值	均值	标准差
机构持股比例	国有股	1481	0.0312	114.2182	35.0552	22.0850
	非国有股	5059	0.1551	112.2933	45.4110	20.3663
股利支付率	国有股	1481	0.0000	1244.6487	22.9466	54.4709
	非国有股	5059	0.0000	2726.0864	24.0473	62.8907
大股东占款	国有股	1481	0.0000	0.4446	0.0192	0.0359
	非国有股	5059	0.0000	0.9932	0.0230	0.0482
资产负债率	国有股	1481	0.0000	2.1596	0.5418	0.2074
	非国有股	5059	−0.1947	55.4086	0.5835	1.1450
自由现金流量	国有股	1479	−0.9414	1.2745	0.0172	0.1431
	非国有股	5056	−22.1218	3.1763	−0.0073	0.4145
总资产净利润率	国有股	1481	−0.4161	7.2493	0.0435	0.2000
	非国有股	5059	−6.7637	20.7876	0.0414	0.3428
第二至第五大股东持股	国有股	1481	0.2400	52.8300	13.2240	10.5575
	非国有股	5059	0.4200	55.7400	12.3348	10.1353
公司规模	国有股	1480	15.4680	26.6466	22.5024	1.3331
	非国有股	5058	13.0760	28.0035	22.0459	1.3955
Tobin-Q	国有股	1481	0.0000	33.2701	1.5921	1.7807
	非国有股	5059	0.0000	337.6048	2.0425	6.3383

2. 实证分析

(1)模型 1 的线性回归结果显示(表 7-4,表 7-5),公司规模与大股东占款程度呈负相关,且显著性在 $p=0.000<0.05$ 时,公司规模越大,大股东占款越小。资产负债率、Tobin-Q、总资产净利润率与大股东占款程度正相关,且 p 在小于 0.05 时显著。资产负债率越高,说明公司负债越多,应收回的其他应收款也时多,大股东占款程度越严重,公司负债危机越紧张。公司成长越好,公司业绩水平越好,资金来源越充足,大股东越容易采取占款措施。自由现金流量与大股东占款呈正相关关系,且 $p=0.49$,在 0.05 范围内显著。说明自由现金流量越充裕,大股东占款积极性越高,越有机会占用。

当然,大股东占款程度越高,反而引起公司盈利能力下降,二者呈负相关关系,且相关性在 $p=0.001<0.05$ 时显著(表 7-6)。大股东占用了公司现金流,公司资金周转受到影响,加上债务负担加重,财务风险上升,公司经营状况不断恶化,公司盈利水平最终下降。

表 7-4　相关系数

		大股东占款	公司规模	资产负债率	行业	Tobin-Q	自由现金流量	总资产净利润率
Pearson 相关性	大股东占款	1.000						
	公司规模	-0.194	1.000					
	资产负债率	0.259	-0.077	1.000				
	行业	-0.026	-0.012	-0.035	1.000			
	Tobin-Q	0.198	-0.305	0.588	-0.009	1.000		
	自由现金流量	-0.019	0.110	-0.160	0.027	-0.301	1.000	
	总资产净利润率	0.133	-0.021	-0.122	-0.011	0.178	-0.048	1.000
Sig.(单侧)	大股东占款		0.000					
	公司规模	0.000		0.000				
	资产负债率	0.000	0.000					
	行业	0.017	0.160	0.002				
	Tobin-Q	0.000	0.000	0.000	0.232			
	自由现金流量	0.063	0.000	0.000	0.015	0.000		
	总资产净利润率	0.000	0.044	0.000	0.183	0.000	0.000	

表 7-5　模型 1 回归系数

模型 1	非标准化系数		标准系数（试用版）	t	Sig.
	B	标准误差			
（常量）	0.153	0.009		17.042	0.000
自由现金流量	0.004	0.002	0.036	1.970	0.049
公司规模	-0.006	0.000	-0.191	-15.490	0.000
资产负债率	0.014	0.001	0.307	20.207	0.000
行业	-0.002	0.001	-0.018	-1.536	0.125
Tobin-Q	0.000	0.000	-0.058	-3.422	0.001
总资产净利润率	0.026	0.002	0.179	14.526	0.000
R					0.358[a]
R^2					0.128
调整 R^2					0.127
df					6534
F					137.365
Sig.					0.000

注：因变量为大股东占款。

表 7-6　回归系数

模型 1	非标准化系数		标准系数（试用版）	t	Sig.
	B	标准误差			
（常量）	-0.025	0.199		-0.125	0.901
大股东占款	-1.939	0.265	-0.095	-7.327	0.000
公司规模	0.005	0.009	0.008	0.568	0.570
资产负债率	0.060	0.015	0.065	4.093	0.000
行业	0.009	0.023	0.005	0.408	0.683
Tobin-Q	-0.012	0.003	-0.073	-4.215	0.000
自由现金流量	-0.060	0.048	-0.024	-1.234	0.217

注：因变量为净资产收益率。

(2)模型 2 的回归检验。其结果发现（表 7-7，表 7-8），机构投资者与大股东占款呈负相关关系，$B=-0.062$ 且 $p=0.024<0.05$ 时显著，说明机构投资者能够有效阻止大股东占款，有效保护中小股东利益。表 7-8 显示，大股东持股与大股东占款是一致的，呈正相关显著作用，大股东凭借其持股比例，限制机构投资者的监督作用。回归结果中也体现了股利支付率与大股东占款是负相关关系，股利

支付率越高，公司分红越多，有效减少了公司自由现金流量的持有，使大股东降低占有公司现金流的机会率，从而减少占款量。这也印证了 Jensen 提出的通过发放现金股利减少公司自由现金流量持有，从而降低其代理成本的观点。

表 7-7　相关性

		大股东占款	机构持股比例	公司规模	资产负债率	行业	Tobin-Q	第一大股东持股	持股性质	第二至第五大股东持股
Pearson 相关性	大股东占款	1.000								
	机构持股比例	-0.127	1.000							
	公司规模	-0.194	0.369	1.000						
	资产负债率	0.259	-0.051	-0.077	1.000					
	行业	-0.026	-0.034	-0.012	-0.035	1.000				
	Tobin-Q	0.198	-0.063	-0.305	0.588	-0.009	1.000			
	第一大股东持股	-0.108	0.418	0.313	-0.012	-0.033	-0.091	1.000		
	持股性质	-0.035	-0.204	0.137	-0.017	0.001	-0.033	0.174	1.000	
	第二至第五大股东持股	-0.037	0.191	0.085	-0.007	0.006	0.011	-0.295	0.036	1.00
Sig. (单侧)	大股东占款		0.000							
	机构持股比例	0.000		0.000						
	公司规模	0.000	0.000		0.000					
	资产负债率	0.000	0.000	0.000						
	行业	0.016	0.003	0.158	0.002					
	Tobin-Q	0.000	0.000	0.000	0.000	0.236				
	第一大股东持股	0.000	0.000	0.000	0.176	0.004	0.000			
	持股性质	0.003	0.000	0.000	0.083	0.455	0.003	0.000		
	第二至第五大股东持股	0.002	0.000	0.000	0.285	0.320	0.196	0.000	0.002	

表 7-8　模型 2 回归系数

模型 1	非标准化系数		标准系数 (试用版)	t	Sig.
	B	标准误差			
（常量）	0.128	0.010		13.388	0.000
机构持股比例	-0.062	0.000	-0.035	-2.255	0.024
公司规模	-0.005	0.000	-0.138	-9.915	0.000
资产负债率	0.011	0.001	0.240	16.349	0.000
行业	-0.002	0.001	-0.023	-1.933	0.053
Tobin-Q	5.522E-5	0.000	0.007	0.443	0.658
第一大股东持股	0.000	0.000	-0.053	-3.433	0.001
持股性质	-0.001	0.001	-0.008	-0.640	0.522

续表

模型 1	非标准化系数		标准系数 (试用版)	t	Sig.
	B	标准误差			
第二至第五大股东持股	0.000	0.000	-0.031	-2.322	0.020
股利支付率	-2.136E-5	0.000	-0.029	-2.417	0.016
R	0.322				
R^2	0.104				
调整 R^2	0.102				
df	6537				
F	94.235				
Sig.	0.000				

注：因变量为大股东占款。

(3) 模型 3 检验了不同机构投资者对大股东占款的影响。从表 7-9 可以看出，股利支付率均值为 23.7981，大股东占款均值为 0.0221，而自由现金流量为 -0.0017，说明在自由现金流量持有额不多的情况下，公司支付率高，那么大股东可占款额少。表 7-10、表 7-11 模型 3 回归发现，各类机构投资者与大股东占用的关系存在差异，其中，基金与大股东占款是负相关关系，显著性较强，标准系数为 -0.026，说明基金对大股东占款有很强的约束作用。券商、保险公司、社保基金、QFII 等机构投资者与大股东占款都是负相关关系，但是显著性很弱，制约作用非常不明显，这可能与其持股比例过小有关，他们所发挥的监督作用不足。

表 7-9　描述性统计量

变量	N	极小值	极大值	均值	标准差
股利支付率	6540	0.0000	2726.0865	23.7981	61.0835
公司规模	6538	13.0760	28.0035	22.1493	1.3947
大股东占款	6540	0.0000	0.9932	0.0221	0.0457
资产负债率	6540	-0.1947	55.4086	0.5740	1.0120
Tobin-Q	6540	0.0000	337.6048	1.9405	5.6417
自由现金流量	6535	-22.1218	3.1763	-0.0017	0.3710
总资产净利润率	6540	-6.7637	20.7876	0.0419	0.3161
净资产收益率	6540	-18.7188	57.3545	0.0627	0.9341
基金占流通 A 股比例	6540	0.0000	109.7037	5.9298	9.9003
券商占流通 A 股比例	6540	0.0000	55.5765	0.2082	1.0246
保险公司占流通 A 股比例	6540	0.0000	19.1217	0.4580	1.3722
社保基金占流通 A 股比例	6540	0.0000	20.0000	0.2700	0.9600
QFII 占流通 A 股比例	6540	0.0000	14.0000	0.1400	0.6420
有效的 N (列表状态)	6535				

表 7-10　相关性

	大股东占款	股利支付率	公司规模	资产负债率	行业	Tobin-Q	总资产净利润率	基金占流通A股比例	券商占流通A股比例	保险公司占流通A股比例	社保基金占流通A股比例	QFII占流通A股比例
大股东占款	1.000											
股利支付率	-0.058	1.000										
公司规模	-0.194	0.103	1.000									
资产负债率	0.259	-0.031	-0.077	1.000								
行业	-0.026	-0.008	-0.012	-0.035	1.000							
Tobin-Q	0.198	-0.035	-0.305	0.588	-0.009	1.000						
总资产净利润率	0.133	0.003	-0.021	-0.122	-0.011	0.178	1.000					
基金占流通A股比例	-0.065	0.025	0.227	-0.032	-0.012	0.024	0.056	1.000				
券商占流通A股比例	-0.018	-0.010	0.037	-0.013	-0.015	0.001	0.008	0.149	1.000			
保险公司占流通A股比例	-0.045	0.022	0.143	-0.020	-0.020	-0.021	0.015	0.208	0.052	1.000		
社保基金占流通A股比例	-0.039	0.027	0.092	-0.016	-0.004	-0.002	0.020	0.309	0.083	0.082	1.000	
QFII占流通A股比例	-0.038	0.034	0.107	-0.016	0.020	-0.006	0.017	0.168	0.035	0.040	0.048	1.000

Pearson 相关性

续表

	大股东占款	股利支付率	公司规模	资产负债率	行业	Tobin-Q	总资产净利润率	基金占流通A股比例	券商占流通A股比例	保险公司占流通A股比例	社保基金占流通A股比例	QFII占流通A股比例
大股东占款												
股利支付率	0.000											
公司规模	0.000	0.000										
资产负债率	0.000	0.005	0.000									
行业	0.016	0.248	0.158	0.002								
Tobin-Q	0.000	0.003	0.000	0.000	0.236							
总资产净利润率	0.000	0.397	0.045	0.000	0.181	0.000						
基金占流通A股比例	0.000	0.020	0.000	0.005	0.157	0.027	0.000					
券商占流通A股比例	0.073	0.199	0.001	0.148	0.112	0.468	0.266	0.000				
保险公司占流通A股比例	0.000	0.035	0.000	0.051	0.049	0.045	0.111	0.000	0.000			
社保基金占流通A股比例	0.001	0.016	0.000	0.100	0.382	0.438	0.049	0.000	0.000	0.000		
QFII占流通A股比例	0.001	0.003	0.000	0.097	0.051	0.306	0.082	0.000	0.002	0.001	0.000	

Sig.（单侧）

表 7-11　模型 3 回归系数

模型 1	非标准化系数		标准系数 (试用版)	t	Sig.
	B	标准误差			
(常量)	0.137	0.009		14.520	0.000
股利支付率	-2.154E-5	0.000	-0.029	-2.473	0.013
公司规模	-0.005	0.000	-0.160	-11.849	0.000
资产负债率	0.014	0.001	0.302	19.950	0.000
行业	-0.002	0.001	-0.019	-1.608	0.108
Tobin-Q	-0.001	0.000	-0.065	-4.055	0.000
总资产净利润率	0.026	0.002	0.180	14.643	0.000
基金占流通 A 股比例	0.000	0.000	0.026	-1.981	0.048
券商占流通 A 股比例	0.000	0.001	0.006	-0.506	0.613
保险公司占流通 A 股比例	-0.001	0.000	0.016	-1.374	0.169
社保基金占流通 A 股比例	-0.001	0.001	-0.015	-1.194	0.233
QFII 占流通 A 股比例	-0.001	0.001	-0.014	-1.193	0.233
R					0.362
R^2					0.131
调整 R^2					0.130
df					6537
F					82.043
Sig.					0.000

注：因变量为大股东占款。

7.1.5　稳健型检验

　　为进一步检测大股东占用公司自由现金的关系，本章对大股东占款指标进行了替换，以(应收账款、预付账款、其他应收账款)/年末总资产表示大股东占款程度，论证了自由现金流量与大股东占款程度、机构投资者与大股东占款及不同类型的机构投资者对自由现金流量之间的关系。回归结果表明(表 7-12，表 7-13，表 7-14)，自由现金流量是引起大股东占款的重要因素，大股东通过"利益输送"手段将公司存有的自由现金流量转移，满足大股东利益需求。机构投资者能够发挥对在职消费的制约作用，基金、券商、保险公司呈正相关关系，与上述论证一致，说明基金、券商、保险公司对大股东占款作用不显著。社保基金、QFII 与大股东占款是负相关关系，其中，QFII 制约的显著性相对较强，保险公司稳定性作用较差。

表 7-12　自由现金流量与大股东占用程度关系模型回归系数

模型 1	非标准化系数		标准系数 （试用版）	t	Sig.
	B	标准误差			
（常量）	0.424	0.023		18.475	0.000
自由现金流量	0.002	0.004	0.005	0.402	0.087
公司规模	-0.013	0.001	-0.166	-12.909	0.000
资产负债率	0.011	0.002	0.100	6.593	0.000
Tobin-Q	-0.001	0.000	-0.035	-2.128	0.033
行业	-0.002	0.003	-0.009	-0.777	0.437
R					0.183
R^2					0.034
调整 R^2					0.033
df					6535
F					45.422
Sig.					0.000

注：因变量为大股东占用程度。

表 7-13　机构投资者与大股东占用程度关系模型回归系数

模型 1	非标准化系数		标准系数 （试用版）	t	Sig.
	B	标准误差			
（常量）	0.421	0.024		17.546	0.000
机构持股比例	0.000	0.000	-0.024	-1.797	0.072
公司规模	-0.013	0.001	-0.162	-11.440	0.000
资产负债率	0.014	0.002	0.123	7.772	0.000
Tobin-Q	-0.001	0.000	-0.063	-3.760	0.000
机构投资者持股比例	-0.002	0.003	-0.009	-0.741	0.459
持股性质	0.002	0.003	0.006	0.471	0.638
总资产净利润率	0.025	0.005	0.070	5.424	0.000
R					0.196
R^2					0.039
调整 R^2					0.037
df					6538
F					37.364
Sig.					0.000

注：因变量为大股东占用程度。

表7-14　不同机构投资者持股与大股东占用程度关系模型回归系数

模型1	非标准化系数		标准系数 (试用版)	t	Sig.
	B	标准误差			
(常量)	0.444	0.024		18.872	0.000
公司规模	-0.014	0.001	-0.180	-13.500	0.000
资产负债率	0.012	0.002	0.107	7.011	0.000
行业	-0.002	0.003	-0.007	-0.613	0.540
Tobin-Q	-0.001	0.000	-0.046	-2.867	0.004
基金占流通A股比例	0.001	0.000	0.054	4.010	0.000
券商占流通A股比例	0.004	0.001	0.036	2.912	0.004
保险公司占流通A股比例	0.001	0.001	0.017	1.381	0.167
社保基金占流通A股比例	-0.001	0.002	-0.008	-0.649	0.516
QFII占流通A股比例	-0.005	0.002	-0.029	-2.322	0.020
R					0.197
R^2					0.039
调整R^2					0.038
df					6538
F					29.329
Sig.					0.000

注：因变量为大股东占用程度。

7.1.6　研究结论

　　大股东占款是大股东掏空公司利益的一种途径，也是大股东侵占中小股东利益的一种方式。大股东占款公司利益的手段有很多，比如关联性交易、资产转移、股利分红、担保等。大股东凭借其持股比例高，占有公司控股股东地位，在公司决策上与管理层合谋，谋取自身利益最大化。本章以"其他应收款净额"来衡量大股东占款的程度，分别验证了大股东占款与自由现金流量、机构投资者及各类不同的机构投资者之间的关系。结果证实，自由现金流量与大股东占款是正相关关系，自由现金流量越多，大股东占用的机会越大，占款程度越严重。大股东占款对机构投资者来说，是直接性的利益侵占，而且对企业未来发展影响很大。机构投资者对大股东占款非常敏感，会极力阻止大股东占用公司自由现金流量。经实证验证，机构投资者能够发挥对大股东占款的制约作用，与大股东占款呈显著性负相关关系。由于不同机构投资者持股规模、投资偏好等差异，它们对大股东占款的作用也不一样。从本章的实证结果来看，各类机构投资者对大股东占款都有积极的制约作用，但由于持股比例较小，除基金持股比例相对较大，能够发挥对大股东占款起到有效的监督作用外，其他机构投资者的作用非常弱，难以发挥出积极制约作用。因此，要积极发展机构投资者队伍，提升各类机构投资者的持股比例，才能从整体上发挥出它们对大股东占款的"股东积极主义"，从而有效保护中小股东利益。

7.2　机构投资者对自由现金流量随意性资本支出控制的研究——基于低效并购的角度

7.2.1　理论基础与假设

Canyon 等(2000)发现，企业规模与经理人收益呈正相关关系，企业规模越大，经理人收益越多。经理人经常利用自由现金流量投资净现值为负的项目，其目的不在于获得高额投资收益，而是一味追求企业规模的扩大，通过规模效应来满足自己的利益需求。Hart(1995)认为，经理有建造"企业帝国"的强烈动机，并购是其中一种途径。王培林等(2007)实证表明，自由现金流量越充裕，管理者越有机会将自由现金流量用于并购那些预期收益不高的投资项目，从中获取私人效益。在公司所有权和经营权分离后，由于信息不对称，公司管理层占有大量的自由现金流量，这些自由现金流量不是发放给股东，而是被管理者囤积起来增加其可控资源，然后用于并购活动，扩大企业规模，为管理者带来更多晋升机会和高额收入。Jensen(1986)指出，并购可以减少自由现金流量，提高使用效益，促进公司业绩提升。因此，提出假设 1。

假设 1：并购与自由现金流量具有相关性，自由现金流量持有量越大，公司发生并购行为的可能性越大。

丁丽华等(2004)以净资产收益率为指标，检验上市公司并购前后的绩效变化，发现我国上市公司确实存在自由现金流量的代理成本问题，那些持有大量现金流量而缺乏良好投资项目的公司所进行的低效益并购行为，并不是为了提高股东利益，只是为了满足管理者自身利益需求。洪道麟等(2006)从并购角度验证了上市公司多元化战略与企业长期绩效之间的关系。结果表明，多元化并购比同业并购给股东带来的损失更大。在对我国上市公司多元化并购的动因进行检验后发现，自由现金流量越丰富的公司，越有可能实行多元化并购。黄本多等(2008)研究得出，高自由现金流量、低成长性的上市公司的并购总体绩效为负，并购没有给公司带来价值的提升。由此提出假设 2。

假设 2：并购前后绩效相比，并购后公司绩效下滑，并购并未带来绩效改善，并购规模与并购绩效呈正相关关系。

　　机构投资者是否积极参与上市公司并购决策活动，取决于公司并购前后绩效变化。如果并购对公司绩效有利，那么机构投资者也会积极支持，促成并购方案的实施。同时，机构投资者与公司并购之间的作用还体现在机构投资者对被并购目标公司的投资选择及其被兼并收购的影响。一般来说，公司并购活动是为了达到规模经济，实现协同效应，包括资源共享协同效应、管理协同效应、经营协同效应、财务协同效应等。很多被并购目标公司的股东都尝试从并购溢价中获得额外收益。对于机构投资者来说，会利用其信息优势去选择具有潜在被并购目标的公司，一旦公司被并购，它们也会从中获得并购收益。所以，机构投资者持股比例高的公司往往也会视为被并购的目标公司。由此，机构投资者所在的公司在被兼并过程中，机构投资者会考虑自身利益，采取有效措施来影响被兼并目标公司的并购活动。若公司被兼并有利于机构投资者利益回报，它们则积极与公司管理层商议，并与收购公司私下达成协议，促成公司被兼并。相反，机构投资者也会通过反对票来进行破坏性的防御，阻挠公司被接管。那么，提出假设3。

　　假设3：机构投资者在并购活动和并购绩效中发挥了积极的监督作用。

　　Qiu(2008)发现，持有大型的公众养老基金的公司能够防止公司进行效益差的并购活动，其他类型的机构投资者对并购作用不显著，甚至会影响并购效益。Qiu(2004)认为，公共养老基金能够减少被投资公司经理人实施不利于公司实施收购的可能性。Gaspar等(2005)发现，追求短期收益的机构投资者对公司并购活动监管力度较弱，他们实施并购活动的可能性较大。而且，相对于长期投资的机构投资者，短期机构投资者获取的并购溢价最低，Chen等(2007)利用并购事件分析发现，独立的长期持股的机构投资者更偏向于监管和影响公司决策，其持股比例与并购后业绩有很大的相关性。Brickley等(1988)发现，由基金会管理的共同基金、公共养老基金，与银行、保险公司、信托基金等与企业之前存在商业往来的机构投资者，更倾向于反收购修正法则。Agrawal等(1992)发现，机构所有权较大的企业其股票在反接管提案公告日前后的反应幅度更大。由此提出假设4。

　　假设4：不同机构投资者对公司并购活动作用不同。

7.2.2　研究与设计

1. 被解释变量-并购绩效的衡量

　　目前，并购绩效衡量的评价方法有4种，即事件法、财务指标研究法、经理人员访谈法、个案研究法(Bruner，2002)。较为常用的两种方法是事件法和财务指标研究法。事件研究法是通过检验上市公司并购事件前后一定期间平均累积超额收益率变化来评价并购活动优劣情况。财务指标研究法是利用财务报表上的会计数据资料，结合收入指标、盈利指标、发展指标等经营绩效指标，对比考察并购前后绩效变化来评价并购活动是否成功或失败。财务指标研究法的好处在于相关财务数据获取途径简单，计算方便，通俗易懂。

我国资本市场发展还不成熟，公司股票价格与公司经营业绩相关性较弱，受市场因素影响，单纯的股票价格稳定性比较弱，不能够客观反映上市公司经营信息。企业价值的最终体现还是依赖于企业经营状况和发展前景，而财务指标能够比较真实地反映公司的经营情况。并购绩效的财务指标选取通常是选择反映企业经营绩效的指标，比如净资产收益率、总资产收益率等，但各个财务指标均有其使用的不足。李善民等(2004)采用经营现金流量、总资产收益率为并购绩效衡量指标。李心丹等(2003)选取了主营业务收入等5个财务指标，利用数据包络分析(date envelopment analysis，DEA)方法来评价上市公司并购绩效。黄本多等(2009)选取了每股收益、净资产收益率等5项指标建立绩效评估体系。在此基础上，杨帅等(2007)采用体现盈利能力、偿债能力和经营能力3个方面的8个财务指标构建财务综合能力指标。本章紧紧围绕企业财务绩效指标，从公司的偿债能力、营运能力、盈利能力、发展能力、价值能力、成长能力6个方面17个指标来评价公司的绩效状况(表7-15)，并利用因子分析法和主营业务成分法提取主营业务因子，构建绩效得分模型，研究发生并购活动的公司的并购绩效变化情况。

表 7-15　绩效能力指标

绩效能力	财务指标	指标意义
偿债能力	速动比率	(流动资产－存货)/流动负债
	流动比率	流动资产/流动负债
	现金流利息保障倍数	经营活动产生现金流量净额/财务费用
营运能力	流动资产周转率	营业收入/流动资产
	总资产周转率	主营业务收入净额 / 平均资产总额
	股东权益周转率	营业收入/股东权益
盈利能力	资产报酬率	(利润+财务费用)/资产总额
	总资产净利润率	净利润/平均资产总额
	净资产收益率	净利润 / 平均净资产
	营业利润率	营业利润/营业收入
发展能力	营业收入增长率	(本期营业收入－上期营业收入)/上期营业收入
	营业利润增长率	(本期营业利润－上期营业利润)/上期营业利润
价值能力	每股收益	本年净收益与年末普通股总数之比
	每股经营活动产生的现金流量净额	经营活动产生的现金流量净额/实收资本
成长能力	Tobin-Q	市值/资产合计
	市净率	股价/每股净资产
	市盈率	股价/每股收益

(1)并购绩效得分模型的构建。考虑到指标的单位不同和指标数值差异较大，避免指标差异对实证研究带来的不合理影响，本章对原始指标数值进行了标准化处理。即

$$x_i^n = \frac{x_i - E(x_i)}{\sqrt{\text{var}(x_i)}} \qquad (i = 1,2,3,\cdots,n)$$

(2)KMO 检验和 Bartlett 球形检验。在此基础上，本章对标准化后的 $t-2$、$t-1$、t、$t+1$ 和 $t+2$ 年数据分别进行 KMO 检验和 Bartlett 球形检验，以验证数据是否可以做因子分析，结果如表 7-16 所示。由表 7-16 可见，KMO 显示为 0.5～0.7，因子分析效果一般，Bartlett 球形检验的相伴概率为 0.000，小于显著性水平 0.05，Bartlett 球形检验说明样本数据作因子分析合适，可用因子分析法来进行得分模型的构建。

表 7-16　KMO 检验和 Bartlett 球形检验

		$t-2$	$t-1$	t	$t+1$	$t+2$
取样足够度的 Kaiser-Meyer-Olkin 度量		0.578	0.507	0.640	0.668	0.502
Bartlett 的球形检验	近似卡方	4525.669	35347.966	24023.855	13528.961	18557.248
	df	21	21	21	21	21
	Sig.	0.000	0.000	0.000	0.000	0.000

数据来源：SPSS 软件处理结果。

(3)主成分指标处理。对样本公司的资产报酬率、总资产净利润率、净资产收益率、营业利润率、每股收益、市盈率、Tobin-Q 等 17 个会计指标进行标准化处理，利用主成分法对样本公司并购前后的 7 个会计指标进行因子分析，在得到初始因子负荷矩阵后，为了使公共因子的实际含义更清晰，根据需要进一步进行因子旋转以更好地了解它们的含义。按照特征根大于 1 的原则分别提取 3 个公共因子 F_{i1}、F_{i2}、F_{i3}，根据上述各因子得分情况和方差贡献率，得到如下 5 个并购绩效的综合得分函数(F 表示为并购绩效)。

并购前两年：$F_{t-2} = (0.3173 \times F_{i,1} + 0.1574 \times F_{i,2} + 0.1458 \times F_{i,3}) \times 0.6205$

并购前一年：$F_{t-1} = (0.2960 \times F_{i,1} + 0.2041 \times F_{i,2} + 0.1509 \times F_{i,3}) \times 0.6510$

并购当年：$F_t = (0.4059 \times F_{i,1} + 0.1871 \times F_{i,2} + 0.1463 \times F_{i,3}) \times 0.7392$

并购后一年：$F_{t+1} = (0.3993 \times F_{i,1} + 0.1682 \times F_{i,2} + 0.1429 \times F_{i,3}) \times 0.7104$

并购后两年：$F_{t+2} = (0.3039 \times F_{i,1} + 0.1639 \times F_{i,2} + 0.1605 \times F_{i,3}) \times 0.6284$

(4)机构投资者总体上对并购绩效的影响。根据并购绩效综合得分函数计算出每个公司各个年度绩效的综合得分，用 F_t 代表并购方公司并购当年的绩效综合得分，F_{t-2}、F_{t-1} 和 F_{t+1}、F_{t+2} 分别表示并购前两年、并购前一年和并购后一年、并

购后两年的绩效综合得分。并购前后的绩效变化如图 7-2 所示。

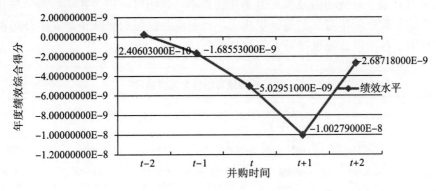

图 7-2　并购绩效水平变化图

从图 7-2 中可以看出，并购前两年公司绩效逐步下降，并购当年和并购后一年急剧下降，并购后两年才上升。并购影响了并购绩效变化，一方面加速了公司并购前的绩效递减，另一方面，在并购后，公司资源、财务、人员等重新调整后，公司绩效开始回升，产生了较好的并购效果。

为了能更加清晰地反映各年度的绩效变化情况，本章对并购前后相应年份绩效综合得分的差值进行了检验，检验结果如表 7-17 所示。从表 7-17 中可以看出，并购前两年、并购当年与并购前一年、并购后一年与并购前一年、并购后两年与并购前一年绩效差值的均值都为正数，说明并购前后公司绩效是逐年上升的，正值率均值在 46.615%以上。机构投资者在所投资的大多数并购活动中取得了并购收益。而并购的后第一年与并购当年、并购的后第两年与并购后第一年的并购绩效差值为负数，说明公司在并购时绩效受到了很大的影响，并购短期内公司绩效被削减了。并购后两年才慢慢恢复，并逐步上升。

表 7-17　分阶段并购绩效差特征

并购绩效差值	$F_{t-1}-F_{t-2}$	F_t-F_{t-1}	$F_{t+1}-F_t$	$F_{t+2}-F_{t+1}$	$F_{t+1}-F_{t-1}$	$F_{t+2}-F_{t-1}$
样本量	2054	2026	2082	2083	2027	2027
均值	0.025854	0.048536	-0.008728	-0.028786	0.047176	0.048827
正值比率	0.46615	0.6615	0.4446	0.4234	0.6102	0.6140
T检验值	1.543	1.997*	-1.369	-0.631	1.991*	3.035**

注：*和**分别表示 T 检验值在 5%和 1%的水平下显著(后文同)。数据来源：本章实证数据分析。

表 7-18 显示，并购前后自由现金流量也发生了变化。并购前一年与并购前两年、并购后一年与并购当年、并购后一年与并购前一年自由现金流量差值的平均

值为正，表明自由现金流量未表现减少。特别是并购后一年与并购当年，自由现金流量没有因并购活动而减少。但是并购当年与并购前一年、并购后两年与并购后一年、并购后两年与并购前一年相比，自由现金流量明显减少，说明公司在并购时使用了自由现金流量存量去兼并其他公司。

表 7-18　分阶段自由现金流量特征

自由现金流量变化差值	$FCF_{t-1}-FCF_{t-2}$	FCF_t-FCF_{t-1}	$FCF_{t+1}-FCF_t$	$FCF_{t+2}-FCF_{t+1}$	$FCF_{t+1}-FCF_{t-1}$	$FCF_{t+2}-FCF_{t-1}$
样本量	2083	2083	2083	2083	2083	2083
均值	0.01192/ 0.0509	-0.00626/ -0.03389	0.01072/ 0.00407	-0.010217/ -0.02218	0.0049/ -0.0289	-0.00509/ -0.0509
正值比率	0.53/0.54	0.49/0.46	0.47/0.46	0.52/0.50	0.52/0.45	0.47/0.41
T 检验值	1.439/ 5.102**	-0.679/ -2.986**	1.202/ 0.366	-1.345/ -2.019*	0.514/ -2.429**	-0.548/ -4.057**

2. 被解释变量-并购规模

目前，我国上市公司并购的方式主要包括资产收购、资产剥离、资产置换、债务重组、股份回购、股份转让等方式。本章以资产收购与股份转让两种方式为主计算并购规模(Sma)，并采用并购规模/本年期末资产总额进行标准化处理。

3. 解释变量

(1)机构投资者持股(Insist)：机构投资者持股占流动股比例。

(2)自由现金流量(FCF)：按照自由现金量来源，其建立的公式为(经营活动产生的现金流量净额－分配股利、利润或偿付利息所支付的现金+发行债券所收到的现金+借款所收到的现金－偿还债务所支付的现金)－资本性支出+期末现金等价物)/期末总资产。

(3)现金持有量(Cash)：现金持有量反映公司融资倾向，也体现公司自由现金流量的存量水平。以(货币资金＋交易性金融资产＋可供出售金融资产净额)/年末总资产来计算。

(4)营业收入增长率(Growth)：表示公司的成长机会。成长机会越好，公司并购的倾向性越强。

(5)股权性质：公司股份所有者性质。国有股设为 1，否则为 0。

(6)第一大股东(Top1)：前十大股东持股比例排名为第一。

(7)第二至第五大股东(Top2～5)：前十大股东持股比例排名为第二至第五。

4. 控制变量

(1) 资产规模(Size)：公司规模是客观反映公司发展程度的重要指标。公司规模不同，公司所持有的自由现金流量规模也有差异，公司所生存的外界环境也显著不同。公司规模取年末总资产自然对数。

(2) 资产负债率(Level)：资产/负债反映公司发展中的融资水平和债务负担能力，即负债/资产总额。

(3) 行业(Industry)： 行业差异直接反映为公司自由现金流量来源的差异和公司业绩水平的不同。以制造业为基准，是则为 1；非制造业则为 0。

7.2.3 模型建立

模型 1：
$$\text{Sma}_{i,\,t} = \beta_0 + \beta_1 \text{FCF}_{i,\,t} + \beta_2 \text{Size}_{i,\,t} + \beta_3 \text{Level}_{i,\,t} + \beta_4 \text{Cash}_{i,\,t} + \beta_5 \text{Growth}_{i,\,t} + \varepsilon_{i,\,t}$$

模型 2：
$$F_{i,\,t} = \beta_0 + \beta_1 \text{Sma}_{i,\,t} + \beta_2 \text{Size}_{i,\,t} + \beta_3 \text{Level}_{i,\,t} + \beta_4 \text{Cash}_{i,\,t} + \beta_5 \text{Growth}_{i,\,t} + \varepsilon_{i,\,t}$$

模型 3：
$$F_{i,\,t} = \beta_0 + \beta_1 \text{FCF}_{i,\,t} + \beta_2 \text{Size}_{i,\,t} + \beta_3 \text{Level}_{i,\,t} + \beta_4 \text{Cash}_{i,\,t} + \beta_5 \text{Growth}_{i,\,t} + \varepsilon_{i,\,t}$$

模型 4：
$$F_{i,\,t} = \beta_0 + \beta_1 \text{Insist}_{i,\,t} + \beta_2 \text{Size}_{i,\,t} + \beta_3 \text{Level}_{i,\,t} + \beta_4 \text{Cash}_{i,\,t} + \beta_5 \text{Growth}_{i,\,t} + \beta_6 \text{Top}$$
$$+ \beta_7 \text{Top}2-5_{i,\,t} + \beta_8 \text{Gqxz}_{i,\,t} + \varepsilon_{i,\,t}$$

模型 5：
$$F_{i,\,t} = \beta_0 + \beta_1 V\text{Insist}_{i,\,t} + \beta_2 \text{Size}_{i,\,t} + \beta_3 \text{Level}_{i,\,t} + \beta_4 \text{Cash}_{i,\,t} + \beta_5 \text{Growth}_{i,\,t}$$
$$+ \beta_6 \text{Top}1_{i,\,t} + \beta_7 \text{Top}2 \sim 5_{i,\,t} + \beta_8 \text{Gqxz}_{i,\,t} + \varepsilon_{i,\,t}$$

7.2.4 实证检验与分析

1. 描述性统计量

从表 7-19 可以看出，并购规模即并购资产占总资产比例均值为 35.1595，表示我国上市公司并购规模相对较大。并购当年资产负债率为 0.4898，债务水平较高。现金持有量为 18.00，并购当年现金持有量较小。并购当年营业收入增长率为 0.837858，业绩发展良好。机构投资者持股比例为 36.8852，而第一大股东持股比例为 35.4513，第二至第五大股东持股比例为 16.6444，反映了我国上市公司股权集中程度高，机构投资者在一定程度上能够与大股东持股抗衡。从并购前后的自由现金流量来看，大多在均值为 0.20 左右，自由现金流量持有比例不高。并购前两年自由现金流量持有比例在逐年增加，但并购当年有所下降，并购后两年自由现金流量逐渐减少，表明公司并购时使用了自由现金流量来实现并购活动。并购前后业绩停留在均值为 0 的水平上，业绩变化不大。

表 7-19　描述性统计

变量	N	极小值	极大值	均值	标准差
并购规模	2082	0.0000	68919.4988	35.1595	1511.8012
并购当年公司规模	2081	11.3483	26.8397	21.6268	1.2876
并购当年资产负债率	2082	-0.0029	138.3777	0.4898	3.0471
并购当年现金持有量	2082	0.0000	1.0000	0.1800	0.1522
并购当年营业收入增长率	2083	0.0000	34.1465	0.8379	1.4211
并购当年机构投资者持股	2083	0.0000	96.3284	36.8852	23.7268
并购当年第一大股东持股	2083	3.6200	89.4100	35.4513	15.5943
并购当年第二至第五大股东持股	2083	0.0000	53.3700	16.6444	11.0278
并购当年自由现金流量	2081	-10.0660	7.6082	0.2164	0.4211
并购当年绩效水平	2082	-22.4392	13.0774	0.0000	0.6355
并购后一年自由现金流量	2081	-10.0660	8.8583	0.2216	0.4531
并购后一年绩效水平	2083	-20.9872	7.8891	0.0000	0.6422
并购后两年自由现金流量	2078	-2.2435	10.2325	0.1996	0.4053
并购后两年绩效水平	2083	-20.9043	7.2554	0.0000	0.6060
并购前一年自由现金流量	2078	-9.2536	7.6082	0.2509	0.4592
并购前一年绩效水平	2054	-4.1186	20.2024	0.000000	0.5989772
并购前两年自由现金流量	2082	-10.0660	5.5823	0.199495	0.4016118
并购前两年绩效水平	2083	-12.6876	8.2749	0.000000	0.6172866

2. 分阶段检验并购规模与当年机构投资者、自由现金流量、当年并购绩效的关系。

　　(1) 并购当年(t)。表 7-20 和表 7-21 显示，并购规模、公司规模、现金持有量与当年并购绩效呈正相关关系，p 在小于 0.05 时显著。资产负债率与当年并购绩效是负相关关系，且在 $p=0.004<0.05$ 时显著，说明公司资产负债率越高，负债压力越大，并购绩效越差，不适宜进行并购活动，否则会影响公司发展。机构投资者与并购绩效是正相关关系，在 $p=0.002<0.05$ 时显著。机构投资者持股比例越高，越能够对公司当年并购绩效发挥积极作用。从表 7-22 可看出自由现金流量与并购规模呈正相关关系，且 $p=0.005<0.05$，系数=40.958，显著性很强。这说明自由现金流量持有越多，公司管理层越容易利用自由现金流量进行并购活动，而且并购规模也很大。

表 7-20　相关系数

		并购当年绩效	并购规模	公司规模	资产负债率	现金持有量	营业收入增长率	机构持股	第一大股东持股	股权性质	第二至第五大股东持股	并购当年自由现金流量
Pearson 相关性	并购当年绩效	1.000										
	并购规模	-0.773	1.000									
	公司规模	0.187	-0.183	1.000								
	资产负债率	-0.775	0.991	-0.176	1.000							
	现金持有量	-0.003	0.069	-0.159	0.046	1.000						
	营业收入增长率	0.007	-0.014	0.166	-0.006	-0.143	1.000					
	机构持股	0.095	-0.035	0.372	-0.041	-0.041	0.068	1.000				
	第一大股东持股	0.033	-0.014	0.230	-0.024	-0.019	0.064	0.210	1.000			
	股权性质	0.004	-0.010	0.190	-0.008	-0.040	0.064	-0.070	0.123	1.000		
	第二至第五大股东持股	0.045	-0.004	-0.072	-0.015	0.170	-0.134	0.075	-0.281	-0.071	1.000	
	自由现金流量	0.012	0.026	-0.091	0.009	0.242	0.017	0.054	-0.003	0.008	0.066	1.000
Sig.（单侧）	并购当年绩效											
	并购规模	0.000										
	公司规模	0.000	0.000									
	资产负债率	0.000	0.000	0.000								
	现金持有量	0.455	0.001	0.000	0.018							
	营业收入增长率	0.380	0.267	0.000	0.384	0.000						
	机构持股	0.000	0.054	0.000	0.031	0.000	0.001					
	第一大股东持股	0.065	0.260	0.00000	0.140	0.030	0.002	0.000				
	股权性质	0.421	0.319	0.001	0.363	0.196	0.002	0.001	0.000			
	第二至第五大股东持股	0.019	0.419	0.000	0.247	0.033	0.002	0.000	0.000	0.001		
	并购当年自由现金流量	0.298	0.120	0.000	0.340	0.000	0.222	0.007	0.450	0.365	0.001	

表7-21　系数

模型	非标准化系数		标准系数（试用版）	t	Sig.
	B	标准误差			
（常量）	-0.488	0.170		-2.871	0.004
并购规模	0.000	0.000	-0.386	-3.569	0.000
公司规模	0.019	0.008	0.038	2.326	0.020
资产负债率	-0.080	0.023	-0.385	-3.561	0.000
现金持有量	0.182	0.064	0.044	2.856	0.004
营业收入增长率	0.000	0.006	-0.001	-0.055	0.956
机构持股	0.001	0.000	0.048	3.086	0.002
第一大股东持股	0.000	0.001	0.010	0.652	0.515
股权性质	-0.007	0.024	-0.004	-0.287	0.775
第二至第五大股东持股	0.002	0.001	0.032	2.136	0.033
并购当年自由现金流量	0.009	0.030	0.006	0.286	0.775

注：因变量为并购当年绩效 F_t。

表7-22　系数

模型	非标准化系数		标准系数（试用版）	t	Sig.
	B	标准误差			
（常量）	-165.661	76.797		-2.157	0.031
并购当年自由现金流量	40.958	14.477	0.011	2.829	0.005
公司规模	-3.681	3.519	-0.003	-1.046	0.296
资产负债率	491.139	1.415	0.990	347.028	0.000
现金持有量	190.880	30.395	0.019	6.280	0.000
营业收入增长率	-4.409	3.062	-0.004	-1.440	0.150

注：因变量为并购规模。

（2）并购前两年（t-2）。从表7-23～表7-26可以看出，并购规模、公司规模、并购前两年的自由现金流量、机构投资者持股与并购前两年的绩效是正相关关系，其在 $p<0.05$ 显著性很强。这说明并购规模对并购绩效影响是正相关的，并购规模越大，并购绩效水平越高。前两年并购绩效越好，并购后规模扩张越大。机构投资者持股与公司绩效是长期相关，机构投资者对公司绩效起积极作用。并购当年的自由现金流量与并购前两年的绩效是负相关关系，且通过显著性检验。并购当年的自由现金流量与并购前两年的并购规模是正相关关系，而并购前两年的自由现金流量与并购规模相关性较弱，说明并购活动与自由现金流量未来两年持有预期相关。

表 7-23　相关系数

		前两年并购绩效	并购规模	公司规模	资产负债率	现金持有量	营业收入增长率	行业	并购当年自由现金流量	机构持股	第一大股东持股	股权性质	第二至第五大股东持股	并购前两年自由现金流量
Pearson 相关性	前两年并购绩效	1.000												
	并购规模	-0.012	1.000											
	公司规模	0.138	-0.162	1.000										
	资产负债率	-0.054	0.991	-0.154	1.000									
	现金持有量	-0.018	0.069	-0.126	0.046	1.000								
	营业收入增长率	0.110	-0.014	0.149	-0.006	-0.143	1.000							
	行业	0.038	-0.027	-0.108	-0.035	0.026	-0.165	1.000						
	并购当年自由现金流量	-0.010	0.026	-0.075	0.009	0.240	0.017	-0.095	1.000					
	机构持股	0.134	-0.036	0.338	-0.041	-0.043	0.069	-0.113	0.051	1.000				
	第一大股东持股	0.030	-0.014	0.211	-0.023	-0.020	0.063	-0.074	-0.007	0.205	1.000			
	股权性质	-0.034	-0.010	0.157	-0.008	-0.042	0.063	-0.121	0.004	-0.073	0.124	1.000		
	第二至第五大股东持股	0.019	-0.005	-0.068	-0.015	0.169	-0.132	0.110	0.066	0.074	-0.283	-0.071	1.000	
	并购前两年自由现金流量	0.178	-0.011	0.026	-0.028	0.104	-0.037	-0.071	0.215	0.093	-0.013	-0.054	0.026	1.000

续表

	并购前两年绩效	并购规模	公司规模	资产负债率	现金持有量	营业收入增长率	行业	并购当年自由现金流量	机构持股	第一大股东持股	股权性质	第二至第五大股东持股	并购前两年自由现金流量
并购前两年绩效													
并购规模	0.298												
公司规模	0.000	0.000											
资产负债率	0.007	0.000	0.000										
现金持有量	0.203	0.001	0.000	0.017									
营业收入增长率	0.000	0.268	0.000	0.387	0.000								
行业	0.042	0.108	0.000	0.056	0.116	0.000							
并购当年自由现金流量	0.329	0.120	0.000	0.334	0.000	0.223	0.000						
机构持股	0.000	0.053	0.000	0.031	0.024	0.001	0.000	0.010					
第一大股东持股	0.089	0.259	0.000	0.143	0.185	0.002	0.000	0.383	0.000				
股权性质	0.061	0.318	0.000	0.362	0.028	0.002	0.000	0.421	0.000	0.000			
第二至第五大股东持股	0.193	0.419	0.001	0.245	0.000	0.000	0.000	0.001	0.000	0.000	0.001		
并购前两年自由现金流量	0.000	0.307	0.118	0.099	0.000	0.046	0.001	0.000	0.000	0.283	0.007	0.115	

Sig.（单侧）

表 7-24　系数

模型	非标准化系数		标准系数 (试用版)	t	Sig.
	B	标准误差			
(常量)	−0.823	0.201		−4.089	0.000
并购规模	0.001	0.000	2.511	15.800	0.000
公司规模	0.043	0.009	0.105	4.558	0.000
资产负债率	−0.494	0.031	−2.515	−15.851	0.000
现金持有量	−0.095	0.088	−0.024	−1.090	0.276
营业收入增长率	0.052	0.009	0.123	5.933	0.000
行业	0.063	0.026	0.052	2.474	0.013
并购当年自由现金流量	−0.199	0.044	−0.140	−4.546	0.000
机构持股	0.002	0.001	0.071	3.198	0.001
第一大股东持股	−0.001	0.001	−0.032	−1.472	0.141
股权性质	−0.047	0.032	−0.030	−1.446	0.148
第二至第五大股东持股	0.000	0.001	0.002	0.087	0.931
并购前两年自由 现金流量	0.275	0.050	0.184	5.556	0.000

注：因变量为并购前两年绩效 F_{t-2}。

表 7-25　系数

模型	非标准化系数		标准系数 (试用版)	t	Sig.
	B	标准误差			
(常量)	−106.683	70.423		−1.515	0.130
公司规模	−10.905	3.312	−0.010	−3.293	0.001
资产负债率	491.308	1.393	0.990	352.585	0.000
现金持有量	176.465	30.376	0.018	5.809	0.000
营业收入增长率	−1.466	3.068	−0.001	−0.478	0.633
行业	22.520	8.910	0.007	2.528	0.012
并购当年自由现金流量	30.987	15.331	0.009	2.021	0.043
机构持股	0.291	0.197	0.005	1.479	0.139
第一大股东持股	1.363	0.293	0.014	4.645	0.000
股权性质	1.098	11.318	0.000	0.097	0.923
第二至第五大股东持股	1.219	0.411	0.009	2.966	0.003
并购前两年自由现金流量	20.546	17.323	0.005	1.186	0.236

注：因变量为并购规模。

(3) 并购前一年 $(t-1)$。表 7-27、表 7-28 显示，当年并购规模、机构投资者持股、并购前一年的自由现金流量持有与并购前一年的并购绩效呈正相关关系，且在 $p<0.05$ 时显著，说明并购前的公司绩效对其并购后的公司并购规模、机构投资者持股、自由现金流量都有相关性影响。并购前一年的自由现金流量对当年并购规模是正相关影响。当年机构投资者持股与当年并购规模也是正相关关系，机构投资者能够影响并购规模，有效监督公司并购活动。第一大股东和第二至第五大股东也发挥了积极的正相关作用。

表 7-26 相关性系数

		并购前一年绩效	并购规模	公司规模	资产负债率	现金持有量	营业收入增长率	机构持股	第一大股东持股	股权性质	第二至第五大股东持股	并购当年自由现金流量	并购前一年自由现金流量
Pearson相关性	并购前一年绩效	1.000											
	并购规模	0.744	1.000										
	公司规模	-0.260	-0.183	1.000									
	资产负债率	0.731	0.991	-0.176	1.000								
	现金持有量	0.068	0.069	-0.159	0.046	1.000							
	营业收入增长率	-0.045	-0.014	0.166	-0.006	-0.143	1.000						
	机构持股	0.031	-0.035	0.371	-0.041	-0.042	0.069	1.000					
	第一大股东持股	-0.028	-0.014	0.230	-0.024	-0.018	0.063	0.208	1.000				
	股权性质	-0.057	-0.010	0.190	-0.008	-0.039	0.063	-0.071	0.125	1.000			
	第二至第五大股东持股	0.052	-0.004	-0.072	-0.015	0.170	-0.133	0.076	-0.282	-0.072	1.000		
	并购当年自由现金流量	0.031	0.026	-0.084	0.011	0.197	0.011	0.048	-0.017	-0.004	0.060	1.000	
	并购前一年自由现金流量	-0.298	-0.454	.0010	-0.465	0.146	0.016	0.091	0.026	-0.025	0.065	0.274	1.000
Sig.(单侧)	并购前一年绩效												
	并购规模	0.000											
	公司规模	0.000	0.000										
	资产负债率	0.000	0.000	0.000									
	现金持有量	0.001	0.001	0.000	0.018								
	营业收入增长率	0.020	0.268	0.000	0.384	0.000							
	机构持股	0.077	0.054	0.000	0.031	0.029	0.001						
	第一大股东持股	0.102	0.260	0.000	0.140	0.208	0.002	0.000					
	股权性质	0.004	0.319	0.000	0.362	0.036	0.002	0.001	0.000				
	第二至第五大股东持股	0.009	0.419	0.001	0.247	0.000	0.000	0.000	0.000	0.000			
	并购当年自由现金流量	0.078	0.120	0.000	0.300	0.000	0.308	0.013	0.221	0.422	0.003		
	并购前一年自由现金流量	0.000	0.000	0.329	0.000	0.000	0.235	0.000	0.118	0.126	0.002	0.000	

表 7-27　系数

模型	非标准化系数		标准系数（试用版）	t	Sig.
	B	标准误差			
（常量）	1.644	0.163		10.075	0.000
并购规模	0.000	0.000	0.992	8.879	0.000
公司规模	-0.081	0.008	-0.176	-10.480	0.000
资产负债率	-0.053	0.022	-0.273	-2.449	0.014
现金持有量	-0.033	0.060	-0.008	-0.546	0.585
营业收入增长率	-0.004	0.006	-0.010	-0..662	0.508
机构持股	0.003	0.000	0.114	7.162	0.000
第一大股东	0.000	0.001	0.003	0.200	0.841
股权性质	-0.009	0.023	-0.006	-0.393	0.695
第二至第五大股东持股	0.002	0.001	0.032	2.080	0.038
并购当年自由现金流量	-0.129	0.033	-0.091	-3.892	0.000
并购前一年自由现金流量	0.099	0.030	0.077	3.298	0.001

注：因变量为并购前一年公司绩效 F_{t-1}。

表 7-28　系数

模型	非标准化系数		标准系数（试用版）	t	Sig.
	B	标准误差			
（常量）	-132.206	81.554		-1.621	0.105
公司规模	-8.422	3.881	-0.007	-2.170	0.030
资产负债率	485.555	2.056	0.979	236.198	0.000
现金持有量	178.787	29.912	0.018	5.977	0.000
营业收入增长率	-4.031	3.050	-0.004	-1.322	0.186
机构持股	0.398	0.200	0.006	1.991	0.047
第一大股东持股	1.218	0.295	0.013	4.132	0.000
股权性质	-2.639	11.358	-0.001	-0.232	0.816
第二至第五大股东持股	1.143	0.411	0.008	2.781	0.005
并购当年自由现金流量	2.364	16.550	0.001	0.143	0.886
并购前一年自由现金流量	40.744	15.045	0.012	2.708	0.007

注：因变量为并购规模。

（4）并购后一年（$t+1$）。表 7-29～表 7-32 中显示，当年并购规模、现金持有比例、当年机构持股比例与并购后一年的并购绩效呈正相关关系，且在 $p<0.05$ 时显著。并购规模越大，并购后第一年的业绩越好，说明并购决策有利于公司发展，形成了公司规模经济，产生了协同效应。机构投资者持股对并购后第一年的公司绩效发挥了积极的监督作用。并购后一年的自由现金流量与并购绩效相关性不大，与当年并购规模是负相关关系，$p=0.095<0.1$ 时显著，反而证明了当年自由现金流量持有对并购规模的正相关关系，自由现金流量持有减少，并购规模则会扩大。

表 7-29　相关性系数

		并购后一年绩效	并购规模	公司规模	资产负债率	现金持有量	营业收入增长率	并购当年自由现金流量	机构持股	第一大股东持股	股权性质	第二至第五大股东持股	并购后一年自由现金流量
Pearson 相关性	并购后一年绩效	1.000											
	并购规模	-0.716	1.000										
	公司规模	0.147	-0.162	1.000									
	资产负债率	-0.714	0.991	-0.154	1.000								
	现金持有量	0.050	0.069	-0.124	0.046	1.000							
	营业收入增长率	0.020	-0.014	0.149	-.006	-0.143	1.000						
	并购当年自由现金流量	0.050	0.026	-0.073	0.009	0.242	0.017	1.000					
	机构持股	0.150	-0.035	0.337	-.041	-0.041	0.069	0.054	1.000				
	第一大股东持股	0.064	-0.014	0.213	-0.024	-0.017	0.063	-0.002	0.208	1.000			
	股权性质	0.013	-0.010	0.156	-0.008	-0.040	0.063	0.008	-0.072	0.125	1.000		
	第二至第五大股东持股	0.072	-0.004	-0.068	-0.015	0.169	-0.134	0.066	0.075	-0.282	-0.071	1.000	
	并购后一年自由现金流量	-0.068	0.151	-0.107	0.138	0.032	0.023	0.321	0.071	0.039	-0.012	-0.001	1.000
Sig.（单侧）	并购后一年绩效												
	并购规模	0.000											
	公司规模	0.000	0.000										
	资产负债率	0.000	0.000	0.000									
	现金持有量	0.011	0.001	0.000	0.017								
	营业收入增长率	0.176	0.267	0.000	0.385	0.000							
	并购当年自由现金流量	0.012	0.120	0.000	0.339	0.000	0.222						
	机构持股	0.000	0.054	0.000	0.031	0.031	0.001	0.007					
	第一大股东持股	0.002	0.260	0.000	0.141	0.217	0.002	0.463	0.000				
	股权性质	0.273	0.319	0.000	0.360	.033	0.002	0.366	0.001	0.000			
	第二至第五大股东持股	0.001	0.419	0.001	0.246	0.000	0.000	0.001	0.000	0.000	0.001		
	并购后一年自由现金流量	0.001	0.000	0.000	.000	0.073	0.144	0.000	0.001	0.039	0.290	0.475	

表 7-30　系数

模型 1	非标准化系数		标准系数（试用版）	t	Sig.
	B	标准误差			
（常量）	−0.256	0.159		−1.609	0.108
并购规模	0.000	0.000	−0.738	−6.277	0.000
公司规模	−0.003	0.008	−0.007	−0.439	0.661
资产负债率	0.003	0.025	0.016	0.139	0.890
现金持有量	0.410	0.070	0.097	5.859	0.000
营业收入增长率	0.009	0.007	0.020	1.338	0.181
并购当年自由现金流量	−0.010	0.042	−0.007	−0.235	0.814
机构持股	0.003	0.000	0.113	6.873	0.000
第一大股东持股	0.002	0.001	0.046	2.801	0.005
股权性质	0.025	0.026	0.015	0.984	0.325
第二大股东持股	0.003	0.001	0.060	3.738	0.000
并购后一年自由现金流量	0.057	0.044	0.040	1.301	0.193

注：因变量为并购后一年绩效 F_{t+1}。

表 7-31　系数

模型 1	非标准化系数		标准系数（试用版）	t	Sig.
	B	标准误差			
（常量）	−113.579	69.860		−1.626	0.104
公司规模	−9.610	3.308	−0.009	−2.905	0.004
资产负债率	490.638	1.407	0.989	348.630	0.000
现金持有量	193.579	30.503	0.019	6.346	0.000
营业收入增长率	−3.158	3.039	−0.003	−1.039	0.299
并购当年自由现金流量	61.271	18.507	0.017	3.311	0.001
机构持股	0.281	0.195	0.004	1.440	0.150
第一大股东持股	1.223	0.293	0.013	4.170	0.000
股权性质	−1.954	11.231	0.000	−0.174	0.862
第二至第五大股东持股	1.193	0.409	0.009	2.915	0.004
并购后一年自由现金流量	−32.366	19.377	−0.010	−1.670	0.095

注：因变量为并购规模。

表 7-32　相关系数

	并购后两年绩效	并购规模	公司规模	资产负债率	现金持有量	营业收入增长率	并购当年自由现金流量	机构持股	第一大股东持股	股权性质	第二至第五大股东持股	并购后两年自由现金流量
并购后两年绩效	1.000											
并购规模	0.247	1.000										
公司规模	0.000	-0.183	1.000									
资产负债率	0.236	0.991	-0.177	1.000								
现金持有量	0.104	0.069	-0.161	0.046	1.000							
营业收入增长率	-0.002	-0.014	0.165	-0.006	-0.143	1.000						
并购当年自由现金流量	0.059	0.026	-0.091	0.009	0.242	0.017	1.000					
机构持股	0.087	-0.035	0.375	-0.041	-0.042	0.070	0.054	1.000				
第一大股东持股	0.040	-0.014	0.228	-0.024	-0.018	0.062	-.003	0.209	1.000			
股权性质	-0.006	-0.010	0.190	-0.008	-0.039	0.062	0.007	-0.071	0.125	1.000		
第二至第五大股东持股	0.048	-0.004	-0.073	-0.015	0.171	-0.135	0.066	0.076	-0.283	-0.076	1.000	
并购后两年自由现金流量	0.191	0.543	-0.121	0.531	0.142	0.033	0.254	0.060	0.027	0.020	0.032	1.000

Pearson 相关性

续表

		并购后两年绩效	并购规模	公司规模	资产负债率	现金持有量	营业收入增长率	并购当年自由现金流量	机构持股	第一大股东持股	股权性质	第二至第五大股东持股	并购后两年自由现金流量
Sig.（单侧）	并购后两年绩效												
	并购规模	0.000											
	公司规模	0.497	0.000										
	资产负债率	0.000	0.000	0.000									
	现金持有量	0.000	0.001	0.000	0.018								
	营业收入增长率	0.471	0.268	0.000	0.384	0.000							
	并购当年自由现金流量	0.004	0.121	0.000	0.341	0.000	0.219						
	机构持股	0.000	0.053	0.000	0.030	0.027	0.001	0.007					
	第一大股东持股	0.035	0.260	0.000	0.139	0.204	0.002	0.441	0.000				
	股权性质	0.395	0.319	0.000	0.361	0.040	0.002	0.379	0.001	0.000			
	第二至第五大股东持股	0.015	0.419	0.000	0.246	0.000	0.000	0.001	0.000	0.000	0.000		
	并购后两年自由现金流量	0.000	0.000	0.000	0.000	0.000	0.067	0.000	0.003	0.110	0.183	0.070	

(5)并购后两年($t+2$)。表 7-33、表 7-34 中，当年并购规模、现金持有比例、机构投资者持股对并购后两年的并购绩效是正相关关系，且显著性强，说明三者对并购后两年的公司绩效发展发挥了积极的支持作用，能够影响公司并购后的绩效水平。并购后两年的自由现金流量与其并购绩效负相关关系不显著。

表 7-33   系数

模型 1	非标准化系数		标准系数（试用版）	t	Sig.
	B	标准误差			
（常量）	−0.389	0.248		−1.568	0.117
并购规模	0.000	0.000	0.428	2.571	0.010
公司规模	0.009	0.012	0.019	0.774	0.439
资产负债率	−0.050	0.033	−0.250	−1.519	0.129
现金持有量	0.311	0.093	0.078	3.357	0.001
营业收入增长率	0.003	0.009	0.008	0.355	0.723
并购当年自由现金流量	0.076	0.049	0.053	1.572	0.116
机构持股	0.002	0.001	0.070	2.959	0.003
第一大股东持股	0.001	0.001	0.022	0.944	0.345
股权性质	−0.005	0.034	−0.003	−0.149	0.882
第二至第五大股东持股	0.002	0.001	0.028	1.248	0.212
并购后两年自由现金流量	−0.053	0.047	−0.036	−1.137	0.256

注：因变量为并购后两年绩效 F_{t+2}。

表 7-34   系数

模型 1	非标准化系数		标准系数（试用版）	t	Sig.
	B	标准误差			
（常量）	−107.752	81.785		−1.317	0.188
并购后两年自由现金流量	32.316	15.494	0.009	2.086	0.037
公司规模	−9.670	3.888	−0.008	−2.487	0.013
资产负债率	484.815	1.730	0.977	280.218	0.000
现金持有量	175.682	30.296	0.018	5.799	0.000
营业收入增长率	−4.019	3.038	−0.004	−1.323	0.186
并购当年自由现金流量	28.172	16.007	0.008	1.760	0.079
机构持股	0.221	0.199	0.003	1.110	0.267
第一大股东持股	1.166	0.294	0.012	3.972	0.000
股权性质	−6.195	11.329	−0.002	−0.547	0.585
第二至第五大股东持股	1.088	0.410	0.008	2.652	0.008

注：因变量为并购规模。

综上研究，各阶段并购绩效、并购规模与各相关变量之间的相关性情况如表 7-35 和表 7-36 所示。

表 7-35　各阶段并购绩效与相关变量关系

变量	F_t	F_{t-2}	F_{t-1}	F_{t+1}	F_{t+2}
并购规模	正相关显著	正相关显著	正相关显著	正相关显著	正相关显著
公司规模	正相关显著	正相关显著	负相关显著	负相关不显著	正相关不显著
资产负债率	负相关显著	负相关显著	正相关显著	正相关不显著	负相关不显著
现金持有量	正相关显著	负相关不显著	负相关不显著	正相关显著	正相关显著
营业收入增长率	正相关不显著	正相关显著	负相关不显著	正相关不显著	正相关显著
机构持股	正相关显著	正相关显著	正相关显著	正相关显著	正相关显著
第一大股东持股	正相关不显著	负相关不显著	正相关显著	正相关显著	正相关显著
股权性质	负相关不显著	正相关不显著	负相关不显著	正相关不显著	正相关不显著
第二至第五大股东	正相关显著	正相关不显著	正相关显著	正相关显著	正相关显著
自由现金流量	正相关不显著	负相关显著	负相关显著	负相关不显著	正相关显著

表 7-36　各阶段并购规模与相关变量关系

变量	$t-2$	$t-1$	t	$t+1$	$t+2$
自由现金流量	正相关显著	正相关不显著	正相关显著	正相关显著	正相关显著
公司规模	负相关显著	负相关显著	负相关不显著	负相关显著	负正相关显著
资产负债率	正相关显著	正相关显著	正相关显著	正相关显著	正相关显著
现金持有量	正相关显著	正相关显著	正相关显著	正相关显著	正相关显著
营业收入增长率	负相关不显著	负相关不显著	负相关不显著	负相关不显著	负相关不显著
机构持股	正相关不显著	正相关显著	正相关显著	正相关显著	正相关不显著
第一大股东持股	正相关显著	正相关显著	正相关显著	正相关显著	正相关显著

同时，本章对各阶段之间并购绩效差额与各相关变量进行了实证分析，其结果如表 7-37 所示。

表 7-37　各阶段之间并购绩效差额与各相关变量之间的相关性情况。

变量	$F_{t-1}-F_{t-2}$	F_t-F_{t-1}	$F_{t+2}-F_{t+1}$	F_t+F_{1-t}	$F_{t+1}-F_{t-1}$	$F_{t+2}-F_{t-1}$
并购规模	正相关显著	负相关显著	正相关显著	正相关不显著	负相关显著	正相关显著
公司规模	负相关显著	正相关显著	负相关显著	负相关不显著	正相关显著	正相关显著
资产负债率	正相关显著	负相关显著	正相关不显著	正相关不显著	正相关显著	正相关不显著
现金持有量	正相关显著	正相关不显著	负相关不显著	正相关显著	正相关显著	正相关显著
营业收入增长率	负相关不显著	正相关显著	正相关显著	正相关显著	正相关显著	正相关显著
机构持股	负相关不显著	负相关不显著	正相关显著	正相关显著	正相关显著	正相关显著
第一大股东持股	正相关显著	正相关不显著	正相关显著	正相关显著	正相关显著	正相关显著
股权性质	正相关不显著	正相关不显著	正相关不显著	正相关不显著	正相关不显著	负相关显著
第二至第五大股东持股	正相关显著	正相关不显著	正相关显著	正相关显著	正相关显著	正相关显著
自由现金流量差额	正相关不显著	正相关显著	负相关显著	正相关不显著	正相关显著	负相关不显著

3. 各阶段各类机构投资者与并购绩效、自由现金流量的关系

(1)描述性统计。如表 7-38 所示,基金持股比例相对较大,其次是保险公司、社会保险、券商和 QFII。

表 7-38 描述性统计量

变量	N	极小值	极大值	均值	标准差
并购规模	2082	0.0000	68919.4988	35.159455	1511.8012251
公司规模	2081	11.3483	26.8397	21.626799	1.2876031
资产负债率	2082	−0.0029	138.3777	0.489751	3.0470969
现金持有量	2082	0.0000	1.0000	0.180018	0.1522106
机构持股	2083	0.0000	96.3284	36.885186	23.7267855
第一大股东持股	2083	3.6200	89.4100	35.451303	15.5942982
第二至第五大股东持股	2083	0.0000	53.3700	16.644442	11.0278226
自由现金流量	2081	−10.0660	7.6082	0.216448	0.4210766
Tobin-Q	2083	0.0000	50939.5337	26.525092	1116.0769956
当期并购绩效	2083	−22.4392	13.0774	0.000000	0.6353683
基金占流通 A 股比例	2083	0.0000	78.0138	9.059542	13.0772319
券商占流通 A 股比例	2083	0.0000	22.7754	0.329097	1.1101727
保险公司占流通 A 股比例	2083	0.0000	18.3374	0.645975	1.7867849
社保基金占流通 A 股比例	2083	0.0000	12.3158	0.357575	1.1424755
QFII 占流通 A 股比例	2083	0.0000	10.9818	0.129092	0.6237856
有效的 N(列表状态)	2080				

(2)各类机构投资者与并购规模之间的关系回归分析。经模型回归,如表 7-39、表 7-40 所示,基金、保险公司、QFII 与并购规模正相关关系不显著。而券商、社保金与并购规模是负相关关系,但相关性不显著,对并购规模程度影响不大,这可能与各类机构投资者持股比例较小有关。

表 7-39　相关性

		并购规模	公司规模	资产负债率	现金持有量	行业	Tobin-Q	基金占流通A股比例	券商占流通A股比例	保险公司占流通A股比例	社保基金占流通A股比例	QFII占流通A股比例
Pearson 相关性	并购规模	1.000										
	公司规模	-0.183	1.000									
	资产负债率	0.991	-0.176	1.000								
	现金持有量	0.069	-0.159	0.046	1.000							
	行业	-0.027	-0.122	-0.035	0.028	1.000						
	Tobin-Q	0.999	-0.176	0.992	0.063	-0.026	1.000					
	基金占流通A股比例	-0.016	0.246	-0.024	0.115	-0.037	-0.015	1.000				
	券商占流通A股比例	-0.007	-0.014	-0.013	0.099	0.045	-0.006	0.181	1.000			
	保险公司占流通A股比例	-0.008	0.087	-0.015	0.042	0.031	-0.008	0.133	0.037	1.000		
	社保基金占流通A股比例	-0.007	0.074	-0.012	0.075	0.016	-0.007	0.231	0.080	0.150	1.000	
	QFII占流通A股比例	-0.005	0.103	-0.003	0.031	0.022	-0.004	0.139	0.044	0.011	0.049	1.000
Sig.（单侧）	并购规模											
	公司规模	0.000										
	资产负债率	0.000	0.000									
	现金持有量	0.001	0.000	0.018								
	行业	0.108	0.000	0.055	0.100							
	Tobin-Q	0.000	0.000	0.000	0.002	0.122						
	基金占流通A股比例	0.232	0.000	0.136	0.000	0.045	0.249					
	券商占流通A股比例	0.377	0.258	0.281	0.000	0.019	0.385	0.000				
	保险公司占流通A股比例	0.351	0.000	0.240	0.026	0.079	0.358	0.000	0.044			
	社保基金占流通A股比例	0.370	0.000	0.288	0.000	0.231	0.378	0.000	0.000	0.000		
	QFII占流通A股比例	0.413	0.000	0.452	0.080	0.158	0.419	0.000	0.022	0.307	0.013	

表 7-40　回归系数

模型 1	非标准化系数		标准系数（试用版）	t	Sig.
	B	标准误差			
（常量）	163.758	26.625		6.151	0.000
公司规模	−8.149	1.235	−0.007	−6.598	0.000
资产负债率	7.683	3.772	0.015	2.037	0.042
现金持有量	50.968	9.643	0.005	5.285	0.000
行业	−6.980	2.902	−0.002	−2.405	0.016
Tobin-Q	1.330	0.010	0.982	129.176	0.000
基金占流通 A 股比例	0.043	0.121	0.000	0.354	0.724
券商占流通 A 股比例	−1.042	1.301	−0.001	−0.801	0.423
保险公司占流通 A 股比例	0.277	0.808	0.000	0.342	0.732
社保基金占流通 A 股比例	−0.298	1.280	0.000	−0.233	0.816
QFII 占流通 A 股比例	0.759	2.292	0.000	0.331	0.741
R					0.999
R^2					0.998
调整 R^2					0.998
df					2080
F					104.63
Sig.					0.000

注：因变量为并购规模。

（3）分阶段检验分析各类机构投资者与并购绩效之间的关系。

①并购前一年阶段（$t-1$）。从表 7-41、表 7-42 可见，基金与并购前一年的公司绩效是正相关关系，且相关性显著。券商、社保基金等其他机构投资者相关性显著。保险公司、QFII 与并购前一年的公司绩效负相关关系不显著。基金与并购前一年的自由现金流量是正相关关系，且显著性强。说明基金对自由现金流量有偏好，倾向选择自由现金流量持有高的公司。券商、QFII 与自由现金流量是负相关关系，但相关性不显著。

表 7-41　回归系数

模型 1	非标准化系数		标准系数（试用版）	t	Sig.
	B	标准误差			
（常量）	−0.854	0.121		−7.036	0.000
公司规模	0.021	0.006	0.045	3.762	0.000
资产负债率	0.149	0.002	0.761	76.237	0.000
现金持有量	−0.055	0.039	−0.014	−1.395	0.163
行业	0.012	0.012	0.010	0.980	0.327
Tobin-Q	0.149	0.003	0.530	48.696	0.000
基金占流通 A 股比例	0.001	0.001	0.031	2.771	0.006
券商占流通 A 股比例	0.001	0.005	0.001	0.106	0.915

续表

模型 1	非标准化系数		标准系数 （试用版）	t	Sig.
	B	标准误差			
保险公司占流通 A 股比例	−7.326E−5	0.003	0.000	−0.022	0.982
社保基金占流通 A 股比例	0.001	0.005	0.002	0.212	0.832
QFII 占流通 A 股比例	−0.005	0.009	−0.005	−0.501	0.616
R					0.897
R^2					0.804
调整 R^2					0.803
df					2080
F					771.547
Sig.					0.000

注：因变量为并购前一年绩效 F_{t-1}。

表 7-42　系数

模型 1	非标准化系数		标准系数 （试用版）	t	Sig.
	B	标准误差			
（常量）	0.950	0.180		5.268	0.000
公司规模	−0.035	0.008	−0.099	−4.276	0.000
资产负债率	−0.074	0.003	−0.489	−25.428	0.000
现金持有量	0.477	0.058	0.158	8.166	0.000
行业	−0.112	0.018	−0.120	−6.323	0.000
Tobin-Q	0.004	0.005	0.017	0.823	0.411
基金占流通 A 股比例	0.002	0.001	0.070	3.238	0.001
券商占流通 A 股比例	−0.006	0.008	−0.015	−0.797	0.425
保险公司占流通 A 股比例	0.008	0.005	0.032	1.651	0.099
社保基金占流通 A 股比例	0.001	0.008	0.002	0.122	0.903
QFII 占流通 A 股比例	−0.013	0.014	−0.017	−0.897	0.370
R					0.522
R^2					0.272
调整 R^2					0.269
df					2080
F					70.428
Sig.					0.000

注：因变量为并购前一年自由现金流量 FCF_{t-1}。

②并购前两年阶段(t-2)。从表 7-43、表 7-44 中可以看出，基金与并购前两年的公司绩效是正相关关系，且显著性强，说明基金偏好于绩效好的公司，对公司绩效有积极的作用。券商、保险公司、QFII 与公司绩效相关性不大。社保基金与公司绩效是负相关关系，但显著性不强。基金、保险公司、社保基金与并购前两年自由现金流量正相关关系不显著。券商、QFII 与自由现金流量负相关关系不显著。

表 7-43 回归系数

模型 1	非标准化系数		标准系数 (试用版)	t	Sig.
	B	标准误差			
(常量)	−2.059	0.199		−10.352	0.000
公司规模	0.080	0.009	0.188	8.723	0.000
资产负债率	−0.001	0.004	−0.006	−0.323	0.746
现金持有量	−0.010	0.080	−0.003	−0.128	0.898
行业	0.057	0.024	0.045	2.326	0.020
Tobin-Q	0.104	0.005	0.446	22.587	0.000
基金占流通 A 股比例	0.004	0.001	0.075	3.479	0.001
券商占流通 A 股比例	0.007	0.011	0.012	0.618	0.537
保险公司占流通 A 股比例	0.003	0.007	0.010	0.497	0.620
社保基金占流通 A 股比例	−0.003	0.011	−0.006	−0.293	0.770
QFII 占流通 A 股比例	0.015	0.019	0.015	0.750	0.453
R					0.481
R^2					0.231
调整 R^2					0.227
df					2082
F					56.584
Sig.					0.000

注：因变量为并购前两年绩效 F_{t-2}。

表 7-44 回归系数

模型 1	非标准化系数		标准系数 (试用版)	t	Sig.
	B	标准误差			
(常量)	−0.060	0.144		−0.414	0.679
公司规模	0.007	0.007	0.024	1.012	0.312
资产负债率	−0.003	0.003	−0.026	−1.169	0.242
现金持有量	0.304	0.058	0.115	5.210	0.000
行业	−0.058	0.018	−0.071	−3.259	0.001
Tobin-Q	0.019	0.003	0.123	5.584	0.000
基金占流通 A 股比例	0.001	0.001	0.021	0.862	0.389
券商占流通 A 股比例	−0.001	0.008	−0.003	−0.128	0.899
保险公司占流通 A 股比例	0.007	0.005	0.031	1.393	0.164
社保基金占流通 A 股比例	0.006	0.008	0.018	0.821	0.412
QFII 占流通 A 股比例	−0.009	0.014	−0.013	−0.613	0.540
R					0.203
R^2					0.041
调整 R^2					0.036
df					2082
F					8.131
Sig.					0.000

注：因变量为并购前两年自由现金流量 FCF_{t-2}。

③并购当年阶段(t)。从表 7-45、表 7-46 可见，基金、保险公司、QFII 与公司绩效是正相关关系，其中基金与公司绩效正相关关系显著，其他机构投资者不显著。券商、社保基金与公司绩效是负相关关系，但显著性不强。基金与并购当年自由现金流量是正相关关系，且显著性强，说明基金偏好持有自由现金流量的公司，这些公司经营业绩水平良好，并购能够取得收益。保险公司、QFII 虽然与自由现金流量是正相关关系，但显著性不强。券商、社保基金与自由现金流量是负相关关系，显著性不强。

表 7-45　系数

模型 1	非标准化系数		标准系数（试用版）	t	Sig.
	B	标准误差			
（常量）	−0.410	0.164		−2.497	0.013
公司规模	0.017	0.008	0.034	2.173	0.030
资产负债率	−0.072	0.023	−0.347	−3.106	0.002
现金持有量	0.162	0.059	0.039	2.725	0.006
行业	0.020	0.018	0.016	1.116	0.265
Tobin-Q	0.000	0.000	−0.425	−3.804	0.000
基金占流通 A 股比例	0.004	0.001	0.077	5.025	0.000
券商占流通 A 股比例	−0.002	0.008	−0.004	−0.258	0.797
保险公司占流通 A 股比例	0.005	0.005	0.015	1.071	0.284
社保基金占流通 A 股比例	−0.002	0.008	−0.003	−0.199	0.842
QFII 占流通 A 股比例	0.008	0.014	0.008	0.600	0.548
R					0.783
R^2					0.613
调整 R^2					0.611
df					2080
F					297.902
Sig.					0.000

注：因变量为并购当年绩效 F_t。

表 7-46　系数

模型 1	非标准化系数		标准系数（试用版）	t	Sig.
	B	标准误差			
（常量）	0.929	0.167		5.556	0.000
公司规模	−0.037	0.008	−0.112	−4.714	0.000
资产负债率	−0.083	0.024	−0.598	−3.489	0.000

续表

模型 1	非标准化系数		标准系数 （试用版）	t	Sig.
	B	标准误差			
现金持有量	0.601	0.061	0.217	9.927	0.000
行业	-0.093	0.018	-0.109	-5.115	0.000
Tobin-Q	0.000	0.000	0.582	3.394	0.001
基金占流通 A 股比例	0.003	0.001	0.090	3.821	0.000
券商占流通 A 股比例	-0.004	0.008	-0.010	-0.459	0.646
保险公司占流通 A 股比例	0.003	0.005	0.014	0.665	0.506
社保基金占流通 A 股比例	-0.006	0.008	-0.015	-0.705	0.481
QFII 占流通 A 股比例	0.009	0.014	0.013	0.604	0.546
R	0.296				
R^2	0.087				
调整 R^2	0.083				
df	2079				
F	18.018				
Sig.	0.000				

注：因变量为当年自由现金流量 FCF_t。

④并购后一年阶段($t+1$)。从表 7-47、表 7-48 可见，基金、QFII 与并购后一年的公司绩效是正相关关系，且 $p = 0.000 < 0.05$ 时显著。说明基金和 QFII 对公司绩效具有有效的监督作用，促进公司业绩发展。券商、保险公司、社保基金都对并购后一年的公司绩效有正相关关系，但显著性不强。基金与并购后一年的自由现金流量是正相关关系，且相关性显著。而保险公司、社保基金、QFII 虽然也是正相关关系，但显著性弱。券商与自由现金流量呈负相关关系，显著性不强。

表 7-47　回归系数

模型 1	非标准化系数		标准系数 （试用版）	t	Sig.
	B	标准误差			
（常量）	0.033	0.153		0.214	0.830
公司规模	-0.009	0.007	-0.021	-1.286	0.199
资产负债率	-0.018	0.023	-0.088	-0.790	0.429
现金持有量	0.335	0.064	0.080	5.223	0.000
行业	0.009	0.019	0.007	0.473	0.636
Tobin-Q	-0.008	0.001	-0.632	-5.684	0.000
基金占流通 A 股比例	0.009	0.001	0.184	11.268	0.000
券商占流通 A 股比例	0.003	0.009	0.006	0.367	0.713

模型 1	非标准化系数		标准系数 (试用版)	t	Sig.
	B	标准误差			
保险公司占流通 A 股比例	0.003	0.005	0.008	0.534	0.594
社保基金占流通 A 股比例	0.004	0.009	0.007	0.441	0.659
QFII 占流通 A 股比例	0.031	0.015	0.031	2.058	0.040
R	0.745				
R^2	0.555				
调整 R^2	0.553				
df	2082				
F	235.117				

注：因变量为并购后一年公司绩效 F_{t+1}。

表 7-48　回归系数

模型 1	非标准化系数		标准系数 (试用版)	t	Sig.
	B	标准误差			
（常量）	1.062	0.157		6.775	0.000
公司规模	−0.040	0.007	−0.127	−5.392	0.000
资产负债率	−0.083	0.024	−0.555	−3.435	0.001
现金持有量	−0.017	0.066	−0.006	−0.259	0.796
行业	−0.075	0.020	−0.082	−3.801	0.000
Tobin-Q	0.006	0.001	0.682	4.209	0.000
基金占流通 A 股比例	0.004	0.001	0.101	4.247	0.000
券商占流通 A 股比例	−0.006	0.009	−0.014	−0.646	0.518
保险公司占流通 A 股比例	0.005	0.006	0.021	0.954	0.340
社保基金占流通 A 股比例	0.001	0.009	0.002	0.085	0.933
QFII 占流通 A 股比例	0.000	0.016	0.000	−0.017	0.986
R					0.236
R^2					0.056
调整 R^2					0.051
df					2082
F					11.111
Sig.					0.000

注：因变量为并购后一年自由现金流量 FCF_{t+1}。

⑤并购后二年阶段（$t+2$）。从表 7-49、表 7-50 可见，基金与并购后两年的公司绩效是正相关关系，且 $p = 0.000 < 0.05$ 时显著，说明基金对公司绩效具有有效的监督作用，促进公司业绩发展。券商、社保基金、QFII 都对并购后两年的公司

绩效有正相关关系，但显著性不强。保险公司与公司绩效是负相关关系，续表但显著性不强。基金与并购后两年的自由现金流量是正相关关系，且相关性显著。而保险公司、QFII 虽然也是正相关关系，但显著性弱。券商、社保基金与自由现金流量呈负相关关系，显著性不强。

表 7-49　系数

模型 1	非标准化系数		标准系数（试用版）	t	Sig.
	B	标准误差			
（常量）	0.982	0.239		4.112	0.000
公司规模	−0.052	0.011	0.111	−4.671	0.000
资产负债率	0.198	0.010	0.995	19.079	0.000
现金持有量	0.524	0.083	0.131	6.330	0.000
Tobin-Q	−0.093	0.006	−0.850	−15.737	0.000
基金占流通 A 股比例	0.007	0.001	0.154	6.877	0.000
券商占流通 A 股比例	0.003	0.011	0.006	0.300	0.765
保险公司占流通 A 股比例	−0.001	0.007	−0.003	−0.154	0.878
社保基金占流通 A 股比例	0.003	0.011	0.006	0.295	0.768
QFII 占流通 A 股比例	0.035	0.020	0.036	1.785	0.074
R					0.424
R^2					0.179
调整 R^2					0.175
df					2080
F					45.269
Sig.					0.000

注：因变量为并购后两年绩效 F_{t+2}。

表 7-50　系数

模型 1	非标准化系数		标准系数（试用版）	t	Sig.
	B	标准误差			
（常量）	0.398	0.147		2.700	0.007
公司规模	−0.016	0.007	−0.051	−2.349	0.019
资产负债率	0.065	0.006	0.490	10.222	0.000
现金持有量	0.285	0.051	0.107	5.611	0.000
Tobin-Q	0.002	0.004	0.034	0.685	0.493
基金占流通 A 股比例	0.003	0.001	0.096	4.657	0.000
券商占流通 A 股比例	−0.008	0.007	−0.023	−1.233	0.218
保险公司占流通 A 股比例	0.004	0.004	0.017	0.928	0.354

续表

模型 1	非标准化系数		标准系数 (试用版)	t	Sig.
	B	标准误差			
社保基金占流通 A 股比例	−0.001	0.007	−0.003	−0.151	0.880
QFII 占流通 A 股比例	0.007	0.012	0.010	0.557	0.577
R					0.554
R^2					0.307
调整 R^2					0.304
df					2075
F					91.593
Sig.					0.000

注：因变量为并购后两年自由现金流量 FCF_{t+2}。

　　根据上述检验结果，对各类机构投资者与各阶段并购绩效和自由现金流量之间的关系进行整理，具体情况如表 7-51、表 7-52 所示，说明基金持股对公司并购绩效和自由现金流量积极作用相对于其他机构投资者表现出的相关性显著，发挥了有效的监督作用。各机构投资者在并购的不同阶段所发挥的作用存在很大差异，因持股比例不高，不管是正相关关系还是负相关关系，都不是非常显著。

表 7-51　各类机构投资者与各阶段并购绩效之间关系

各类机构投资者持股	F_{t-2}	F_{t-1}	F_t	F_{t+1}	F_{t+2}
基金持股	正相关显著	正相关显著	正相关显著	正相关显著	正相关显著
券商持股	正相关不显著	正相关不显著	负相关不显著	正相关不显著	正相关不显著
保险公司持股	正相关不显著	负相关不显著	正相关不显著	正相关不显著	负相关不显著
社保基金持股	负相关不显著	正相关不显著	负相关不显著	正相关不显著	正相关不显著
QFII 持股	正相关不显著	负相关不显著	正相关不显著	正相关不显著	正相关不显著

表 7-52　各类机构投资者与各阶段自由现金流量之间关系

各类机构投资者持股	FCF_{t-2}	FCF_{t-1}	FCF_t	FCF_{t+1}	FCF_{t+2}
基金持股	正相关不显著	正相关显著	正相关显著	正相关显著	正相关显著
券商持股	负相关不显著	负相关不显著	负相关不显著	负相关不显著	负相关不显著
保险公司持股	正相关不显著	正相关不显著	正相关不显著	正相关不显著	正相关不显著
社保基金持股	正相关不显著	正相关不显著	负相关不显著	正相关不显著	负相关不显著
QFII 持股	负相关不显著	负相关不显著	正相关不显著	正相关不显著	正相关不显著

同时，本章也对各类机构投资者与各阶段之间并购绩效变化关系进行 续表
了实证，其结果如表 7-53 所示。

表 7-53　各类机构投资者与各阶段之间并购绩效差的关系检验结果表

各类机构投资者持股	$F_{t-1}-F_{t-2}$	F_t-F_{t-1}	$F_{t+2}-F_{t+1}$	$F_{t+1}-F_t$	$F_{t+1}-F_{t-1}$	$F_{t+2}-F_{t-1}$
基金持股	负相关显著	负相关不显著	负相关显著	正相关显著	正相关显著	正相关显著
券商持股	正相关不显著	负相关不显著	负相关不显著	正相关不显著	正相关不显著	正相关不显著
保险公司持股	正相关不显著	正相关不显著	负相关不显著	负相关不显著	正相关不显著	正相关不显著
社保基金持股	正相关不显著	负相关不显著	负相关不显著	正相关不显著	负相关不显著	负相关不显著
QFII 持股	负相关不显著	正相关不显著	正相关不显著	正相关不显著	正相关不显著	正相关显著

7.2.5　研究结论

本章选取上市公司财务指标作为衡量公司并购绩效的变量，并且利用因子分析法和主成分分析法对所选取的财务指标进行降维，从中选取主成分因子，构建并购绩效得分函数，从而计算出并购绩效。在此基础上，本章划分了并购前两年、并购前一年、并购当年、并购后一年、并购后两年 5 个阶段，分别检验了并购规模与自由现金流量、机构投资者与并购规模、机构投资者与并购绩效之间的关系。结果证明，自由现金流量与并购规模呈正相关关系，自由现金流量持有越多，通过使用自由现金流量进行并购活动的规模越大。机构投资者对并购规模和并购绩效都发挥了积极的监督作用，也反映了机构投资者对并购活动的内生性关系，即机构投资者偏好具有被并购条件的目标公司，通过并购活动，机构投资者可以从中获取并购溢价。同时，机构投资者对公司并购决策拥有参与的权利，如果并购有利于公司业绩水平的改善，机构投资者会积极参与并购决策，促成公司并购活动的顺利开展。如果公司并购有损其利益，它们则会对并购方案实行反并购防御措施，阻止公司并购活动。同时，本章也对并购各阶段之间的并购绩效、自由现金流量变化进行了实证分析，结果反映机构投资者对并购各阶段之间的绩效变化也起着积极的作用，促进公司并购前后绩效稳定增长。自由现金流量变化与并购规模之间呈相关关系。

第8章 机构投资者对自由现金流量支出的监督控制研究

8.1 机构投资者对自由现金流量支出的监督控制研究
——基于公司股利分配角度

8.1.1 理论基础与假设

股利政策是上市公司最重要的财务政策之一。一般而言，在成熟的市场上，现金股利政策向市场传递了公司财务状况的信息。稳定的现金股利意味着公司运行良好，而现金股利大幅减少或改为非现金股利形式，则投资者可能解读为公司出现了财务困难。股利代理成本理论认为，现金股利发放能有效降低代理成本；通过支付股利，公司有资金需求时必须对外融资，公司的经营与财务将受到监督审核，可以减少管理层在职消费、盲目扩张、过度投资等机会主义行为。Jensen在阐述自由现金流量概念时指出，经理人有可能将自由现金流投入到损害公司价值的项目中或盲目扩大组织规模；而较高的股利支付率能够减少经理人控制的自由现金流数量，在一定程度上限制经理人从事净现值为负的项目的机会，从而降低企业代理成本和过度投资风险，有利于公司价值的提高。他认为在实现股东价值最大化原则下，可以通过增加现金股利支付或回购股票来遏制管理层滥用公司的"多余现金"。LaPorta 等(2000)研究发现，当法律能够很好地保护投资者利益时，小股东能够迫使公司在缺乏有利可图的投资机会时"吐出"自由现金流量，而当投资者保护的相关法律机制不得力时，内部股东不会为了建立"声誉"而通过派发现金股利来减少自由现金流量。并指出发放现金股利可以减少大股东的控制权私有利益，从而对大股东的"利益输送"行为起到约束和限制作用。Rozeff 等(1982)认为，股利支付增加了企业为筹措投资资金而发行新证券的概率，这促进了潜在投资者对企业的审查，从而迫使经理人遵从股东和企业的利益 。杨熠等(2004)在对自由现金流量进行分组的基础上，对我国上市公司现金股利的公告效应进行研究，发现对于自由现金流量较多的公司，发放现金股利可以起到减少代理成本的监督治理作用。然而，Lee 等(2002)认为，我国上市公司的现金股利也可能是大股东侵占小股东利益的手段，这是因为大股东持股无法在股票市场上流通，它们获取利益回报的方式只能通过其持股比例优势来促使公司管理层发放现金股利。肖珉（2005）针对现金股利的两种理论观点 "自由现金流量" 假说和 "利益输送" 假说进行实证检验，结果显示，我国上市公司发放现金股利不是出于减少冗余现金的考虑，而是与大股东套取现金的企图有关。袁天荣等（2004）研究发现，第一大股东持股比例越高，股权集中度就越高，越容易发生超能力派现行为。因此，机构投资者在对股利分配进行约束时，又要防止 "恶意派现" 的行为。

从某种意义上讲，分红客观反映了公司分配意向。一方面体现了公司盈利水平的存在性，另一方面也表明了公司对股东承诺的兑现。作为一种信号传递，分红对于资本市场的市场估价和投资者的投资行为都有不同程度的影响。当然，分红也是上市公司盈余调控的手段，吸引着投资者购买股票，增大投资份额。因此，分红成为公司改善外部融资环境的重要因素。Lintner（1956）早在 1956 年就开始对公司分红行为进行研究，随后有关股利分红的相关理论逐渐产生，从不同角度来分析公司分红行为的内在价值。Modiglian 等（1958）的 "股利无关论"、Bhatta-chary（1979）的 "股利信号理论"、Easterbrook（1984）的 "股利代理理论"、Baker 等（2004）的 "股利迎合理论" 等逐渐提出，对股利分配行为给予了充分的理论支持。

基于此，股利分配对于公司治理结构中的不同利益相关者有着不同的意义，特别是 Jensen 提出自由现金流量代理成本理论后，分红成为各利益相关者权益保护的焦点。在某种意义上，不分红意味着上市公司持有自由现金流量很大，可支配的权利随之膨胀，随意支出、占用、在职消费、盲目投资等成为代理成本的具体体现。尽管公司管理层可以借口编造预防持有、交易持有等动机来无限占用可分配给投资者的股利，拥有实际控股权的大股东则利用持股比例的绝对优势，在履行督促公司管理层实行分红的时候，扮演着恶意套现、掏空的角色，甚至与管理层合谋，通过利益输送来共同占有可纳入分红范围的自由现金流量，损害中小股东利益。那么，具有相对持股比例优势和专业投资经验的机构投资者，对公司分红行为如何来履行自我保护和保护其他中小股东利益呢？

理论界对机构投资者在参与公司分红监管方面的研究大多推行 "股东积极主义"，即机构投资者对公司分红的影响是积极的，能够制约公司管理层和控股股东的分红行为。翁洪波等（2007）研究发现，机构投资者持股比例越高，上市公司恶意派现的可能性越小。Short 等（2002）研究发现，股利派现水平随着机构投资者持股比例的提高而提高，而管理层持股比例提高时股利派现水平却会降低。Soo 等（2010）以 2001～2007 年在韩国资本市场中机构投资者持股比例超过 5% 的上市公司为样本进行研究，发现机构投资者持股比例越高，上市公司派现水平也越高，二者间呈现显著正相关关系。

相对应，机构投资者又偏好分红的公司，有分红则代表它所投资的公司盈利水平高，分红能力强，机构投资者获取的投资收益好，对机构投资者的代理吸引力大，所筹集的投资基金数量大，机构投资者代理风险小。因此，公司分红高反过来又使机构投资者对公司的持股比例增大。Allen 等(2000)认为，因为谨慎性规则及股利相关税收优势的影响，机构投资者更偏好股利分配，且持股比例随股利增加而增加。Hotchkiss 等(2003)认为，股利分配会影响机构投资者持股，且随着股利支付率的增加，机构持股比例相应也会提高。Grinstein 等(2005)发现，派现能够影响机构投资者持股，而在派现公司中又更倾向于那些支付较少股利的公司，同时，机构投资者持股不会对上市公司派现政策有影响。李刚等(2009)发现，当公司出于降低代理成本目的而分红时，机构投资者入主上市公司，且持股比例与红利水平正相关；反之，如果上市公司进行过度分红以侵占小股东利益时，机构投资者不入主。这表明机构投资者对现金红利有影响作用。

根据自由现金流量代理成本理论，参考李传宪等(2014)相关做法，本章做出以下假设：

(1)机构投资者与分红倾向正相关，机构投资者偏好股利。

(2)机构投资者持股比例越高，公司分红力度越大。

(3)自由现金流量与公司分配股利正相关，自由现金流量越大，公司每股股利越多。

当然，机构投资者存在异质性，它所包含的证券公司、社保基金、保险基金、QFII 等机构投资者对公司分红有不同的影响。韩勇等(2013)通过对 2007～2010 年的机构投资者持股数据与上市公司现金股利政策数据进行回归分析，实证检验了机构投资者异质性与上市公司股利政策之间的关系。他指出，我国机构投资者在股利政策方面的异质性影响并不明显。不同类型的机构投资者对于上市公司股利政策大多具有显著的正向影响，但在机构投资者对上市公司股利政策的影响方面，其同质性可能远大于异质性。董峰等(2011)论证发现，不同类型机构投资者对现金股利持不同态度。他指出券商、社保及保险基金更注重公司的未来发展，对现金股利需求不强烈，作为短线投资者的证券投资基金，QFII 偏好现金股利，社保及保险基金相比券商更倾向于现金股利，而社保及保险基金则相比券商更倾向于派现。

借鉴理论界对机构投资者的分类研究成果，将机构投资者划分为压力抵制型，包括证券公司、证券投资基金、合格的境外机构投资者、信托公司等；压力敏感型，包括银行、保险公司、财务公司、社保基金、企业年金等。压力抵制型机构投资者不存在或极少存在与被投资企业之间的其他业务，能够抵抗来自被投资企业的压力，其会积极参与到公司治理中去，以保障自身长期受益，从而能够加强对上市公司管理层机会主义行为的监督；压力敏感型机构投资者与被投资企业之间存在除正常投资关系以外的其他更多的利益关系，压力敏感型机构投资者认为恶化与被投资企业的关系会带来利益损失，而保持中立会保障或获得更多利益。

因此，压力敏感型机构投资者往往会积极参与公司治理，甚至与公司管理层合谋。

本章做出以下假设：

(1)压力抵制型机构投资者持股比例越多时，上市公司股利分配显著性越低。

(2)压力敏感型机构投资者持股比例越多时，上市公司股利分配显著性越高。

8.1.2 研究设计

1. 数据来源与样本选择

本章选取 2009～2014 年沪深 A 股公司数据。为避免异常值的影响，剔除以下类型公司：①所有 ST 类公司，金融保险类上市公司；②上市时间不足三年的样本公司；③总资产净利润率、自由现金流量小于零的公司；④总资产净利润率、自由现金流量等指标有异常值的公司，从而得到样本记录共 4910 个。其中，2009年 863 个，2010 年 865 个，2011 年 779 个，2012 年 828 个，2013 年 834 个，2014年 741 个。机构投资者持股比例、股利支付率等数据来源于 Wind 数据库，财务指标数据、股东持股比例数据等来源于国泰安 CSMAR 数据库、上证数据库及部分网站和年报数据，主要采用 Excel 和 SPSS19.0 进行数据分析。

2. 变量设置

1)被解释变量选择

本章选取公司分红为被解释变量，以上市公司是否分红(DIT)代表上市公司分红倾向，以每股股利(DIV)代表上市公司的分红力度，分析机构投资者持股对分红的影响。在研究机构投资者持股对分红倾向的影响时，采用每年的全部样本检验。而在检验分红力度的影响因素时，剔除了每年不分红的样本，最后得到 3484个样本记录。

2)解释变量

本章解释变量主要涉及机构投资者持股和自由现金流量两个变量。机构投资者持股主要从整体上去研究它对公司分红和分红程度的影响。自由现金流量则考虑到它是扣除了满足未来预期净现值为正的项目所需现金后剩余的现金流量，该自由现金流量是公司分红的主要来源。

3)控制变量的选择

成长机会(Tobin-Q)：公司的成长性对公司股利分配有一定影响，也会对机构投资者选择投资公司组合有很大影响。不但影响公司的股利政策，而且影响机构投资者投资组合的选择。衡量成长性的指标可以选取 Tobin-Q 或销售收入增长率。本章选取样本公司的 Tobin-Q 作为衡量企业成长机会的变量(表 8-1)。

财务杠杆水平(Level)：资产负债率反映了公司财务的基本状况，负债越高，公司还债资金压力越大，那么考虑分红必然受限。

盈利能力(Roa)：总资产净利润率是衡量上市公司盈利能力的一项重要财务指标，即 2×利润额/(期初资产+期末资产)×100%。本章选取此指标来衡量公司的盈利能力，公司只有盈利能力强，才能获利更多，也才有分红的可能性。

公司规模(Size)：一般来说，公司规模客观反映了公司的发展程度，公司规模与公司发展战略又有一定联系，那么势必也会影响公司对融资环境的改善，以及对投资者的投资选择也会产生影响。文章选取公司期末总资产的自然对数来对公司规模进行衡量。

股权特征(Top1，Top2～5)：股权结构中各股东持股比例对分红有不同的影响，上市公司中第一大股东持股直接对机构投资者持股有影响，对机构投资者发挥的分红监督作用也会有制约作用。因此，在分析中有必要选择第一大股东持股比例作为控制变量。

行业(Industry)：行业差异直接反映公司的发展战略和财务决策的不同，也体现出公司盈利水平的差异性，以及资金来源与收益的不同。

表 8-1　变量一览表

	变量名称		变量符号
被解释变量	分红倾向	DIT＝1 分红 DIT＝0 不分红	DIT
	分红程度	每股股利	DIV
解释变量	机构投资者	机构持股比例	Inst
	现金流量	自由现金流量	FCF
控制变量	成长机会	Tobin-Q	Tobin-Q
	财务杠杆水平	资产负债率	Level
	盈利能力	总资产净利润率	Roa
	公司规模	总资产自然对数	Size
	股权特征	第一大股东持股比例	Top1
	行业因素	Ind_i	$i＝1, 2, 3, \cdots$表示各行业，以制造业为基础，属于制造业则取 1，否则取 0

8.1.3　模型构建

1. 关于分红倾向的模型

本章采用 Logistic 回归分析方法来检验机构投资者持股对分红倾向的影响。

令 DIT=1 的概率为 P，则有 DIT＝0 的概率为 $1-P$，经过 Logit 变换得到 Logistic 回归模型 8-1 用以检验假设 1：

$$\ln\left[\frac{P}{1-P}\right] = \beta_0 + \beta_1 \text{Inst} + \beta_2 \text{FCF} + \beta_3 \text{Tobin-Q} + \beta_4 \text{Level} + \beta_5 \text{Size}$$
$$+ \beta_6 \text{Roa} + \beta_7 \text{Top1} + \beta_8 \text{Top2} \sim 5 + \sum \text{Industry} + \varepsilon$$

2. 关于分红程度检验模型

本章选择每股股利作为被解释变量，以机构投资者持股比例作为解释变量，同时加入相应的控制变量，采用多元线性回归模型来检验股权结构变量对分红程度的影响。

$$\text{DIV} = \beta_0 + \beta_1 \text{Inst} + \beta_2 \text{Tobin-Q} + \beta_3 \text{Level} + \beta_4 \text{Size} + \beta_5 \text{Roa} + \beta_6 \text{Industry} + \varepsilon$$

3. 自由现金流量对分红程度的影响

本章选取每股股利为被解释变量，以自由现金流量为解释变量，同时加入相应的控制变量，采用多元线性回归模型来检验自由现金流量对分红程度的影响。

$$\text{DIV} = \beta_0 + \beta_1 \text{FCF} + \beta_2 \text{Tobin-Q} + \beta_3 \text{Level} + \beta_4 \text{Size} + \beta_5 \text{Roa} + \beta_6 \text{Industry} + \varepsilon$$

4. 各类机构投资者对分红的影响

$$\text{DIV} = \beta_0 + \beta_1 V\text{Inst} + \beta_2 \text{Tobin-Q} + \beta_3 \text{Level} + \beta_4 \text{Size} + \beta_5 \text{Roa} + \beta_6 \text{Industry} + \varepsilon$$

8.1.4　实证检验与分析

1. 描述性分析

本章按公司连续 6 年分红和非连续 6 年分红对全样本数据库进行了分组（表 8-2），并运用 SPSS19.0 软件对分组样本进行描述性计量。在连续 6 年分红与非连续分红样本公司中，发现连续 6 年分红的公司机构投资者持股比例均值要大于非连续 6 年分红的公司机构投资者，说明机构投资者对每年分红有影响。而且，连续分红的样本公司的每股收益、股利分配率、公司规模、总资产净利润率、每股股利等指标数据都高于非连续 6 年分红的样本公司。这说明公司要分红，首先要依赖公司的经营业绩、发展规模，才会有很好的发展基础和前景。其次是机构投资者与第一大股东、公司管理层之间的博弈。机构投资者偏好分红，能够发挥主动监督作用。对于连续分红的公司，其公司自由现金流量相对存量较少。

表 8-2　变量描述性统计

变量	N	极小值	极大值	均值	标准差	中位数
机构投资者持股	4910	0.0098	114.2182	45.8435	21.5246	46.3939
	1884	0.3047	114.2182	52.2981	20.5146	54.4248
每股收益	4910	−2.7739	12.8014	0.3479	0.6860	0.2309
	1884	−0.4299	12.8014	0.5891	0.8727	0.3920
分红程度	4910	0.0000	1151.0303	27.2905	45.4640	20.6054
	1884	1.2149	602.2678	34.9922	29.6883	30.4598
公司规模	4910	13.0760	28.0035	22.3362	1.3465	22.1994
	1884	19.7645	28.0035	22.8730	1.2569	22.7207
资产负债率	4910	0.0108	4.1137	0.5201	0.2045	0.5300
	1884	0.0351	0.9095	0.4947	0.1826	0.5020
Tobin-Q	4910	0.0000	31.3830	1.7193	1.8123	1.2126
	1884	0.0000	11.4580	1.5006	1.3771	1.1028
盈利能力	4910	0.0000	20.7876	0.0610	0.3057	0.0405
	1884	0.0003	0.5622	0.0643	0.0541	0.0493
自由现金流量	4906	0.0000	1.0001	0.0819	0.0695	0.0660
	1884	−0.4150	0.3963	0.0544	0.0806	0.0515
第二至第五大股东持股	4910	0.2400	60.2400	13.5530	10.5442	10.5450
	1884	0.5200	55.7400	12.9750	10.3535	9.8950
第一大股东持股	4910	3.6200	85.2300	36.5043	15.8784	34.3800
	1884	3.6200	80.6500	38.8668	15.4949	38.6250
分红倾向	4910	0.0000	6.4190	0.1117	0.2151	0.0538
	1884	0.0000	6.4190	0.1848	0.2976	0.1000
有效的 N(列表状态)	4906					
	1884					

2. 样本的 T 检验分析

考虑到样本的选择差异，对公司样本进行了独立样本的 T 检验，测试机构投资者持股在分红与不分红的情况下有没有显著差异。经测试，表 8-3 显示机构投资者持股、资产负债率、总资产净利润率、自由现金流量、股权性质、行业等在分红的不同样本组中，Sig.在小于 0.05 时存在显著差异，而公司规模表现不明显。

表 8-3　独立样本检验

	分红倾向	N	均值	标准差	均值的标准误	t	Sig.
机构投资者持股	1	3484	49.6542	20.9862	0.3555	20.1770	0.0280
	0	1426	36.5331	19.9333	0.5279		
每股收益	1	3484	0.4176	0.7543	0.0128	11.2670	0.0000
	0	1426	0.1776	0.4355	0.0115		

续表

	分红倾向	N	均值	标准差	均值的标准误	t	Sig.
公司规模	1	3484	22.6085	1.2736	0.0216	23.3450	0.1670
	0	1426	21.6709	1.2871	0.0341		
资产负债率	1	3484	0.5062	0.1839	0.0031	−7.4980	0.0000
	0	1426	0.5541	0.2444	0.0065		
行业	1	3484	0.5900	0.4920	0.0080	−1.0310	0.0330
	0	1426	0.6100	0.4890	0.0130		
托宾 Q 值	1	3484	1.5684	1.4318	0.0243		0.0000
	0	1426	2.0878	2.4723	0.0655	−9.1930	
盈利能力	1	3484	0.0613	0.0561	0.0009	0.0960	0.0190
	0	1426	0.0604	0.5605	0.0148		
自由现金流量	1	3483	0.0819	0.0648	0.0011	0.0310	0.0010
	0	1423	0.0818	0.0798	0.0021		
第二至第五大股东持股	1	3484	13.8007	10.6728	0.1808		0.2740
	0	1426	12.9479	10.2014	0.2701	2.5740	
第一大股东持股	1	3484	37.8893	15.8974	0.2693		0.0100
	0	1426	33.1205	15.3189	0.4057	9.6430	
分红倾向	1	3484	0.1574	0.2408	0.0041		0.0000
	0	1426	0.0000	0.0000	0.0000	24.6850	
股权性质	1	3484	0.2200	0.4130	0.0070	−1.7520	0.0010
	0	1426	0.2400	0.4280	0.0110		

3. 回归结果与分析

(1)模型 1 回归分析。通过对公司样本进行 Logistic 回归(表 8-4,表 8-5),结果发现模型 1 系数卡方值为 1097.568,df 为 10,机构投资者系数为 0.02,在小于 0.05 时显著相关,表明机构投资者持股与公司分红倾向具有正相关关系,假设 1 成立。每股收益、公司规模、Tobin-Q、总资产净利润率、行业划分等与公司是否分红呈显著相关关系,且资产负债率、Tobin-Q 与公司分红为负相关,说明公司负债率高、成长机会低,公司分红积极性就不高。在此,第一大股东持股和第二至第五大股东持股与公司是否分红相关关系不明显。

表 8-4　模型 1 综合检验系数

		卡方	df	Sig.
	步骤	1097.568	10	0.000
步骤 1	块	1097.568	10	0.000
	模型	1097.568	10	0.000

表 8-5　模型 1 中各变量回归系数

		B	S.E.	Wals	df	Sig.	Exp(B)
	机构投资者持股	0.020	0.002	86.948	1	0.000	1.020
	每股收益	0.523	0.083	39.739	1	0.000	1.686
	公司规模	0.717	0.042	285.692	1	0.000	2.048
	资产负债率	-3.757	0.241	242.739	1	0.000	0.023
	行业	0.012	0.073	0.028	1	0.868	1.012
步骤 1	Tobin-Q	-0.148	0.029	26.554	1	0.000	0.863
	盈利能力	0.403	0.106	14.530	1	0.000	1.496
	第二至第五大股东持股	-0.005	0.004	1.340	1	0.247	0.995
	第一大股东持股	0.000	0.003	0.021	1	0.884	1.000
	股权性质	-0.161	0.094	2.915	1	0.088	0.852
	常量	-13.659	0.899	230.995	1	0.000	0.000

注：在步骤 1 中输入的变量为机构投资者持股、每股收益、公司规模、资产负债率、行业、Tobin-Q、盈利能力、第二至第五大股东持股、第一大股东持股、股权性质。

(2)模型 2 回归分析(表 8-6、表 8-7)。模型 2 R^2 为 0.485，调整 R^2 为 0.484，Sig.F 更改为 0.000，模型 2 有效。机构投资者持股与每股股利具有正相关关系，标准系数为 0.029，Sig. 为 0.072，在 $p<0.1$ 时正相关，显著性关系相对较弱，这与第一大股东持股有很大关系，表中显示第一大股东持股标准系数为 0.059，Sig. 为 0.000，极大制约了机构投资者作用的发挥(表 8-8)。

表 8-6　模型汇总

模型	R	R^2	调整 R^2	标准估计的误差	更改统计量				
					R^2 更改	F 更改	df_1	df_2	Sig.F 更改
1	0.697	0.485	0.484	0.17306	0.485	297.438	11	3471	0.000

表 8-7　模型 2 变量回归系数

模型	非标准化系数		标准系数 (试用版)	t	Sig.	共线性统计量	
	B	标准误差				容差	方差膨胀因子
(常量)	-0.388	0.066		-5.867	0.000		
机构投资者持股	0.000	0.000	0.029	1.801	0.072	0.592	1.690
每股收益	0.167	0.004	0.525	38.567	0.000	0.802	1.247
公司规模	0.016	0.003	0.085	5.177	0.000	0.545	1.836
资产负债率	-0.034	0.021	-0.026	-1.646	0.100	0.582	1.719
行业	0.012	0.006	0.025	2.012	0.044	0.987	1.013

续表

模型	非标准化系数		标准系数（试用版）	t	Sig.	共线性统计量	
	B	标准误差				容差	方差膨胀因子
Tobin-Q	−0.006	0.003	−0.038	−2.060	0.039	0.446	2.240
盈利能力	1.132	0.073	0.264	15.537	0.000	0.515	1.941
自由现金流量	0.104	0.047	0.028	2.228	0.026	0.935	1.070
股权性质	−0.012	0.008	−0.020	−1.502	0.133	0.816	1.225
第二至第五大股东持股	0.000	0.000	0.015	1.052	0.293	0.711	1.407
第一大股东持股	0.001	0.000	0.059	3.634	0.000	0.561	1.783

注：因变量为分红程度。

表 8-8　相关性

		分红程度	机构投资者持股	每股收益	公司规模	资产负债率	行业	Tobin-Q	盈利能力	自由现金流量	第二至第五大股东持股	第一大股东持股	股权性质
Pearson 相关性	分红程度	1.000											
	机构投资者持股	0.228	1.000										
	每股收益	0.644	0.202	1.000									
	公司规模	0.162	0.252	0.164	1.000								
	资产负债率	−0.133	0.020	−0.112	0.482	1.000							
	行业	0.038	−0.030	0.013	−0.087	−0.055	1.000						
	Tobin-Q	0.187	0.101	0.160	−0.451	−0.549	0.062	1.000					
	盈利能力	0.450	0.174	0.370	−0.128	−0.426	0.058	0.605	1.000				
	自由现金流量	0.110	0.066	0.061	0.042	0.051	0.040	0.131	0.184	1.000			
	第二至第五大股东持股	0.059	0.161	0.058	0.051	−0.030	0.018	0.097	0.107	0.030	1.000		
	第一大股东持股	0.107	0.386	0.036	0.264	0.077	−0.018	−0.077	0.015	0.030	−0.371	1.000	
	股权性质	−0.028	−0.209	−0.025	0.150	0.081	−0.021	−0.053	−0.046	0.023	−0.003	0.176	1.000
Sig. （单侧）	分红程度												
	机构投资者持股	0.000											
	每股收益	0.000	0.000										
	公司规模	0.000	0.000	0.000									
	资产负债率	0.000	0.115	0.000	0.000								
	行业	0.012	0.037	0.228	0.000	0.001							
	Tobin-Q	0.000	0.000	0.000	0.000	0.000	0.000						

続表

	分红程度	机构投资者持股	每股收益	公司规模	资产负债率	行业	Tobin-Q	盈利能力	自由现金流量	第二至第五大股东持股	第一大股东持股	股权性质
盈利能力	0.000	0.000	0.000	0.000	0.000	0.000	0.000					
自由现金流量	0.000	0.000	0.000	0.006	0.001	0.010	0.000					
第二至第五大股东持股	0.000	0.000	0.000	0.001	0.037	0.149	0.000	0.000	0.036			
第一大股东持股	0.000	0.000	0.017	0.000	0.000	0.145	0.000	0.195	0.037	0.000		
股权性质	0.048	0.000	0.071	0.000	0.000	0.112	0.000	0.001	0.003	0.092	0.432	0.000

注：预测变量(常量)为股权性质、第二至第五大股东持股、行业、自由现金流量、每股收益、资产负债率、机构投资者持股、盈利能力、公司规模、第一大股东持股、Tobin-Q。

　　(3)模型 3 回归分析(表 8-9)。经回归，R^2 为 0.481，调整 R^2 为 0.479，Sig.F 更改为 0.000，说明模型 3 有效。从表 8-10 可以看出，自由现金流量与公司分红程度在 0.05 范围内具有正相关关系，显著性较大，说明自由现金流量越充裕，每股股利分配程度越高。公司分红程度与公司每股收益、公司规模、行业划分、盈利能力都有显著的相关关系(表 8-11)。公司资产负债率和公司成长机会与公司分红呈负相关关系，说明公司分红政策与公司债务程度及公司未来发展状况有紧密联系。

表 8-9　模型 3 汇总

模型	R	R^2	调整 R^2	标准估计的误差	R^2 更改	F 更改	df_1	df_2	Sig.F 更改
					更改统计量				
1	0.693	0.481	0.479	0.17376	0.481	401.869	8	3474	0.000

注：预测变量(常量)为股权性质、行业、每股收益、自由现金流量、资产负债率、公司规模、盈利能力、Tobin-Q。

表 8-10　模型 3 变量回归系数

模型	非标准化系数		标准系数(试用版)	t	Sig.	共线性统计量	
	B	标准误差				容差	方差膨胀因子
(常量)	−0.459	0.065	.	−7.105	0.000		
自由现金流量	0.108	0.047	0.029	2.305	0.021	0.935	1.070
每股收益	0.168	0.004	0.525	38.713	0.000	0.812	1.231
公司规模	0.022	0.003	0.114	7.360	0.000	0.618	1.618
资产负债率	−0.038	0.021	−0.029	−1.821	0.069	0.584	1.713
行业	0.012	0.006	0.025	1.999	0.046	0.989	1.011
Tobin-Q	−0.005	0.003	−0.029	−1.616	0.106	0.461	2.170
盈利能力	1.151	0.073	0.268	15.767	0.000	0.517	1.934
股权性质	−0.011	0.007	−0.019	−1.559	0.119	0.973	1.028

注：因变量为分红程度。

表 8-11　相关性

		分红程度	每股收益	公司规模	资产负债率	行业	Tobin-Q	盈利能力	自由现金流量	股权性质
Pearson 相关性	分红程度	1.000								
	每股收益	0.644	1.000							
	公司规模	0.162	0.164	1.000						
	资产负债率	−0.133	−0.112	0.482	1.000					
	行业	0.038	0.013	−0.087	−0.055	1.000				
	Tobin-Q	0.187	0.160	−0.451	−0.549	0.062	1.000			
	盈利能力	0.450	0.370	−0.128	−0.426	0.058	0.605	1.000		
	自由现金流量	0.110	0.061	0.042	0.051	0.040	0.131	0.184	1.000	
	股权性质	−0.028	−0.025	0.150	0.081	−0.021	−0.053	−0.046	0.023	1.000
Sig. (单侧)	分红程度									
	每股收益	0.000								
	公司规模	0.000	0.000							
	资产负债率	0.000	0.000	0.000						
	行业	0.012	0.228	0.000	0.001					
	Tobin-Q	0.000	0.000	0.000	0.000	0.000				
	盈利能力	0.000	0.000	0.000	0.000	0.000	0.000			
	自由现金流量	0.000	0.000	0.006	0.001	0.010	0.000	0.000		
	股权性质	0.048	0.071	0.000	0.000	0.112	0.001	0.003	0.092	

(4) 模型 4 回归分析。在检验各类机构投资者是否影响公司股利分配中, 运用 Logic 进行回归 (表 8-12~表 8-14), 卡方值为 1145.483, Sig. 为 0, 检验发现基金、保险公司、社保基金、QFII 对公司股利分配都存在正相关关系, 且在 $p < 0.05$ 时显著性很强。券商相关性不显著, 而且还是负相关关系。

表 8-12　模型系数的综合检验

		卡方	df	Sig.
步骤 1	步骤	1145.483	12	0.000
	块	1145.483	12	0.000
	模型	1145.483	12	0.000

表 8-13　模型汇总

步骤	−2 对数似然值	Cox & Snell R^2	Nagelkerke R^2
1	4771.403	0.208	0.297

注: 因为参数估计的更改范围小于 0.001, 所以估计在迭代次数为 5 时终止。

表 8-14　方程中的变量

	变量	B	S.E.	Wals	df	Sig.	Exp(B)
步骤 1	每股收益	0.403	0.085	22.272	1	0.000	1.496
	公司规模	0.622	0.042	218.611	1	0.000	1.863
	资产负债率	-3.748	0.243	236.967	1	0.000	0.024
	行业	-0.001	0.073	0.000	1	0.993	0.999
	Tobin-Q	-0.220	0.032	48.355	1	0.000	0.803
	盈利能力	0.479	0.110	18.980	1	0.000	1.614
	基金占流通 A 股比例	0.042	0.005	73.833	1	0.000	1.043
	券商占流通 A 股比例	-0.029	0.044	0.424	1	0.515	0.972
	保险公司占流通 A 股比例	0.063	0.027	5.627	1	0.018	1.065
	社保基金占流通 A 股比例	0.083	0.041	4.121	1	0.042	1.087
	QFII 占流通 A 股比例	0.193	0.076	6.432	1	0.011	1.213
	常量	-11.634	0.907	164.546	1	0.000	0.000

接着，进一步对公司股利分配程度是否存在相关关系做了检验。结果显示（表 8-15），基金与股利分配程度相关性不强，保险公司、QFII 和其他机构投资者则与股利分配程度相关性很强，且为正相关关系，对股利分配有积极作用。

表 8-15　模型 4 回归系数

模型 1	非标准化系数		标准系数（试用版）	t	Sig.
	B	标准误差			
(常量)	-0.379	0.066		-5.743	0.000
每股收益	0.163	0.004	0.511	37.686	0.000
公司规模	0.016	0.003	0.086	5.270	0.000
资产负债率	-0.014	0.021	-0.011	-0.686	0.493
行业	0.012	0.006	0.024	1.965	0.049
Tobin-Q	-0.004	0.003	-0.026	-1.384	0.166
盈利能力	1.163	0.072	0.271	16.124	0.000
股权性质	-0.001	0.008	-0.001	-0.109	0.913
基金占流通 A 股比例	0.000	0.000	0.000	0.030	0.976
券商占流通 A 股比例	-0.001	0.004	-0.002	-0.176	0.860
保险公司占流通 A 股比例	0.005	0.002	0.032	2.585	0.010
社保基金占流通 A 股比例	0.002	0.002	0.009	0.754	0.451
QFII 占流通 A 股比例	0.030	0.004	0.105	8.497	0.000

续表

模型 1	非标准化系数		标准系数（试用版）	t	Sig.
	B	标准误差			
R					0.702
R^2					0.493
调整 R^2					0.492
df					3483
F					260
Sig.					0.000

注：因变量为分红程度。

综上所述，股利分配是体现股东投资回报的重要途径。公司通过股利分配政策，每年进行现金分红，对于改善公司融资环境，增强股东投资信心有着积极的意义。同时，股利分配可以减少公司管理层对自由现金流量的持有，降低代理成本。当然，股利分配政策依赖于公司发展规模、盈利水平、行业分布、股权性质及公司成长机会，公司发展业绩好，执行股利分配政策更加利于公司发展。机构投资者偏好公司分红，而且它们在选择投资公司时也会考虑公司分红政策。在公司分红政策中，机构投资者也会发挥积极的监督作用，督促公司对股东进行分红，及时回报股东的投资。然而，由于机构投资者的股东异质性，不同的机构投资者对公司股利分配政策作用存在差异。总体来看，基金、保险公司、社保基金、QFII对公司股利分配都存在正相关关系，且在 $P < 0.05$ 时显著性很强。券商相关性不显著，而且还是负相关关系。同时，保险公司、QFII 和其他机构投资者则与股利分配程度正相关关系很强。因此，政府在制定和规范上市公司股利分配政策时，要加大对基金的管理，督促其充分发挥对公司股利分配政策的监督，积极扶持保险公司、QFII 和其他机构投资者的发展，增大其持股比例，提升保险公司、QFII及其他机构投资者在公司股东大会中的地位，扩大发言权，以便积极干预公司股利分配政策的制定与实施，保护中小股东利益。

8.2　机构投资者对自由现金流量支出的监督控制研究——基于公司审计费用的角度

8.2.1　理论基础与假设

审计是依靠外部监督机构（会计师事务所或审计事务所），通过行使委托审计权利，对被委托审计公司的公司运行、财务收支、资产管理、债务结构、信息披露等各方面开展审计活动，为公司相关利益者群体特别是股东或债权人提供第三方较为公正客观的审计意见。一般来说，第三方会计师事务所的审计介入，可以进一步客观评价公司运营风险和财务管理状况，所编报的审计报告和提出的审计意见都是公司股东和其他利益相关者最为关注的信息资料。然而，受多方面因素影响，会计师事务所审计的独立性、客观性、公正性在一定程度上也存在缺陷，事务所仍然要面临诸多审计风险。因此，会计师事务所与委托机构、被审计公司之间都存在委托代理问题，较为直接的因素在于审计费用的确定。审计费用指的是会计师事务所或审计师事务所对被审计客户提供审计服务所收取的费用，包括审计人员劳务费、审计期间相关费用支出等。审计收费实际上是审计委托人与会计师事务所双方在审计业务契约中达成的一项代理收费，其金额由审计固有成本、审计风险溢价和会计师事务所的正常利润三部分组成。其中，审计风险溢价是为了弥补由于审计风险的存在而导致的预期损失费用，包括预期诉讼损失和恢复名誉的潜在成本等。审计费用的收取事实上一方面是反映被审计公司业务复杂性程度和审计的工作量，审计费用是对会计师事务所审计人员在业务审计过程中发生的人员费用、资料收集与审查等费用的补偿。另一方面，会计师事务所考虑到被审计单位潜在风险对审计人员或事务所带来的审计风险，而提高审计费用的收取，是对审计风险所带来的未来损失的预付费用。

2001 年 12 月 24 日，中国证监会发布的《公开发行证券的公司信息披露规范问答第 6 号——支付会计师事务所报酬及其披露》对审计费用提出了明确的要求，即上市公司在年度报告中将支付给会计师事务所的报酬(审计费用)予以披露。通过对 2011～2014 年上市公司审计收费的数据整理，2011 年有 2028 家上市公司在年报中披露了年报审计费用，披露率为 83.22%，平均费用为 140.83 万元。2012 年有 98.88%的上市公司披露了年报审计收费，平均费用为 161.51 万元，较 2011 年增加了 20.68 万元，增幅为 14.68%。2013 年，有 94.45%的上市公司披露了年报审计费用，平均费用为 156.31 万元，较 2012 年减少了 5.2 万元。2014 年，有 99.10%的上市公司披露了年报审计费用，平均费用为 161.86 万元，较 2013 年增加了 5.55 万元，增幅为 3.42%。创业板和深市主板的审计收费上升比例较高，分别为 13.22%和 10.70%。从连续 4 年的数据来看，深市主板和沪市主板的审计收费上升比例较高(表 8-16)。

表 8-16　2011～2014 年上市公司审计收费　　　　　　(单位：万元)

年份	项目	深市主板	沪市主板	中小板	创业板	合计
2011	审计收费合计	208521	37481	29035	10572	285609
	平均收费	231.95	87.98	60.49	47.41	140.83
2012	审计收费合计	241520	43184	32070	10764	327538
	平均收费	268.65	101.37	66.81	48.27	161.51

续表

年份	项目	深市主板	沪市主板	中小板	创业板	合计
2013	审计收费合计	261738	52914	49579	18108	382339
	平均收费	277.85	112.11	72.27	52.34	156.31
2014	审计收费合计	268545	60077	56425	22036	407082
	平均收费	281.20	125.95	79.58	58.92	161.86

数据来源：中国注册会计师协会网 http://www.cicpa.org.cn/。

目前，学者们对审计费用的研究大多集中在审计费用的影响因素方面，直接影响审计费用的因素包括公司内控管理、被审计单位审计风险、董事会、股东会、公司规模、财务经营状况、债务风险、盈余管理、信息披露决策，以及审计师变更、会计师事务所是否为国际"四大"等。国外学者早在20世纪80年代就开始了有关审计收费的实证研究，Simunic(1980)考察了可能影响审计收费的十大因素，在此基础上推导出影响审计定价的相关因素的多元线性回归方程。余玉苗等(2003)通过构建独立审计服务供需双方的审计收费决定模型，确认了审计供需双方对审计收费水平影响的微观与宏观因素。比如上市公司在审计定价过程中会考虑内部会计控制的成本、预期损失、需要自身承担的损失责任比例、自身风险偏好等因素。而审计师在审计定价中主要考虑的是信息披露要求、监管机关的监管力度、反映社会期望的审计师法律责任界定、审计师风险偏好等因素。

同时，审计费用也反映了上市公司委托代理问题，即审计费用与盈余管理、审计费用与自由现金流量的代理成本关系。Jensen等(1976)认为，审计是对公司代理问题的一种监督机制。过高的自由现金流量及高成长机会公司的注册会计师面临着更高的审计风险，会计师事务所会要求较高的审计费用来弥补因过高的审计风险和自由现金流量所带来的代理问题。Gul等(1998)根据公司成长和自由现金流量持有情况，将样本划分为低成长、高自由现金流量和高成长、高自由现金流量，并进行了验证。结果发现，公司在低成长、高持有自由现金流量时，会低效益使用自由现金流量，因此存在的审计风险高，审计费用则高。Goodwin等(2010)分别抽取低成长性与高成长性公司作为研究样本，验证发现高自由现金流量、高成长性的企业所产生的审计费用明显高于高自由现金流量低成长性的企业产生的审计费用。

刘运国等(2006)研究发现，审计收费与盈余管理正相关，为弥补审计成本和防范审计风险，事务所提高了审计费用收取额度。王振林(2002)、李爽等(2004)从非主营业务利润比重的角度计量盈余管理，发现客户盈余管理迹象与审计收费负相关。孟焰等(2003)研究发现，非经常性损益常常被公司管理层作为调节利润和净利润的方式，而会计师事务所在非经常性损益的审计上要花费更多的人力、物力和财力，从而不得不收取更高的审计费用。因此，那些持有大量自由现金流量的公司可能会存在管理层对自由现金流量的低价值使用，或者被其他公司并购等，存在很大的审计风险，所以审计人员会花费更多的时间和精力去收集相关取证材料，通过资料来降低审计风险，由此必然会要求更高额的审计费用。在此，提出假设1。

假设1：自由现金流量持有与公司审计费用正相关，持有越多，公司审计费用越高。

郑军等(2013)认为，高持有自由现金流量的公司管理者能够摆脱资本市场对其资金融资的监督，那么股东对管理者的监督就越强烈，管理者也会因信息不对称来滥用自由现金流量，同时通过会计手段来掩饰其在职消费、过度投资的费用，由此增加了审计风险和审计费用。李寿喜等(2013)指出，独立董事的增加和独立性增强，会督促董事会对审计的重视，从而增加审计费用。同时，董事长和公司经理如果两权合一的话，为了减少外部审计对其的监督，反而会降低审计费用。张继勋等(2005)、饶育蕾等(2008)从审计费用角度对大股东掏空行为进行了实证研究，研究发现，不同的大股东持股比例下的掏空行为对审计费用增加产生不同的影响。肖作平(2006)研究发现，当第一大股东持股比例在48.56%以下时，审计费用随第一大股东持股比例增加而增加，而超过48.56%时，则审计费用随其比例上升而降低。

机构投资者如何对待会计师事务所的审计行为和审计费用呢？审计是对公司经营管理的外部监督，是对股东利益负责，与机构投资者利益是一致的。审计费用是外部监督过程中所形成的委托代理成本中的一种，机构投资者在某种意义上可能会对审计费用有所控制。因此，机构投资者可以通过改善审计环境来减少审计过程中的风险，减少审计费用。Sharma(2004)提出，机构投资者持股比例越高，越有利于改进公司财务报表质量，降低公司财务报表舞弊的可能性。Chung等(2005)研究证明，机构投资者会抑制持有高自由现金流量的公司操纵应计利润。同时，机构投资者也能够通过对会计师事务所的监督，比如选择信誉好、知名度高、规模大的事务所进行审计，在收取审计费用时考虑其审计质量与审计效果(张敏等，2011)。李朝晖(2013)实证分析了机构投资者与审计收费的关系，证明发现机构投资者持股比例的增加有助于降低审计收费。但当机构投资者持股达到一定比例后，机构投资者持股的增加又会导致企业审计收费的提高。由此提出假设2。

假设2：机构投资者能够对审计费用起到限制作用，减少审计成本。不同的机构投资者与审计费用存在不同的相关关系。

8.2.2　研究设计

8.2.2.1　数据来源与样本选择

我国从2007年1月开始执行新的审计准则，本章主要选择沪深两市A股2009～2014年的上市公司样本(表8-17)，同时对样本公司做了相应处理：剔除了金融业的上市公司样本,对数据不全的样本公司予以剔除,剔除未披露年度审计收费的公司。最后得到每年 1319 个样本公司连续 6 年的样本记录,共计 7914 个观测值。机构投资者持股数据来源于 Wind 数据库,财务数据来自国泰安 CSMAR 数据库,部分数据通过中国注册会计师协会网站(http://www.cicpa.org.cn)中的年报和审计快报收集而来。

表 8-17　样本公司 2009~2014 年行业分布情况

行业名(代码)	样本数/家	占总样本数的比例(1319)/%
农、林、牧、渔业(A)	25	1.90
采矿业(B)	41	3.11
制造业(C)	774	58.68
电力、热力、燃气及水生产和供应业(D)	63	4.78
建筑业(E)	33	2.50
批发和零售业(F)	98	7.43
交通运输、仓储和邮政业(G)	55	4.17
住宿和餐饮业(H)	8	0.61
信息传输、软件和信息技术服务业(I)	42	3.18
房地产业(K)	102	7.73
租赁和商务服务业(L)	21	1.59
科学研究和技术服务业(M)	2	0.15
水利、环境和公共设施管理业(N)	6	0.45
卫生和社会工作(Q)	1	0.08
文化、体育和娱乐业(R)	15	1.14
公共管理、社会保障和社会组织(S)	33	2.50

8.2.2.2　变量设置与解释

1. 被解释变量

审计费用(Infee),会计师事务所在对上市公司执行审计任务过程中所发生的材料费用、人员费用、交通费用等的总和。参考 Ferguson 等(2007)、Griffin 等(2010)、Gul 等(2001)、肖作平(2006)等的研究方法,采用审计费用取自然对数来作为被解释变量。

2. 解释变量

(1)自由现金流量(FCF):参照黄本多等(2008)对自由现金流量的定义和计算方式,扣除资本性支出,增加了期末现金等价物,即自由现金流量=(经营活动产生的现金流量净额-分配股利、利润或偿付利息所支付的现金+发行债券所收到的现金＋借款所收到的现金－偿还债务所支付的现金－资本性支出＋期末现金等价物)/期末总资产。

(2)机构投资者持股(Insist)：机构投资者持股占流动股比例。

(3)审计复杂程度(Receivable)：审计过程的复杂程度，即应收账款/资产。

(4)资产流动性(Current)：反映资产流动情况，如存货，流动性越差，存货越多，审计清理花费的时间和精力越多，必然会影响审计费用，即存货/资产。

(5)公司业绩水平(Roa)：公司业绩水平好，说明公司发展中存在财务问题的可能性少，审计过程中工作量不多，否则审计师对公司业务状况和财务状况要更加谨慎，防范风险。

(6)股权集中度(Top1，Top2～5)前十大股东持股比例排名为第一；前十大股东持股比例排名为第二至第五。

(7)公司成长机会(Tobin-Q)：表示公司的成长机会。成长机会好，公司审计费用低。

(8)股权性质：公司股份所有者性质。国有股取 1，否则取 0。

(9)审计意见的类型(Opinion)：如果是标准无保留取 1，否则取 0。

(10)会计师事务所特征变量(Big4)：如果审计公司为国际四大会计师事务所取 1，否则取 0。

(11)内部控制(Controll)：如果内部控制有效取 1，否则取 0。

(12)股利支付率(Divid)：表示股利支付水平。

3. 控制变量

(1)资产规模(Size)：公司规模是客观反映公司发展程度的重要指标。不同的公司规模，它所持有的自由现金流量规模也有差异，公司所生存的外界环境也显著不同。公司规模取年末总资产自然对数。

(2)资产负债率水平(Level)：资产/负债反映公司发展中的融资水平和债务负担能力，即负债/资产总额。

(3)行业(Industry)：考虑到行业差异直接反映公司自由现金流量来源和审计费用的不同，按照证监会 2012 年修订的《上市公司行业分类指引》，以制造业为基准，制造业取 1，非制造业则取 0。

8.2.3　模型构建

根据假设 1，验证审计费用与自由现金流量之间的关系，本章主要参考 Griffin等(2010)的研究方法，借鉴 Simunic(1980)、Lyon 等(2005)、王兵等(2010)的审计收费模型，构造模型如下所述。

模型 1：自由现金流量与审计费用关系模型。

$$\text{Infee} = \beta_0 + \beta_1 \text{FCF} + \beta_2 \text{Level} + \beta_3 \text{Size} + \beta_4 \text{Receivable} + \beta_5 \text{Current} + \beta_6 \text{Tobin-Q}$$
$$+ \beta_7 \text{Roa} + \beta_8 \text{Opinion} + \beta_{10} \text{Big4} + \beta_{11} \text{Controu} + \beta_{12} \text{Divid} + \sum \text{Industry} + \varepsilon$$

模型2：机构投资者与审计费用关系模型。

$$\text{Infee} = \beta_0 + \beta_1 \text{Insist} + \beta_2 \text{Level} + \beta_3 \text{Size} + \beta_4 \text{Receivable} + \beta_5 \text{Current}$$
$$+ \beta_6 \text{Tobin-Q} + \beta_7 \text{Roa} + \beta_8 \text{Opinion} + \beta_{10} \text{Big4} + \beta_{11} \text{Controu}$$
$$+ \beta_{12} \text{Divid} + \beta_{13} \text{Top1} + \beta_{14} \text{Top2} \sim 5 + \sum \text{Industry} + \varepsilon$$

模型3：不同机构投资者与审计费用关系模型。

$$\text{Infee} = \beta_0 + \beta_1 V\text{Insist} + \beta_2 \text{Level} + \beta_3 \text{Size} + \beta_4 \text{Receivable} + \beta_5 \text{Current}$$
$$+ \beta_6 \text{Tobin-Q} + \beta_7 \text{Roa} + \beta_8 \text{Opinion} + \beta_{10} \text{Big4} + \beta_{11} \text{Controu}$$
$$+ \beta_{12} \text{Divid} + \beta_{13} \text{Top1} + \beta_{14} \text{Top2} \sim 5 + \sum \text{Industry} + \varepsilon$$

8.2.4 实证检验与分析

8.2.4.1 描述性统计

表 8-18 显示，样本公司 2009~2014 年上市公司审计费用逐年递增，审计费用随审计复杂程度、资产负债率的增加而增加，其原因在于审计复杂程度增加，增加了公司应收款的回收难度，同时也使得公司坏账损失率提高，公司负债水平提高，也会导致公司财务风险加大，由此增大了审计风险，那么会计师事务所必然要求公司支付更高的审计费用来弥补审计风险带来的审计损失。表 8-18 中也显示，自由现金流量、资产流动性与审计费用年度变化幅度不明显。

表 8-18　2009~2014 年上市公司审计费用、自由现金流量、成长机会情况表

年份	变量	审计费用	审计复杂程度	资产流动性	资产负债率	自由现金流量	营业收入增长率	Tobin-Q
2009	均值	13.2967	0.0629	0.0794	0.4167	0.2777	0.7052	2.8795
	中值	13.1224	0.0283	0.0483	0.3337	0.2007	0.0869	1.9597
2010	均值	13.3575	0.0615	0.0787	0.4951	0.2758	1.9499	2.6397
	中值	13.2177	0.0251	0.0470	0.4268	0.1855	0.1071	1.8767
2011	均值	13.4593	0.0619	0.0774	0.4724	0.2209	1.5718	1.6631
	中值	13.3047	0.0246	0.0459	0.4246	0.1510	0.0468	1.0840
2012	均值	13.6691	0.0871	0.1730	0.5321	0.1537	1.6974	1.5717
	中值	13.5278	0.0555	0.1265	0.5062	0.1158	0.0461	1.0047
2013	均值	13.7672	0.0861	0.1581	0.4908	0.1581	1.2346	1.5569
	中值	13.6530	0.0515	0.1159	0.4934	0.1134	0.0633	1.0565
2014	均值	13.8675	0.0912	0.1620	0.4877	0.1302	1.7854	1.9565
	中值	13.7642	0.0577	0.1103	0.4893	0.0958	0.0301	1.2945

　　在此基础上，本章对样本公司进行了国有上市公司与非国有上市公司的划分，并对其 2009~2014 年的审计费用、审计复杂程度、自由现金流量、资产流动性、机构投资者持股进行了分年度均值对比。从表 8-19 中可以发现，总体来看，国有上市公司、非国有上市公司除自由现金流量变量以外，上述变量都在逐年递增。审计费用随审计复杂程度、资产流动性变化而变化，审计费用与审计复杂程度是正相关关系，而与资产流动性是负相关关系。国有上市公司与非国有上市公司相比，审计费要高于非国有上市公司，而审计复杂程度要低于非国有上市公司，其原因在于国有上市公司自由现金流量持有比例较大，更注重对内部结余资金的占用。对应收账款的回收效率较低，可能与国有上市公司与其他公司之间的关联交易、担保关系相关。非国有上市公司资产流动性大于国有上市公司，存货存量较少，流动资产周转率高。同时，非国有上市公司机构投资者持股比例要高于国有上市公司(表 8-20)，机构投资者在非国有上市公司可以摆脱国有控股股东的限制，积极参与公司业务管理，改善公司审计环境，减少盈余管理，从而降低审计费用。

表 8-19　国有上市公司和非国有上市公司审计费用、自由现金流量均值情况表

年份	公司性质	样本数	审计费用	审计复杂程度	自由现金流量	资产流动性	机构投资者持股
2009	国有公司	431	13.42	0.0531	0.2661	0.0776	28.56
	非国有公司	888	13.23	0.0676	0.2834	0.0802	37.50
2010	国有公司	321	13.50	0.0502	0.2757	0.07589	31.99
	非国有公司	998	13.31	0.0651	0.2758	0.0796	43.169
2011	国有公司	236	13.63	0.0446	0.2458	0.0642	36.28
	非国有公司	1083	13.42	0.0656	0.2155	0.0803	44.72
2012	国有公司	199	13.89	0.0829	0.1539	0.1437	38.44
	非国有公司	1120	13.63	0.0878	0.1536	0.1782	45.18
2013	国有公司	207	13.98	0.0762	0.1402	0.1166	42.06
	非国有公司	1112	13.73	0.08798	0.1614	0.1658	45.55
2014	国有公司	210	14.08	0.0949	0.1211	0.1270	43.17
	非国有公司	1109	13.83	0.0905	0.1319	0.1686	45.47

表 8-20　描述性统计量

变量	N	极小值	极大值	均值	标准差
审计费用	7914	11.5129	18.1975	13.5696	0.7679
审计复杂程度	7914	0.0000	0.6837	0.0751	0.0912
资产流动性	7914	0.0000	0.9397	0.1214	0.1477
公司规模	7913	0.0000	28.5087	21.8123	1.4074

续表

变量	N	极小值	极大值	均值	标准差
资产负债率	7914	-0.0029	29.4930	0.4825	0.6715
总资产净利润率	7914	-5.2984	12.7634	0.0381	0.1903
净资产收益率	7914	-24.7160	23.7389	0.0645	0.6567
第二至第五大股东持股	7914	0.2400	58.0800	14.0575	10.6003
第一大股东持股	7914	2.1970	93.6100	36.1761	15.9302
自由现金流量	7914	-6.8132	7.6082	0.2027	0.3501
机构投资者持股比例	7914	0.0000	114.2182	42.0833	22.5657
营业收入增长率	7913	-57.9629	47184.6465	12.9921	683.2061
Tobin-Q	7914	0.0000	337.6048	2.0446	4.9512
股利支付率	7914	0.0000	2726.0865	25.5149	59.2770
流动比率	7912	-142.9996	31355.1750	16.3877	400.0838
有效的 N(列表状态)	7910				

8.2.4.2　回归分析

(1)首先对模型 1 进行线性回归,结果发现自由现金流量与审计费用呈正相关关系(表 8-21、表 8-22),且 $p = 0.000 < 0.05$ 时相关性显著,说明上市公司自由现金流量持有越多,公司越可能存在管理层滥用自由现金流量进行在职消费和过度投资的情况,而且也可能会进行财务舞弊来掩饰公司费用,增加自由现金流量代理成本。那么事务所在审计中,会更加关注自由现金流量所带来的其他代理问题,因此在出具审计报告、发表审计意见时会更加慎重。当然他们也会增加审计费用以弥补审计风险所带来的损失。同时研究也发现,审计事务所是否是境内的四大知名事务所、公司规模、资产负债率、公司成长机会与审计费用呈正相关关系,且相关性显著。这表明事务所社会影响力越大,它们越会在审计费用上体现自身价值,收取较高的审计费用。公司规模越大,审计业务过程工作量越大,审计费用自然也要提高。公司资产负债率越高,负债压力越大,潜在的审计风险也会加大,事务所在审计中也比较关注公司资产负债率问题,它们也会提高审计费用。而审计意见类型、审计复杂程度、资产流动性、内部控制是否有效等与审计费用呈负相关关系,且显著性相关。如果对会计师事务所发表的标准无意见,说明公司管理规范,内部控制健全有效,审计复杂程度低,则审计过程顺畅,审计困难度小,事务所投入的工作量小,在审计费用收取上会降低水平。反之公司应收账款越多,坏账损失风险越大,则审计难度越大,审计风险也越大,审计费用也会提高。

表 8-21 相关系数

		审计费用	自由现金流量	审计意见类型	境内审计事务所	审计复杂程度	存货	资产流动性	公司规模	资产负债率	总资产净利润率	股权性质	Tobin-Q	内控是否有效	股利支付率	流动比率
Pearson 相关性	审计费用	1.000	-0024	0088	0.527	-0.064	0.339	0.054	0741	0.013	0.002	0.076	-0.155	-0.141	0.056	-0.007
	自由现金流量	-0024	1.000	0022	-007	-.100	-0.034	-0.137	-0.091	-0.135	0.103	0.019	-0.105	0.059	0.005	0.010
	审计意见类型	0.088	0022	1.000	0.007	0.075	0.034	0.085	0.175	-0.221	0.040	-0.253	-0.143	-0.106	0.066	0.005
	境内审计事务所	0.527	-007	0007	1.000	-0.031	0.213	-0.041	0.368	-0.006	0.018	0.055	-0.050	-0.032	0.020	-0.007
	审计复杂程度	-0.064	-.100	0.075	-0.031	1.000	-0.015	0.100	-0.042	-0.008	0.000	-0.064	-0.002	-0.118	0.023	-0.019
	存货	0.339	-0.034	0.034	0.213	-0.015	1.000	0.231	0.334	0.036	-0.002	-0.020	-0.040	-0.055	0.008	0.002
	资产流动性	0.054	-0.137	0.085	-0.041	0.100	0.231	1.000	0.176	0.065	-0.029	-0.090	-0.071	-0.137	0.021	0.024
	公司规模	0.741	-0.091	0.175	0.368	-0.042	0.334	0.176	1.000	-0.060	0.003	0.131	-0.300	-0.170	0.086	0.004
	资产负债率	0.013	-0.135	-0.221	-0.006	-0.008	0.036	0.065	-0.060	1.000	-0.181	-0.038	0.209	0.015	-0.050	-0.011
	总资产净利润率	0.002	0.103	-0.040	0.018	0.000	-0.002	-0.029	0.003	-0.181	1.000	-0.010	0.045	0.002	0.015	0.001
	股权性质	0.076	0.019	-0.253	0.055	-0.064	-0.020	-0.090	0.131	-0.038	-0.010	1.000	-0.033	0.062	-0.018	-0.013
	Tobin-Q	-0.155	-0.105	-0.143	-0.050	-0.002	-0.040	-0.071	-0.300	0.209	0.045	-0.033	1.000	0.059	-0.033	-0.003
	内部控制是否有效	-0.141	0.059	-0.106	-0.032	-0.118	-0.055	-0.137	-0.170	0.015	0.002	0.062	0.059	1.000	-0.045	-0.009
	股利支付率	0.056	0.005	0.066	0.020	0.023	0.008	0.021	0.086	-0.050	0.015	-0.018	-0.033	-0.045	1.000	0.002
	流动比率	-0.007	0.010	0.005	-0.007	-0.019	0.002	0.024	0.004	-0.011	0.001	-0.013	-0.003	-0.009	0.002	1.000

续表

		审计费用	自由现金流量	审计意见类型	境内审计事务所	审计复杂程度	存货	资产流动性	公司规模	资产负债率	总资产净利润率	股权性质	Tobin-Q	内控是否有效	股利支付率	流动比率
Sig.(单侧)	审计费用		0.016	0.000	0.000	0.000	0.000	0.000	0.000	0.127	0.413	0.000	0.000	0.000	0.000	0.256
	自由现金流量	0.016		0.027	0.253	0.000	0.001	0.000	0.000	0.000	0.000	0.044	0.000	0.000	0.333	0.180
	审计意见类型	0.000	0.027		0.262	0.000	0.001	0.000	0.000	0.000	0.000	0.000	0.000	0.000	0.000	0.321
	境内审计事务所	0.000	0.253	0.262		0.003	0.000	0.000	0.000	0.286	0.050	0.000	0.000	0.003	0.037	0.264
	审计复杂程度	0.000	0.000	0.000	0.003		0.095	0.000	0.000	0.241	0.484	0.000	0.431	0.000	0.019	0.043
	存货	0.000	0.001	0.001	0.000	0.095		0.000	0.000	0.000	0.440	0.040	0.000	0.000	0.247	0.423
	资产流动性	0.000	0.000	0.000	0.000	0.000	0.000		.000	0.001	0.005	0.000	0.000	0.000	0.028	0.017
	公司规模	0.000	0.000	0.000	0.000	0.000	0.000	.		0.000	0.380	0.000	0.000	0.000	0.000	0.350
	资产负债率	0.127	0.000	0.000	0.286	0.241	0.000	0.001	0.000		0.000	0.000	0.000	0.089	0.000	0.175
	总资产净利润率	0.413	0.000	0.000	0.050	0.484	0.440	0.005	0.380	0.000		0.175	0.000	0.435	0.098	0.448
	股权性质	0.000	0.044	0.000	0.000	0.000	0.040	0.000	0.000	0.000	0.175		0.002	0.000	0.059	0.129
	Tobin-Q	0.000	0.000	0.000	0.000	0.431	0.000	0.000	0.000	0.000	0.000	0.002		0.000	0.002	0.397
	内部控制是否有效	0.000	0.000	0.000	0.003	0.000	0.000	0.000	0.000	0.089	0.435	0.000	0.000		0.000	0.206
	股利支付率	0.000	0.333	0.000	0.037	0.019	0.247	0.028	0.000	0.000	0.098	0.059	0.002	0.000		0.419
	流动比率	0.256	0.180	0.321	0.264	0.043	0.423	0.017	0.350	0.175	0.448	0.129	0.397	0.206	0.419	

表 8-22　模型回归系数

模型 1	非标准化系数		标准系数（试用版）	t	Sig.
	B	标准误差			
（常量）	6.004	0.103		58.379	0.000
自由现金流量	0.099	0.015	0.045	6.437	0.000
审计意见类型	−0.074	0.021	−0.027	−3.534	0.000
境内审计事务所	0.832	0.022	0.274	37.124	0.000
审计复杂程度	−0.179	0.058	−0.021	−3.093	0.002
存货	5.058E−12	0.000	0.080	10.798	0.000
资产流动性	−0.345	0.037	−0.066	−9.208	0.000
公司规模	0.352	0.005	0.644	76.530	0.000
资产负债率	0.050	0.008	0.043	5.985	0.000
总资产净利润率	−0.016	0.028	−0.004	−0.566	0.571
性质	−0.059	0.014	−0.031	−4.303	0.000
Tobin-Q	0.007	0.001	0.045	6.167	0.000
内部控制是否有效	−0.066	0.013	−0.035	−5.082	0.000
股利支付率	−1.281E−5	0.000	−0.001	−0.146	0.884
流动比率	−0.004	0.001	−2.026	−4.952	0.000
R	0.801				
R^2	0.642				
调整 R^2	0.641				
df	7910				
F	943.893				
Sig.	0.000				

注：因变量为审计费用。

（2）模型 2 主要验证机构投资者与审计费用之间的关系。表 8-23 显示，上市公司审计费用均值为 13.5696，审计费用还是较高。通过线性回归，从表 8-24、

表 8-25 可以看出，机构投资者持股与审计费用呈负相关关系，说明机构投资者能够发挥对审计费用收取标准的制约作用。机构投资者持股比例高，审计费用收取也会降低标准。当然，从表中也可以进一步证实，审计意见类型、审计复杂程度、资产流动性、股权性质、内部控制等与审计费用是负相关关系，与模型 1 回归结果相似。而事务所类型、公司规模、资产负债率、公司成长机会与审计费用是正相关关系，且显著性强。

表 8-23　描述性统计量

变量	均值	标准偏差	N
审计费用	13.5696	0.7678	7911
审计意见类型	0.9200	0.2780	7911
境内审计事务所	0.0700	0.2530	7911
审计复杂程度	0.0751	0.0912	7911
资产流动性	0.1214	0.1477	7911
公司规模	21.8118	1.4069	7911
资产负债率	0.4826	0.6716	7911
总资产净利润率	0.0381	0.1903	7911
第二至第五大股东持股	14.0579	10.5991	7911
大股东持股	36.1731	15.9274	7911
股权性质	0.2025	0.4019	7911
机构投资者持股比例	42.0842	22.5659	7911
Tobin-Q	2.0450	4.9521	7911
内部控制是否有效	1.2170	0.4124	7911
股利支付率	25.5151	59.2868	7911
流动比率	16.3898	400.1091	7911

表 8-24　相关系数

	审计费用	审计意见类型	境内审计事务所	审计复杂程度	存货	资产流动性	公司规模	资产负债率	总资产净利润率	第二至第五大股东净持股	大股东持股	股权性质	机构投资者持股	Tobin-Q	内部控制是否有效	股利支付率	流动比率
审计费用	1.000																
审计意见类型	0.088	1.000															
境内审计事务所	0.527	0.007	1.000														
审计复杂程度	-0.064	0.075	-0.031	1.000													
存货	0.339	0.034	0.213	-0.015	1.000												
资产流动性	0.054	0.085	-0.041	0.100	0.231	1.000											
公司规模	0.741	0.175	0.368	-0.042	0.334	0.176	1.000										
资产负债率	0.013	-0.221	-0.006	-0.008	0.036	0.065	-0.060	1.000									
总资产净利润率	0.002	0.040	0.018	0.000	-0.002	-0.029	0.003	-0.181	1.000								
第二至第五大股东持股	0.088	0.005	0.118	0.051	0.000	-0.052	0.009	-0.036	0.046	1.000							
大股东持股	0.229	0.042	0.161	-0.038	0.113	0.044	0.317	-0.046	0.004	-0.283	1.000						
股权性质	0.076	-0.253	0.055	-0.064	-0.020	-0.090	0.131	-0.038	-0.010	-0.006	0.180	1.000					
机构投资者持股比例	0.291	0.166	0.189	-0.017	0.124	0.057	0.382	-0.053	0.043	0.105	0.371	-0.153	1.000				
Tobin-Q	-0.155	-0.143	-0.050	-0.002	-0.040	-0.071	-0.300	0.209	0.045	0.026	-0.090	-0.033	-0.071	1.000			
内部控制是否有效	-0.141	-0.106	-0.032	-0.118	-0.055	-0.137	-0.170	0.015	0.002	-0.068	-0.046	0.062	-0.069	0.059	1.000		
股利支付率	0.056	0.066	0.020	0.023	0.008	0.021	0.086	-0.050	0.015	0.024	0.064	-0.018	0.075	-0.033	-0.045	1.00	
流动比率	-0.007	0.005	-0.007	-0.019	0.002	0.024	0.004	-0.011	0.001	-0.011	0.029	-0.013	0.014	-0.003	-0.009	0.002	1.00

注：Pearson 相关性

续表

Sig.(单侧)	审计费用	审计意见类型	境内审计事务所	审计复杂程度	存货	资产流动性	公司规模	资产负债率	总资产净利润率	第二至第五大股东持股	大股东持股	股权性质	机构投资者持股	Tobin-Q	内部控制制度是否有效	股利支付率	流动比率
审计费用	0.000																
审计意见类型	0.000	0.262															
境内审计事务所	0.000	0.000	0.003														
审计复杂程度	0.000	0.001	0.000	0.095													
存货	0.000	0.000	0.000	0.000	0.000												
资产流动性	0.000	0.000	0.000	0.000	0.000	0.000											
公司规模	0.127	0.000	0.286	0.241	0.001	0.000	0.000										
资产负债率	0.413	0.000	0.050	0.484	0.440	0.005	0.380	0.000									
总资产净利润率	0.000	0.325	0.000	0.000	0.499	0.000	0.223	0.001	0.000								
第二至第五大股东持股	0.000	0.000	0.000	0.000	0.000	0.000	0.000	0.000	0.356	0.000							
大股东持股	0.000	0.000	0.000	0.000	0.000	0.000	0.000	0.000	0.175	0.306	0.000						
股权性质	0.000	0.000	0.000	0.062	0.040	0.000	0.000	0.000	0.000	0.000	0.000	0.000					
机构投资者持股	0.000	0.000	0.000	0.431	0.000	0.000	0.000	0.000	0.000	0.000	0.000	0.000	0.000				
Tobin-Q	0.000	0.000	0.000	0.000	0.000	0.000	0.000	0.000	0.000	0.009	0.000	0.002	0.000	0.000			
内部控制是否有效	0.000	0.003	0.000	0.000	0.000	0.000	0.000	0.089	0.435	0.000	0.000	0.000	0.000	0.000	0.000		
股利支付率	0.000	0.000	0.037	0.019	0.247	0.028	0.000	0.000	0.098	0.017	0.000	0.059	0.000	0.002	0.000	0.206	
流动比率	0.256	0.321	0.264	0.043	0.423	0.017	0.350	0.175	0.448	0.157	0.005	0.129	0.102	0.397	0.206	0.419	0.419

表 8-25　模型回归系数

模型 1	非标准化系数		标准系数（试用版）	t	Sig.
	B	标准误差			
（常量）	5.974	0.105		56.630	0.000
审计意见类型	−0.077	0.021	−0.028	−3.671	0.000
境内审计事务所	0.813	0.023	0.268	36.002	0.000
审计复杂程度	−0.243	0.058	−0.029	−4.210	0.000
存货	5.143E−12	0.000	0.081	11.004	0.000
资产流动性	−0.360	0.037	−0.069	−9.668	0.000
公司规模	0.352	0.005	0.644	72.156	0.000
资产负债率	0.046	0.008	0.040	5.573	0.000
总资产净利润率	−0.006	0.028	−0.001	−0.210	0.834
第二至第五大股东持股	0.005	0.001	0.064	8.447	0.000
大股东持股	0.000	0.000	0.009	1.108	0.268
股权性质	−0.068	0.014	−0.035	−4.682	0.000
机构投资者持股	−0.001	0.000	−0.020	−2.402	0.016
Tobin-Q	0.006	0.001	0.038	5.289	0.000
内部控制是否有效	−0.055	0.013	−0.029	−4.212	0.000
股利支付率	−2.040E−5	0.000	−0.002	−0.232	0.816
流动比率	−0.005	0.001	−2.771	−6.546	0.000
R					0.802
R^2					0.644
调整 R^2					0.643
df					7910
F					838.59
Sig.					0.000

注：因变量为自由现金流量。

　　负债作为一种有效的约束机制，通过负债方式，促使公司管理层提高资金使用效益，从而降低对自由现金流量的滥用，减少代理成本。表 8-26 显示，负债能够减少审计监督自由现金流量的代理问题，从而降低审计费用。当然，在低负债、高自由现金流量的公司中，由于负债的约束作用减少，审计风险相应会增加，那么需要更多的外部审计来监督自由现金流量的代理问题，事务所为弥补所耗费的各种审计资源，必然要收取更高的审计费用。

表 8-26　模型回归系数

模型 1	非标准化系数		标准系数（试用版）	t	Sig.
	B	标准误差			
（常量）	6.013	0.103		58.456	0.000
自由现金流量	0.108	0.016	0.049	6.535	0.000
自由现金流量×负债率	−0.012	0.008	−0.012	−1.467	0.142
审计意见类型	−0.075	0.021	−0.027	−3.589	0.000
境内审计事务所	0.832	0.022	0.274	37.134	0.000
审计复杂程度	−0.176	0.058	−0.021	−3.045	0.002
存货	5.064E−12	0.000	0.080	10.815	0.000
资产流动性	−0.344	0.037	−0.066	−9.177	0.000
公司规模	0.351	0.005	0.644	76.583	0.000
资产负债率	0.050	0.008	0.044	6.034	0.000
总资产净利润率	−0.015	0.028	−0.004	−0.535	0.592
性质	−0.059	0.014	−0.031	−4.324	0.000
Tobin-Q	0.006	0.001	0.040	4.954	0.000
内部控制是否有效	−0.066	0.013	−0.036	−5.122	0.000
流动比率	−0.004	0.001	−2.021	−4.939	0.000
R					0.801
R^2					0.642
调整 R^2					0.641
df					7910
F					944.184
Sig.					0.000

注：因变量为审计费用。

（3）模型 3 主要验证各类机构投资者与审计费用之间的关系。从表 8-27、表 8-28 中可以看到，基金持股、券商持股、QFII 与审计费用呈负相关关系，其中基金持股、券商持股显著性在 $p = 0.000 < 0.05$ 时显著。这说明基金持股、券商持股能够发挥对会计师事务所收费用的监督作用。保险公司、社保基金与审计费用呈正相关关系，其中社保基金持股与审计费用正相关关系显著。

表 8-27　相关系数

	审计费用	审计意见类型	境内审计事务所	审计复杂程度	存货	资产流动性	公司规模	资产负债率	总资产净利润率	股权性质	Tobin-Q	内部控制是否有效	流动比率	基金占比	券商占比	保险公司占比	社保金占比	QFII占比
审计费用	1.000																	
审计意见类型	0.088	1.000																
境内审计事务所	0.527	0.007	1.000															
审计复杂程度	-0.064	0.075	-0.031	1.000														
存货	0.339	0.034	0.213	-0.015	1.000													
资产流动性	0.054	0.085	-0.041	0.100	0.231	1.000												
公司规模	0.741	0.175	0.368	-0.042	0.334	0.176	1.000											
资产负债率	0.013	-0.221	-0.006	-0.008	0.036	0.065	-0.060	1.000										
总资产净利润率	0.002	0.040	0.018	0.000	0.002	-0.029	0.003	-0.181	1.000									
股权性质	0.076	-0.253	0.055	-0.064	-0.020	-0.090	0.131	-0.038	-0.010	1.000								
Tobin-Q	-0.155	-0.143	-0.050	-0.002	-0.040	-0.071	-0.300	0.209	0.045	-0.033	1.00							
内部控制是否有效	-0.141	-0.106	-0.032	-0.118	-0.055	-0.137	-0.170	0.015	0.002	0.062	0.059	1.000						
流动比率	-0.007	0.005	-0.007	-0.019	0.002	0.024	0.004	-0.011	0.001	0.013	-0.003	-0.009	1.00					
基金占比	0.080	0.029	0.064	0.045	0.017	-0.045	0.149	-0.070	0.092	0.111	0.050	0.032	-0.01	1.00				
券商占比	-0.015	0.015	-0.012	0.023	0.000	-0.033	0.015	-0.026	0.015	0.030	0.005	-0016	-0.003	0.163	1.000			
保险公司占比	0.083	-0.009	0.069	0.005	0.024	-0.010	0.109	-034	0.025	0.060	-0.020	0001	-0.009	0.195	0.055	1.000		
社保基金占比	0.073	0.034	0.048	0.043	0.034	0.006	0.086	-0.028	0.037	0.049	0.001	-0043	-0.007	0.271	0.072	0.077	1.000	
QFII占比	0.074	0.010	0.071	-0.015	0.038	-0.038	0.096	-0.022	0.029	0.020	-0.004	0027	-0006	0.157	0.042	0.038	0.055	1.00

Pearson 相关性

续表

Sig.(单侧)	审计费用	审计意见类型	境内审计事务所	审计复杂程度	存货	资产流动性	公司规模	资产负债率	总资产净利润率	股权性质	Tobin-Q	内部控制是否有效	流动比率	基金占比	券商占比	保险公司占比	社保基金占比	QFII占比
审计费用																		
审计意见类型	0.000																	
境内审计事务所	0.000	0.262																
审计复杂程度	0.000	0.001	0.003															
存货	0.000	0.000	0.000	0.095														
资产流动性	0.000	0.000	0.000	0.000	0.000													
公司规模	0.127	0.000	0.286	0.241	0.001	0.000												
资产负债率	0.413	0.000	0.050	0.484	0.440	0.005	0.380											
总资产净利润率	0.000	0.000	0.000	0.000	0.040	0.000	0.000	0.000										
股权性质	0.000	0.000	0.000	0.000	0.000	0.000	0.000	0.000	0.175									
Tobin-Q	0.000	0.000	0.000	0.431	0.000	0.000	0.000	0.000	0.000	0.002								
内部控制是否有效	0.000	0.000	0.003	0.000	0.000	0.000	0.000	0.089	0.435	0.000	0.000							
流动比率	0.256	0.321	0.264	0.043	0.423	0.017	0.350	0.175	0.448	0.129	0.397	0.206						
基金占比	0.000	0.005	0.000	0.000	0.067	0.000	0.000	0.000	0.000	0.000	0.000	0.002	0.148					
券商占比	0.089	0.090	0.146	0.019	0.483	0.001	0.098	0.011	0.085	0.004	0.329	0.081	0.396	0.000				
保险公司占比	0.000	0.222	0.000	0.341	0.017	0.186	0.000	0.001	0.014	0.000	0.041	0.470	0.225	0.000	0.000			
社保基金占比	0.000	0.001	0.000	0.000	0.001	0.289	0.000	0.007	0.001	0.000	0.477	0.000	0.264	0.000	0.000	0.000		
QFII占比	.000	.186	.000	.092	.000	.000	0.000	0.024	0.005	0.038	0.358	0.009	0.309	0.000	0.000	0.000	0.000	

表 8-28　模型回归系数

模型 1	非标准化系数		标准系数 (试用版)	t	Sig.
	B	标准误差			
（常量）	5.986	0.107		56.075	0.000
审计意见类型	−0.053	0.021	−0.019	−2.497	0.013
境内审计事务所	0.832	0.022	0.274	37.000	0.000
审计复杂程度	−0.200	0.058	−0.024	−3.458	0.001
存货	5.105E-12	0.000	0.080	10.892	0.000
资产流动性	−0.381	0.037	−0.073	−10.183	0.000
公司规模	0.353	0.005	0.647	72.060	0.000
资产负债率	0.043	0.008	0.037	5.130	0.000
总资产净利润率	0.026	0.028	0.006	0.906	0.365
股权性质	−0.052	0.014	−0.027	−3.663	0.000
Tobin-Q	0.007	0.001	0.042	5.774	0.000
内部控制是否有效	−0.062	0.013	−0.033	−4.738	0.000
流动比率	−0.003	0.001	−1.447	−3.487	0.000
速动比率	0.003	0.001	1.440	3.469	0.001
基金占流通 A 股比例	−0.002	0.001	−0.027	−3.553	0.000
券商占流通 A 股比例	−0.013	0.005	−0.017	−2.530	0.011
保险公司占流通 A 股比例	0.002	0.004	0.002	0.355	0.723
社保基金占流通 A 股比例	0.011	0.005	0.015	2.167	0.030
QFII 占流通 A 股比例	−0.006	0.008	−0.005	−0.779	0.436
净利润	0.058	0.019	0.022	3.128	0.002
R	0.801				
R^2	0.642				
调整 R^2	0.641				
df	7910				
F	706.849				
Sig.	0.000				

注：因变量为审计费用。

8.2.5　研究结论

　　本章从审计收费角度检验了机构投资者的"股东积极主义"、自由现金流量代理成本假说理论。研究发现：①自由现金流量与审计收费显著正相关，验证了自由现金流量假说，公司留存的自由现金流量越多，潜在的代理问题越严重，那么会计师事务所对其审计监督时审计风险会增大，由此会计师事务所会提高审计费用标准；②自由现金流量和债务融资水平交互项的系数是负的，但不显著，表明债务控制效应在我国没有发挥出其应有的制约作用；③行业之间的审计收费具有显著性差异，说明审计人在索取审计费用时会考虑被审计公司所处的行业；④审计意见类型、内部控制有效性、公司业绩水平、公司成长机会、资产负债率、公司规模、经济业务复杂程度、资产流动性、股权性质等都是影响审计收费的重要因素；⑤公司盈利水平对审计收费的影响不显著；⑥机构投资者持股与审计费用呈负相关关系，说明机构投资者能够发挥对审计费用收取标准的制约作用，机构投资者持股比例高，那么审计费用收取也会降低标准；⑦各类机构投资者持股比例和投资偏好的差异，使得它们对审计费用的作用有所不同，基金持股、券商持股、QFII 与审计费用呈负相关关系，基金持股、券商持股能够发挥对会计师事务所收费的监督作用，保险公司、社保基金与审计费用呈正相关关系，其中社保基金持股与审计费用正相关关系显著。

第9章 机构投资者对公司自由现金流量积极控制的措施

9.1 创造良好的制度环境，促进机构投资者控制能力的发挥

制度完善和制度环境优化是发挥机构投资者控制能力的基础。多年来，我国出台了一系列规章制度，不断加强资本市场规范管理，积极推动机构投资者的发展。早在 2004 年，我国下发的《国务院关于推进资本市场改革开放和稳定发展的若干建议》（以下简称《建议》）中对机构投资者发展作出了较为全面、系统和明确的规定，《建议》中提出要以基金管理公司和保险公司为主的机构投资者成为资本市场的主导力量，通过发展机构投资者来改善我国股票市场以个人投资者为主体的投资结构，进一步推动上市公司的发展。同时，对机构投资者自身发展作出了要求，即机构投资者必须要诚信、守法和专业，这是机构投资者与其他投资者最大的区别。

然而，我国在机构投资者参与公司治理的范围和程度方面的相关制度仍然比较薄弱。"单个基金持有一家上市公司的股票，不得超过该基金资产净值的10%"，"同一基金管理人管理的全部基金持有一家公司发行的证券，不得超过该证券的 10%"，此项规定在很大程度上限制了基金投资资产比例，必然影响基金在公司治理的话语权和参与能力。2010 年，《保险资金运用管理暂行办法》提升了验资的股票和股票型基金投资上限。但相比公司持股比例结构，机构投资者在公司的持股比例仍然处于较低水平。因此，国家在资本市场发展到一定阶段和上市公司治理结构较为完善的情况下，可以逐步适当放宽机构投资者投资的比例限制，优先保障机构投资者参与公司治理。如放宽机构投资者参与公司治理的政策限制，提高机构投资者在资本市场的资产比例，从而强化机构投资者在上市公司的话语权，享受到参与公司治理的股数效应；让机构投资者能够充分参与市场竞争，发挥稳定市场和监督公司管理决策的积极作用。

与机构投资者发展和参与公司治理相关的制度还应该包括机构投资者队伍建设方面的制度，要明确进一步发展证券投资基金，积极探讨保险机构设立基金管

理公司，扩大合格境外机构投资者的试点地区等制度；进一步完善对机构投资者的税收政策，调动机构投资者积极性。另外，拟定其他有利于规范和引导机构投资者参与市场行为的相关制度，防止机构投资者的短期行为和投机行为给资本市场带来不利影响，如持股周期、投资领域、持有比例等。只有为机构投资者提供良好的制度保障，其才能真正参与到公司治理的各个领域，发挥对公司持有自由现金流量的监督管理作用。否则，机构投资者的外部监督就仅仅停留在公司表面，监督作用非常有限。

9.2　完善财务报表体系设计，规范上市公司自由现金流量信息披露管理

目前，理论界对自由现金流量概念有了较为全面的认识，然而在实际应用中对自由现金流量的界定和计量尚无定论。学者们大多依据公司年报财务信息进行不同口径的归集和整理，计算公式也各不相同。事实上，自由现金流量以各种形式分散在不同的会计科目和项目中，这些科目和项目数据归集又遵循了一定的会计准则。各公司在计入自由现金流量资金时，也会依据各自理解口径进行不同的归集，造成自由现金流量统计难度较大。因此，机构投资者要加强对自由现金流量的控制，必然要求公司对自由现金流量信息披露有统一的口径和信息披露要求，那么这对于协调处理好现有的会计核算基础和公司对自由现金流量计量的分歧是需要一定的过程的。所以，由于数据信息基础的差异性，机构投资者对自由现金流量的控制作用的充分发挥尚需自由现金流量信息披露体系的完善，比如财务报表信息体系的完善、自由现金流量计算口径的统一指导、自由现金流量信息数据归集规则的完善等。

为进一步加强对上市公司自由现金流量持有的监管，一方面，应深化公司信息披露规则，对公司重大事项、重大决策引发的现金流变化应予以披露，及时反映公司自由现金流量变化情况。另一方面，尽快完善现有财务报表体系，拟定统一的自由现金流量指标范围、计算公式，设立专门的自由现金流量披露表样，规范上市公司按时、按要求完善公司自由现金流量的月报、季报和年报，并及时按要求进行信息披露，便于机构投资者能够较好地获取上市公司自由现金流量持有状况、变动等信息，及时分析和调剂自由现金流量使用用途和方向，为公司发展决策提供必要的信息基础。

9.3　完善机构投资者的治理结构，强化机构投资者监督职责

完善机构投资者的治理结构，就是要形成对机构投资者参与公司治理的有效激励与约束机制。机构投资者治理的核心问题是如何发挥投资者、独立董事对机构投资者管理人的选择、激励和约束作用，形成有效的约束机制、激励机制和声誉机制，这是机构投资者参与公司治理并有效发挥作用的必要条件。

9.3.1　健全机构投资者内部的激励约束机制

长期以来，我国机构投资者内部激励与约束机制不健全，严重影响到机构投资者参与公司外部治理的作用发挥。比如，我国证券投资中基金的股份持有分散程度较高，集中度低，而且大多基金持有人短期投资倾向较为明显，对基金管理者监督松散。同时，我国基金公司内部薪酬体系不合理，基金管理人收益、责任与风险不匹配，严重影响基金管理人对基金运行的责任心和业绩提升的积极性。由此，加强机构投资者的内部治理时，首先应该加强对其激励与约束机制的完善。进一步明确管理者的风险责任意识，细化管理者的收益考评体系，实施对不同的投资品种采用不同的评价标准，引入风险激励指标，使其个人收益与公司业绩相挂钩，规范管理者的职权范围，在职权范围内给予充分的自主决策权，发挥管理者的积极性。同时，规范机构投资者管理人的资格认定、职务选任、期限等要求。建立相关的监督机构，加强对管理人的有效监督。

9.3.2　健全机构投资者的声誉机制

良好的声誉是机构投资者参与市场竞争、赢得市场地位的重要保障。评价机构投资者的好坏，不仅要求机构投资者具有一定的公司规模，拥有相当的资金实力，具备一支专业化队伍，以及多年运行的业绩水平，而且也要关注机构投资者在行业内的优质评价，这就是声誉。在声誉机制的约束下，机构投资者会增大对其投资行为的约束力，会考虑到长期利益而放弃对短期利益的冲动，时刻以股东利益为中心，充分发挥对有损于股东利益的行为的制止作用。当然，声誉的健全需要依托先进的投资理念、优秀的经营管理者、完备的机构设置、健全的管理制度、规范的流程管理，以及有特色的投资经营板块等。通过声誉机制的建立，有利于增添机构投资者的活力，转变价值投资理念，推动机构投资者不断发展成熟，

从而达到促进机构投资者发挥"股东积极主义"的目的。

9.3.3　提高机构投资者参与公司治理的能力

参与公司治理是机构投资者发展的必然需求，也是机构投资者保护股东利益的重要途径。机构投资者参与公司治理，就是要积极参加股东大会，参与股东大会的决策，反映股东的利益需求，代表股东行使监督决策的权力。当然，参与公司治理需要一定的能力，否则无法发挥监督作用。比如机构投资者获取公司经营信息的能力，而且对这些信息能够给予准确分析，提炼有利于股东利益的信息；参与公司决策的能力，对公司经营决策信息掌握充分，能够通过董事会、监事会获取有关公司发展的信息，从公司发展和股东利益出发，对公司管理层决策提出意见；行业专家的能力，不同的行业具有不同的特点，运营机制、发展模式、投资方式等都有很大的差异。机构投资者要投资这些领域，首先要熟知这些领域，因此需要具备一定的专业素质，知晓所投资领域和行业的相关专业知识，积累相关的经验，掌控其存在的风险与责任，成为公司治理的专家。机构投资者只有拥有较强的公司内部治理能力，才能够真正融入公司治理机构中，切实解决公司治理中存在的投资决策问题，有效监督公司管理，保护股东利益。

9.3.4　充分发挥行业自律和监管功能，加强对机构投资者的履责考核

加强对机构投资者的履责管理，需要充分发挥行业自律和监管功能，通过行业组织对机构投资者的规范管理，有利于机构投资者的独立发展。行业监督要求进一步完善机构投资者信息披露制度，督促其定期或不定期公布其业务及交易情况，接受投资者的社会监督。同时，应尽快出台相关的机构投资者管理办法，通过立法手段来加强对机构投资者的监管。如出台基金的管理办法，建立完善的基金管理者评价体系，促进基金行业的公平竞争，保护投资者利益和证券市场的长期稳定及健康发展。重视社会公众对机构投资者的约束作用。加强对基金经理的业绩评价和考核，建立成熟的基金经理评价体系。发挥机构投资者行业协会的自律作用，设立专门的公司治理基金。

9.3.5　进一步提高机构投资者的成熟程度与价值取向

机构投资者的成熟程度一方面反映在机构投资者数量和规模的充分发展上，不同类型机构投资者之间的结构不断优化，形成多元化机构投资者均衡格局，相互制约，相互依托，更有利于资本市场股权结构的优化。目前，我国机构投资者大多以基金为主，采用组合方式投资，股权较为分散，部分基金往往

以追求短期股价上涨收益为主，股票持有时间短，股票换手率较高，影响资本市场稳定。与之相反，社保基金、养老基金、保险机构等机构投资者具有投资稳健、持股周期长、追求长期稳定收益等特点，它们能够更加积极地参与治理，对公司决策进行有效监督。另一方面，机构投资者成熟程度还表现为机构投资者价值取向的理性化。机构投资者"用手投票"参与公司治理获得成功的"双汇发展"案例和"大商股份"案例表明，机构投资者要切实以长期价值投资为导向，主动积极参与公司日常化监督治理，才能获得市场支持，而不是在自身利益受到重大损害时才被动参与。大成基金在重庆啤酒疫苗项目的失败就是很好的教训。

9.4 引导机构投资者在公司治理的关键领域发挥积极股东作用

目前，机构投资者股东积极主义发挥的领域一般有三个层面：一般性的公司治理，也是最基本的领域，主要涉及股东、董事会、经理层关系和关联交易、信息披露等方面；二是行业相关的公司治理；三是其他与公司内部执行和控制的监督。在我国，由于资本市场发展的实际情况和机构投资者尚处于发展阶段，参与公司治理的范围、程度、深度非常有限。较多参与的公司治理还是属于一般性的公司治理。从本书机构投资者对公司自由现金流量影响作用的分析来看，出于不同的监督目的和受多种因素影响，机构投资者对自由现金流量代理问题的影响力存在差异性。比如机构投资者对自由现金流量的闲置所带来的代理问题几乎是默许态度，对在职消费、过度投资的代理问题监督一般，这些代理成本问题还未触及机构投资者的利益底线。然而，机构投资者对自由现金流量的低效并购、大股东掏空、股利分配、审计费用、公司绩效等方面的监督力度较大。因此，探讨机构投资者的"股东积极主义"，要认真分析机构投资者对公司治理问题的参与程度、参与范围及存在的问题。机构投资者既是投资者，也是股东利益保护者，它们所关注的重点与其利益密切相关。分清哪些与机构投资者相关性较大，哪些是机构投资者最为关注的，是引导机构投资者发挥积极作用的必然基础。而且我国机构投资者不像英美等国家机构投资者资金实力较强，持股比例较高，参与公司治理范围广、程度深。因此，我国机构投资者重在关键领域的监督治理，要引导机构投资者强化社会责任意识，变被动为主动，参与公司价值创造，为保护中小股东利益担当起历史责任。如此一来，也有利于树立机构投资者长期价值投资理念，避免机构投资者短期投资行为。

9.5　壮大机构投资者队伍，不断培育多种类型的机构投资者

不同的机构投资者对于我国资本市场股权结构的优化和公司治理的积极作用存在很大的差异。Coffe(1991)指出，机构投资者的独立性和持股比例决定了机构投资者是否能够发挥稳定股票市场和股东制约的作用。只有独立的机构投资者才能摆脱行政干预或业务关系的限制，有效制约大股东对中小股东利益的侵害。Chen(2005)认为，在机构投资者中，公共养老基金、投资公司等与所投资公司无业务往来，不会受公司管理者的影响。那些保险公司、银行等灰色机构投资者与公司存在业务关联，容易为了保持业务联系和稳定的业务收益而放弃对公司管理层的监督和制约，任其随意损害股东利益。

因此，发展机构投资者应立足于我国国情的客观情况，要积极培育多元化的机构投资者，尤其是重点培育社保基金、养老基金、保险机构等投资稳健、持股周期长、追求长期稳定收益的大型机构投资者，不断壮大机构投资者队伍，增大积极参与公司治理的机构投资者比重，增强机构投资者监管力量。具体而言，一是继续稳步发展现有证券投资基金，大力发展开放式基金、创新型封闭式基金，努力促进证券投资基金类型、投资风格等的多样化；二是积极推动社保基金、养老基金、保险基金等长期投资者的入市规模，大力发展和完善我国养老金制度，引导和逐步扩大保险资金等的入市比例；三是借鉴国外成熟经验，稳步扩大合格的 QFII 规模，加大对 QFII 的规范管理，加强 QFII 信息披露、投资管理、交易等方面的监管，发挥其对我国证券市场的正面作用。

由于我国上市公司股权相当集中，机构投资者在很大程度上受到限制，需要通过放松管制来增强单个机构投资者的实力。监管部门可适当放宽对机构投资者设立、入市和介入公司治理方面的限制。首先，在设立资格的限制方面，允许符合条件的非国有企业发起基金和基金管理公司；其次，关于机构投资者的资金入市比例限制方面，可以放宽各类机构投资者资金入市比例和购买一家上市公司股票的比例，进一步提高机构投资者在上市公司中的话语权，享受到参与公司治理的股数效应。对于投资范围，可进一步放松证券投资基金等投资于国债的资金比例。

第 10 章　总结与展望

10.1　主　要　结　论

随着我国机构投资者的不断壮大发展，机构投资者在公司治理方面发挥了积极的作用。自由现金流量的大量存在，引发了我国资本市场委托代理问题，股东与管理层、大股东与中小股东之间存在诸多冲突与矛盾。综上研究，机构投资者在控制自由现金流量代理问题、约束大股东占用自由现金流量、保护股东利益方面发挥了积极作用。但是，由于信息不对称和机构投资者"股东积极主义"的有限性，机构投资者对自由现金流量所产生的代理问题也存在不同的作用差异。

(1)机构投资者对自由现金流量产生、使用、管理、审计监督等环节存在的委托代理问题能够起到很好的约束作用，包括形成自由现金流量的资金闲置，随意性收益支出的在职消费、过度投资，非随意性收益支出的低效并购、大股东占款、股利分配、审计监督等方面的影响作用。

(2)机构投资者对自由现金流量产生的代理问题作用存在差异性。机构投资者对自由现金流量的代理问题的影响表现在三个层次。

默许层次——资金闲置，允许公司在投资项目缺乏或判断前景不明项目的情况下发生资金闲置现象。机构投资者认为，闲置的募集资金用于存于银行专户或购买理财产品，资金仍然在企业内部。资金闲置仅仅反映了公司管理层对预期项目投资的不自信，追求能够带来稳固收益的投资项目，资金闲置带来的是暂时性的资本性收益损失。关注长期投资的机构投资者更为看重的是企业潜在的发展力。他们对此往往会采取默许态度。机构投资者能够承担资金闲置产生的机会成本。

适当影响层次——在职消费、过度投资、低效并购。在信息不对称和投资的专业性制约下，机构投资者无法判定公司是否出现在职消费、过度投资、低效并购问题。在职消费是公司绩效激励机制完善和规范过程中出现的必然要求。股东对管理层的适当激励也是为了企业的未来发展，这与机构投资者的长期投资目标是一致的。过度投资增加了企业固定资产的投资规模，对于企业来说，适应不同的竞争市场环境，灵活调剂资金投资方向，是企业投资决策的基本规则。作为外部监管的机构投资者来说，对于行业特征和行业竞争仍然存在不熟悉、不专业的缺陷，他们关心的是企业能否把握住核心竞争力及其带来的投资回报，过度投资在某种程度上还未超过机构投资者"用脚投票"的程度，机构投资者也只能在有限的范围内进行适当的规范影响。对于低效并购滥用自由现金流量进行规模扩张，满足公司管理层权力欲望，促使公司多元化非相关性发展，会导致资金链、利益链、投资收益链交织在一起，弱化公司资金优势和市场优势，从而损害公司业绩，也在某种程度上触及机构投资者的投资利益，那么机构投资者对其有显著的影响作用。

积极影响层次——降低大股东占款、督促公司股利分配、降低审计费用标准。大股东占款直接触及机构投资的根本利益。由于我国资本市场发展不成熟和"一股独大"现状，加之国有资产管理缺位现象较为严重，大股东利用其持股比例优势和国家政策调控，与公司经理层合谋，通过推行股票股利或现金股利分配，搞利益输送，占有自由现金流量，从而降低中小股东持股市场价值，损害中小股东利益。大股东占款强制性占有公司自由现金流量，直接违背了机构投资者对自由现金流量用于股利分配的意愿，让股东利益受到严重损害。

机构投资者偏好公司分红，它们在选择投资公司时也会考虑公司股利分配政策。因此，机构投资者能够发挥积极的监督作用，督促公司对股东进行分红，及时回报股东的投资。

机构投资者对审计费用标准的制约实质上就是要限制自由现金流量的代理问题。而自由现金流量的超额存在是引发代理问题的关键因素。由于自由现金流量的大量存在，公司管理层可能对其进行随意性支出，从而加大公司审计风险。对于会计师事务所来说，在发挥审计监督时，也很注重对审计风险的控制。那么除了必要的审计程序和审计方法外，提高审计费用标准成为事务所保护自身利益的重要方式。因此，机构投资者对自由现金流量的超额持有的限制，也是对审计风险的制约，进而可以降低审计费用标准。审计费用标准的降低，也是增加机构投资者对公司绩效比例的占有。

(3)不同类型的机构投资者对于自由现金流量所带来的代理问题作用不同，持股较高的基金、券商、QFII相对于公司更具独立性，持股份额较高，其发挥的作用就较为显著。同时，因为投资偏好和持股量的不同，在作用发挥时能起的作用也存在差异。如社保基金和保险基金投资的稳定型、长期型和价值型，与公司业务往来密切，往往对自由现金流量存在的代理问题采取中立态度。

当然，从整体水平来看，由于我国资本市场发展的不成熟，各方面制度尚不健全，尽管国家也在积极推动机构投资者的发展，但发展仍然相对缓慢，持股比例方面仍然处于弱势地位，机构投资者队伍结构方面发展不健全，在参与公司治理、董事会、股东大会决策时话语权不足，监管能力有限。同时，我国机构投资者自身还存在先天不足、后天较弱的缺陷，治理能力不够，存在双重委托代理问题，因此要充分发挥其专业优势和队伍优势，尚须采取多种措施，创造有利的制度环境和发展环境，加快机构投资者的发展，提升其全面综合素质，切实担当起维护资本市场秩序、保护股东利益的社会责任。

10.2　不足及展望

　　本书较为全面系统地梳理了机构投资者与自由现金流量的相关研究成果，在此基础上也作了进一步深入的研究，一方面对机构投资者在自由现金流量产生、使用和管理方面所发挥的积极作用进行了详细探讨，清晰展现了机构投资者对自由现金流量代理问题的制约作用；另一方面，在阐述中，本章也对机构投资者和自由现金流量现有状况进行了分析，为后期研究提供了很好的基础。但是基于文献的有限性和作者研究能力的不足，在本书研究中仍然存在 4 点不足。

　　(1) 机构投资者范围界定和持有比例的把握不够准确。本书大量描述了机构投资者的范围内容和持有比例的统计，但是数据来源主要是现有的数据库和对各相关证券网页上数据的手工整理，难免会存在统计疏漏，或者对机构投资者持股比例的统计口径没有统一的参考标准，仅凭自身经验去收集资料，这对本书研究可能会产生一定的影响。

　　(2) 自由现金流量的计量问题。从目前各相关文献成果来看，尽管学术界对自由现金流量的概念和计量有很多探讨，但至今尚无一个准确完整的定义和计量公式。因此，在自由现金流量的计量方面也存在一些不足，对研究的准确性和客观性会带来一定的影响。

　　(3) 基于我国国情的特殊性，虽然国家也在积极促进资本市场的成熟发展，但是国有企业和国有股份改革尚需一定的时间，国有股流通问题仍然存在，机构投资者持股比例的增加也仅仅在一定范围内得到扩大，国家政策性影响具有很大的滞后性，国有企业通过国有上市公司持有的比例优势进行利益输送、占有大量的分红资金仍然是解决国有企业脱困资金的重要途径。因此，如何改善机构投资者发展问题有待我国资本市场进一步发展。

　　(4) 目前，我国产品市场和经理市场发展还不成熟，社会监督机构的作用还未充分发挥。行业协会如何积极参与资本市场都还在发展过程中。职业经理人相关的薪酬激励制度、奖惩淘汰制度等都在完善之中。因此在信息不对称情况下，管理层与股东、中小股东的委托代理成本问题客观存在。

　　目前，虽然各种客观与主观的因素在一定程度上限制了本书的研究，但是我们目前已进一步深化了对委托代理理论、代理成本理论、利益相关者理论、自由现金流量理论等理论的研究，充实了理论应用内容，从机构投资者参与公司治理层面延伸到公司内部财务层面，从自由现金流量角度探讨了机构投资者的"股东积极主义"作用，丰富了机构投资者研究内容，使机构投资者"股东积极主义"

形象再次得到验证。当然，机构投资者"股东积极主义"和"股东消极主义"仍然还客观存在，在今后的研究中，一方面可进一步对机构投资者在公司治理框架中如何发挥积极作用进行范围拓宽和深度加深式的研究，延伸研究机构投资者在不同角度是如何发挥作用的；另一方面，对自由现金流量理论进行深入研究，从某种意义上来讲，自由现金流量不仅仅是一项财务指标，它既关系到企业外部的各级财务关系的处理，如企业与股东、企业与债权人之间的财务关系，也关系到企业内部的各级财务关系的处理，包括企业管理层与员工、企业内部各生产环节的财务关系。这些问题都是未来值得思考和研究的重要方向。

参 考 文 献

彼得. 纽曼. 2004. 新帕尔格雷夫货币与金融词典[M]. 北京：中国经济出版社.

蔡庆丰，宋友勇. 2010. 超常规发展的机构投资者能稳定市场吗？——对我国基金会业跨越式发展的思考[J]. 经济研究，(1)：90-101.

曹崇延,任杰,符永健. 2013. 企业生命周期与非效率投资——基于中国制造业上市公司面板数据的实证研究[J]. 上海经济研究，(7)：91-101.

陈冬华，梁上坤. 2001. 在职消费、股权制衡及其经济后果-来自中国上市公司的经验证据[J]. 上海立信会计学院学报，(1)：19-27.

陈红明. 2005. 自由现金流量代理成本假说实证检验——基于随意性支出角度[J]. 理财者，(3)：27-34.

陈洪涛，黄国良. 2005. 中国上市公司股权结构与现金股利的实证研究[J]. 统计与决策，(10)：113-115.

程仲鸣，夏银桂. 2009. 控股股东、自由现金流与企业过度投资[J]. 经济与管理研究，(2)：19-23.

崔学刚. 2004. 公司治理机制对公司透明度的影响——来自中国上市公司的经验数据 [J]. 会计研究，(8)：72-80.

德姆塞茨. 1995. 企业理论再认识[M]. 北京：经济科学出版社.

丁方飞，范丽. 2009. 我国机构投资者持股与上市公司信息披露质量-来自深市上市公司的证据[J]. 软科学，(5)：18-23.

丁丽华，傅昌銮. 2004. 上市公司并购绩效和自由现金流量[J]. 浙江统计，(11)：18-19.

董峰，罗莉. 2011. 不同类型机构投资者持股对上市公司现金股利政策影响研究[J]. 会计师，(4)：13-14.

杜煊君. 2002. 中国证券市场：监管与投资者保护[M]. 上海：上海财经大学出版社：153-160.

范海峰. 2012. 机构投资者持股与公司绩效——基于中国证券市场的理论与实证研究[M]. 北京：中国经济出版社.

冯根福，赵珏航. 2012. 管理者薪酬、在职消费与公司绩效-基于合作博弈的分析视角[J]. 中国工业经济，(6)：147-158.

冯巍. 1999. 内部现金流与企业投资-来自我国股票市场上市公司财务报告的证据[J]. 经济科学，(1)：51-57.

符蓉，黄激动，干胜道. 2006. 自由现金流理论研究综述：发展与应用[J]. 经济与管理研究，(12)：5-10.

符蓉，黄继东，干胜道. 2007. "自由现金流量"概念及计算方法分析[J]. 会计之友，(1)：14-16.

符蓉. 2007. 自由现金流量、随意性支出与企业业绩变化研究[D]. 成都：四川大学.

干胜道. 1998. 所有者财务论[M]. 成都：西南财经大学出版社.

干胜道. 2009. 自由现金流量专题研究[M]. 大连：东北财经大学出版社.

干胜道,胡建平. 2009. 自由现金流量理论发展和应用的三大难题[J]. 四川大学学报(哲学社会科学版)，(6)：61-65.

干胜道. 2011. 股东特质与企业财务行为研究[M]. 成都：西南财经大学出版社.

高雷，何少华，黄志忠. 2006. 公司治理与掏空[J]. 经济学(季刊)，(4)：1157-1178.

郭复初. 1999. 国家财务论[M]. 成都：西南财经大学出版社.

韩勇, 干胜道. 2013. 机构投资者异质性的上市公司股利政策研究[J]. 统计研究, (5)：71-75.

何金耿. 2001. 股权控制、现金流量与公司投资[J]. 经济管理, (22)：59-64.

洪道麟, 刘力, 熊德华. 2006. 多元化并购、企业长期绩效损失及其选择动因[J]. 经济科学, (5)：63-73.

侯晓红, 李琦, 罗炜. 2008. 大股东占款与上市公司盈利能力关系研究[J]. 会计研究, (6)：77-96.

胡建平, 干胜道, 王俐. 2008. 垄断行业上市公司自由现金流量与随意性收益支出的实证研究[J]. 现代管理科学, (11)：14-16.

胡建平, 干胜道, 梁勇. 2012. 与自由现金流量相关的代理问题研究[J]. 财会月刊, (35)：6-7.

黄本多, 干胜道. 2008. 自由现金流量与我国上市公司并购绩效关系的实证研究[J]. 经济经纬, (5)：64-67.

黄乾富, 沈红波. 2009. 债务来源、债务期限结构与现金流的过度投资——基于中国制造业上市公司的实证证据[J]. 金融研究, (9)：145-155.

姜付秀, 伊志宏, 苏飞, 等. 2009. 管理者背景特征与企业过度投资行为[J]. 管理世界, (1)：130-140.

姜国华, 岳衡. 2005. 大股东资金占用上市公司资金与上市公司股票回报率关系的研究[J]. 管理世界, (9)：119-126.

姜秀珍, 陈俊芳, 刘德强. 2003. 自由现金流量：一个重要而特殊的财务命题[J]. 上海财税, (3)：15-18.

蒋明跃. 2010. 董事会特征与公司过度投资相关性实证研究[J]. 商业时代, (11)：72-73.

解群鸣. 1998. 评所有者财务[J]. 四川会计, (9)：23-24.

金玉娜, 张志平. 2013. 机构投资者能抑制过度投资吗？基于机构投资者异质性的经验证据[J]. 东北财经大学学报, (1)：20-26.

肯尼斯·汉克尔, 尤西·李凡特. 2001. 现金流量与证券分析：基于自由现金流量的投资估价方法[M]. 张凯等译. 北京：华夏出版社.

李朝晖. 2013. 机构投资者持股文对审计收费的影响研究[J]. 统计与决策, (13)：172-174.

李传宪, 王茜. 2014. 机构投资者持股与现金股利政策的实证研究[J]. 会计之友, (20)：61-66.

李刚, 张海燕. 2009. 解析机构投资者的红利甄别能力[J]. 金融研究, (1)：165-178.

李丽君, 马巧梅, 高桃丽. 2010. 上市公司过度投资行为制约因素分析[J]. 管理学家(学术版), (6)：37-44.

李培. 2010. 浅谈机构持股与自由现金流的过度投资[J]. 财务与会计, (5)：32.

李善民, 朱滔, 陈玉罡. 2004. 收购公司和目标公司配对组合绩效的实证分析[J]. 经济研究, (6)：96-104.

李善民, 朱涛. 2005. 中国上市公司并购的长期绩效 [J]. 中山大学学报, (5)：80-86.

李爽, 吴溪. 2004. 审计定价研究：中国证券市场的初步证据[M]. 北京：中国财政经济出版社：24-95.

李维安, 李滨. 2008. 机构投资者介入公司治理效果的实证研究——基于 CCGI_NK 的研究经验[J]. 南开经济评论, (1)：4-14.

李心丹, 朱洪亮, 张兵, 等. 2003. 基于 DEA 的上市公司并购效率研究[J]. 经济研究, (6)：15-24.

李心合. 2003. 利益相关者财务论[M]. 北京：中国财政经济出版社.

李鑫. 2007. 自由现金流、现金股利与中国上市公司过度投资[J]. 证券市场导报, (10)：55-59.

李鑫. 2008. 股权结构、自由现金流与企业过度投资——基于中国上市公司的实证研究[J]. 新疆社会科学, (1)：28-33.

李延喜. 2002. 基于动态现金流量的企业价值评估模型研究[D]. 大连：大连理工大学.

李艳丽, 孙剑非, 伊志宏. 2012. 公司异质性、在职消费与机构投资者治理[J]. 财经研究, (6)：27-37.

李悦. 2001. 股权结构、经济效应与上市公司国有股减持[J]. 中国统计, (7): 22-27.

李云鹤, 李谌. 2012. 管理者代理行为、公司过度投资与公司治理——基于企业生命周期视角的实证研究[J]. 管理评论, (7): 117-131.

李增泉, 孙铮, 王志伟. 2001. "掏空"与所有权安排——来自我国上市公司大股东资金占用的经验证据[J]. 会计研究, (12): 3-12.

梁勇, 干胜道. 2013. 基于机构投资者与自由现金流量代理问题的思考[J]. 商业会计, (3): 11-13.

林毅夫, 蔡昉, 李周. 1997. 充分信息与国有企业改革[M]. 上海: 上海人民出版社.

刘昌国. 2006. 公司治理机制、自由现金流量与上市公司过度投资行为研究[J]. 经济科学, (4): 5-13.

刘传葵. 2006. 延续传统理财文化梦想[N]. 证券时报, 5.

刘峰, 贺建刚. 2004. 股权结构与大股东利益实现方式的选择-中国资本市场利益输送的初步研究[J]. 中国会计评论, (1): 141-158.

刘津, 郭志明, 李礼. 2008. 上市公司募集资金闲置与公司绩效的实证研究[J]. 经济问题探索, (4): 158-163.

刘勤, 陆满平, 寻晓青, 等. 2002. 变更募集资金投向及其监管研究[J]. 证券市场导报, (1): 35-40.

刘银国, 张琛. 2012a. 自由现金流的代理成本效应检验: 基于在职消费视角[J]. 经济管理, (11): 125-132.

刘银国, 张琛. 2012b. 自由现金流与在职消费-基于所有制和公司治理的实证研究[J]. 管理评论, (10): 18-25.

刘运国, 麦剑青, 魏哲妍. 2006. 审计费用与盈余管理实证分析——来自中国证券市场的证据[J]. 审计研究, (2): 74-80.

娄伟. 2002. 基金持股与上市公司业绩相关性的实证研究[J]. 上海经济研究: 58-62.

卢锐, 魏明海, 黎文靖. 2008. 管理层权力、在职消费与产权效率[J]. 南开管理评论, (5): 85-92.

吕长江, 金超, 韩慧博. 2007. 上市公司资本结构、管理者利益侵占与公司业绩 [J]. 财经研究, (5): 50-61.

罗党论, 黄郡. 2007. 审计师与控股股东的"掏空"行为——来自中国上市公司的经验证据[J]. 当代经济管理, (2): 123-127.

罗栋梁. 2007. 我国机构投资者与上市公司治理的实证研究[D]. 成都: 西南财经大学.

罗宏, 黄文华. 2008. 国企分红、在职消费与公司业绩[J]. 管理世界(月刊), (9): 139-147.

罗进辉, 万迪昉. 2009. 大股东持股对管理者过度在职消费行为的治理研究[J]. 证券市场导报, (6): 64-70.

马曙光, 黄志忠, 薛云奎. 2005. 股权分置、资金侵占与上市公司现金股利政策[J]. 会计研究, (9): 44-50.

梅峰, 邓立丽. 2007. 大股东占款对上市公司效率的影响——基于 2001 年~2005 年实证数据的研究[J]. 上海经济研究, (4): 50-55.

孟丽荣, 汤谷良. 2007. 自由现金流量、盈余管理和治理机制相关性研究——来自中国资本市场的经验证据[J]. 2007 年全国 VBM 与财务管理创新专题研讨会论文集, (5): 58-74.

孟焰, 袁淳. 2005. 公司规模与会计盈余价值相关性: 来自沪深股市的经验证据[J]. 中国会计学会 2005 年学术年会论文集(上): 7.

彭丁. 2012. 我国上市公司机构投资者治理行为影响因素及经济后果研究[D]. 成都: 西南财经大学.

庆燕燕, 干胜道. 2007. 自由现金流量、随意性收益支出与经营业绩相关性的实证研究[J]. 商业会计, (11): 21-22.

饶育蕾, 贺曦, 李湘平. 2008. 股利折价与迎合: 来自我国上市公司现金股利分配的证据[J]. 管理工程学报, (1): 133-136.

桑梓卿. 2005. 我国机构投资者的风险管理[J]. 管理科学文摘, (8)：57.

邵颖红, 朱哲晗, 陈爱军. 2006. 我国机构投资者参与公司治理实证分析[J]. 现代管理科学, (5)：33-37.

沈艺峰, 沈洪涛. 2004. 公司财务理论主流[M]. 东北：东北财经大学出版社.

施光耀. 2012. 中国上市公司分红状况分析[J]. 中国金融, (6)：67-68.

石良平, 李洋. 2007. 机构投资者介入公司治理的作用研究[J]. 上海经济研究, (7)：83-90.

石宗辉, 张敦力. 2014. 机构投资者对上市公司自由现金流量的控制与优化[J]. 郑州航空工业管理学院学报, (5)：112-116.

斯密. 1972. 国民财富的性质和原因的研究(上卷, 中译本)[M]. 北京：商务印书馆：60, 62.

宋常, 刘司慧. 2010. 信息披露、机构投资者持股与上市公司过度投资[J]. 商业研究, (11)：104-109.

宋渊洋, 唐跃军. 2009. 机构投资者有助于企业业绩改善吗？——来自2003～2007年中国上市公司的经验证据[J]. 南方经济, (12)：56-67.

苏敏. 2006. 自由现金流量与现代财务理论——评詹森《自由现金流量的代理成本、公司财务与收购》[J]. 经济与管理研究, (12)：87-89.

孙维章, 干胜道. 2014. 高管官员背景与国有企业过度投资："自由现金流量假说"抑或"政府干预假说"？[J]. 兰州商学院学报, (2)：109-115.

汤谷. 1997. 经营者财务论[J]. 会计研究, (5)，18-20.

汤谷良, 朱蕾. 2002. 自由现金流量与财务运行体系[J]. 会计研究, (4)：32-37.

汤姆·科普兰, 蒂姆·科勒, 杰克·默林. 1998. 价值评估[M]. 北京：中国大百科全书出版社.

唐国琼, 邹虹. 2005. 上市公司现金股利政策影响因素的实证研究[J]. 财经科学, (2)：147-153.

唐清泉, 罗党论, 王莉. 2005. 大股东的隧道挖掘与制衡力量——来自中国市场的经验数据. 中国会计评论, (1)：52-70.

唐清泉, 罗党论. 2006. 现金股利与控股股东的利益输送行为研究——来自中国上市公司的经验证据[J]. 财贸研究, (1)：92-97.

唐跃军, 宋渊洋. 2008. 中国企业规模与年龄对企业成长的影响——来自制造业上市公司的面板数据[J]. 产业经济研究, (6)：28-35.

汪光成. 2001. 投资基金折价问题研究[J]. 金融研究, (12)：20-28.

汪平. 2003. 自由现金流量概念研究[J]. 河北经贸大学学报, (4)：81-84.

汪忠, 曾德明, 陈春晖. 2006. 机构投资者与管理者的利益冲突对企业并购的影响[J]. 湖湘论坛, (1)：70-72.

王化成, 佟岩. 2006. 控股股东与盈余质量——基于盈余反应系数的考察. 会计研究, (2)：66-75.

王琨, 肖星. 2005. 机构投资者持股与关联方占用的实证研究[J]. 南开管理评论, (8)：27-32.

王满四. 2006. 上市公司负债融资的激励效应实证研究[J]. 南方经济, (7)：65-74.

王培林, 靳云汇, 贾昌杰. 2007. 从并购行为剖析中国上市公司代理成本问题[J]. 金融研究, (4)：171-177.

王奇波, 宋常. 2006. 国外关于最优股权结构与股权制衡的文献综述[J]. 会计研究, (1)：83-88.

王跃武. 2005. 论财务主体一元性与财务主体多元性[J]. 财会月刊, (10), 3-5.

王振林. 2002. 审计收费的决定与审计质量——中国上市公司的证据[D]. 上海：上海财经大学：67-98.

翁洪波, 吴世农. 2007. 机构投资者、公司治理与上市公司股利政策[J]. 中国会计评论, (3)：367-380.

伍中信. 2005. 财权分层理论与财务主体一元性[J]. 财会月刊, (11): .

武晓春. 2003. 我国上市公司股权结构与股利政策[J]. 经济问题, 2003, (4): 42-44.

夏冬林, 李刚. 2008. 机构投资者持股和会计盈余质量[J]. 当代财经, (2): 111-118.

肖珉. 2005. 自由现金流量、利益输送与现金股利[J]. 经济科学, (12): 67-76.

肖星, 王琨. 2005. 证券投资基金: 投资者还是投机者[J]. 世界经济, (8): 73-79.

肖作平. 2006. 自由现金流量假说检验: 审计收费视角[J]. 南开管理评论, (2): 19-23.

辛清泉, 林斌, 王彦超. 2007. 政府控制、经理薪酬与资本投资[J]. 经济研究, (8): 110-122.

徐国祥, 苏月中. 2005. 中国股市现金股利悖论研究[J]. 财经研究, (6): 132-144.

续芹. 2008. 我国机构投资者的作用力研究[M]. 北京: 对外经济贸易大学出版社.

严杰. 1993. 证券词典(第七版)[M]. 上海: 复旦大学出版社.

阎大颖. 2004. 中国上市公司控股股东价值取向对股利政策影响的实证研究[J]. 南开经济研究, (6): 94-100.

颜剑英. 2002. 经理行为的激励方式与国有企业激励机制的改革[J]. 江苏大学学报(社会科学版), (2): 104-108.

杨德群, 杨朝军. 2004. 论机构投资者的持股特征[J]. 上海管理科学, (4): 12-14.

杨君伟. 2002. 动态的财务主体观[J]. 财会月刊, (9): 49-50.

杨帅, 李卫宁. 2007. 企业并购绩效综合评价模型研究[J]. 工业技术经济, (7): 82-85.

杨熠, 沈艺峰. 2004. 传递盈利信号还是起监督治理作用[J]. 中国会计评论, (1): 61-76.

姚会员, 孙玲. 2006. 美国机构投资者的发展进程及借鉴[J]. 中南财经政法大学研究生学报, (4): 65-73.

姚姬, 刘志远. 2005. 基金投资行为的市场检验——基于中国股市最大机构投资者的实证研究[R]. 南开大学国际商学院工作报告.

姚颐, 刘志远. 2008. 机构投资者、股权制衡与投资者保护[R]. 天津: 南开大学.

叶建芳, 李丹蒙, 丁琼. 2009. 真实环境下机构投资者持股与公司透明度研究——基于遗漏变量与互为因果的内生性检验分析视角[J]. 财经研究, (1): 49-60.

叶建芳, 赵胜男, 李丹蒙. 2012. 机构投资者的治理角色——过度投资视角[J]. 证券市场导报, (5): 27-35.

叶康涛, 陆正飞, 张志华. 2007. 独立董事能否抑制大股东的"掏空"[J]. 经济研究, (4): 101-111.

于东智, 胡国柳, 王化成. 2006. 企业的现金持有决策与公司治理分析[J]. 金融论坛, (10): 21-27.

余玉苗, 刘颖斐. 2003. 上市公司审计收费的供需决定模型及均衡分析[J]. 审计研究, (5): 21-37.

原红旗. 2004. 中国上市公司股利政策分析[M]. 北京: 中国财政经济出版社.

袁天荣, 苏红亮. 2004. 上市公司超能力派现的实证研究[J]. 会计研究, (10): 63-70.

岳衡. 2006. 大股东资金占用和审计师监督[J]. 中国会计评论, (1): 59-68.

曾亚敏, 张俊生. 2005. 中国上市公司股权收购动因研究: 构建内部资本市场抑或滥用自由现金流[J]. 世界经济, (2): 60-68.

詹雷, 何娟, 胡鑫红. 2011. 投资研究模型: 评介与运用过度[J]. 财会月刊, (1): 94-97.

詹姆斯·C·范霍恩, 小约翰·M. 瓦霍维奇. 1998. 现代企业财务管理(第十版)[M]. 郭浩译. 北京: 经济科学出版社.

张功富. 2007. 企业的自由现金流量全部用于过度投资了吗-来自中国上市公司的经验证据[J]. 经济与管理研究, (6): 11-35.

张继勋, 徐弈. 2005. 上市公司审计收费影响因素研究——来自上市公司 2001~2003 年的经验数据[J]. 中国会计评论，（1）：99-116.

张敏，冯虹茜，张雯. 2011. 机构持股、审计师选择与审计意见[J]. 审计研究，（6）：82-88.

张婉君. 2010. 大股东控制、机构持股与投资者保护[J]. 经济问题，（8）：94-97.

张婉君. 2013. 我国上市公司机构投资者的治理效应研究[M]. 北京：中国经济出版社.

张中华，王治. 2006. 内部现金流与中国上市公司投资行为：一个综合分析框架[J]. 当代经济科学，（6）：58-642.

赵德武. 2000. 财务管理学[M]. 北京：高等教育出版社.

赵敏. 2011. 机构股东与控股大股东"掏空"行为的非合作博弈分析[J]. 生产力研究，（12）：268-270.

郑江淮，何旭强，王华. 2001. 上市公司投资的融资约束：从股权结构角度的实证分析[J]. 金融研究，（11）：92-99.

郑军，翟华云. 2013. 自由现金流量、代理问题与审计费用-来自连续审计的证据[J]. 湖南社会科学，（2）：134-137.

周伟贤. 2010. 投资过度还是投资不足——基于 A 股上市公司的经验证据[J]. 中国工业经济，（9）.

周正庆. 2006. 证券知识读本(修订本)[M]. 北京：中国金融出版社.

Agrawal A，Gershon N. 1992. Mandelker. Large shareholders and the monitoring of managers：the case of anti-takeover charter amendments [J]. Journal of Financial and Quantitative Analysis，25：143-162.

Akerlof G. 1970. The market for "Lemons"：quality uncertainty and the market mechanism[J]. Quarterly Journal of Economics，（8）：488-500.

Allen F，Bernardo A E，Welch I. 2000. The theory of dividends based on tax clienteles[J]. The Journal of Finance，（55）：2499-2536.

Ang J S，Cole R A，Lin J W. Agency COST and ownership structure[J]. Journal of Financial，2000，55（1）：81-106.

Bainbridge S M. 2005. Shareholder activism and institutional investors[R]. Research paper，5：20.

Baker M，Wurgler J. 2004. A Catering Theory of Dividends[J]. The Journal of Finance，6（3）：1125-1165.

Berger P，Ofek E. 1995. Diversification's effect on firm value[J]. Journal of Financial Economics，37：39-65.

Berle A A，Means G C. 1932. The Modern Corporation and Private Property[M]. New York：MacMillan.

Bfair. 1995. Reckoning with the pension fund revolution[J]. Harvard Business Review，69：106-114.

Bhattacharya S. 1979. Imperfect Information，Dividend Policy and Bird-in-the Hand Fallacy[J]. Bell Journal of Economics，1979，（10）：259-270.

Black B S. 1992. Agents watching agents：the promise of institutional investor voice[J]. UCLA Law Review，39：811-893.

Black B S. 1998. Shareholder activism and corporate governance in the United States[J]. As published in The New Palgrave Dictionary of Economics and the Law，1998，3：459-465.

Black B S，Coffee J C. 1994. Hail Britannia：Institutional Investor Behavior Under Limited Regulation[J]. Social Science Electronic Publishing，92（7）：1997-2087.

Borokhovich K A，Brunarski K B，Parrino R. 2000. Variation in the monitoring incentives of outside block holders，level and state university，Miami university，and university of Texas[D]. Working Paper.

Brickley J A，Lease R C，Smith C W. 1988. Ownership structure and voting on antitakeover amendments[J]. Journal of Financial Economics，20：267-291.

Bruner R F. 2002. Does M&A pay：a survey of evidence for the decision-maker[D]. Working Paper.

Chen X，Harford J，Li K. 2007. Monitoring：which institutions matter？[J]. Journal of Financial Economics，86：279-305.

Chidambaran N K, John K. 2000. Managerial compensation, voluntary closure, and large shareholder monitoring[R]. Unpublished paper, New York University.

Christie A A, Zimmerman J L. 1994. Efficient and opportunistic choices of accounting procedures: corporate control contests[J]. Accounting Review, 69(4): 539-566.

Chung R, Firth M, Kim J B. 2002. Institutional monitoring and opportunistic earnings management[J]. Journal of Corporate Finance, 8(1): 29-48.

Coffee J C. 1991. Liquidity versus control: the institutional investor as corporate monitor[J]. Columbia Law Review, 91(6): 1277-1368.

Conyon M, Murphy K. 2000. The prince and the pauper CEO pay in the U. S[J]. The U. K. Economic Journal, 110: 640-671.

David P, Kochhar R. 1996. Barriers to effective corporate governance by institutional investors: implications for theory and practice[J]. European Management Journal, 14(5): 457-466.

Dickinson V. 2010. Future profitability and the role of firm life cycle[D]. Working Paper.

Doukas J A . 1995. Overinvestment, tobin' Q and gains from foreign acquisitions[J]. Journal of Banking and Finance, 19(17): 1285-1303.

Easterbrook F H. 1984. Two agency-cost explanations of dividends[J]. American Economic Review, (74): 650-659.

Eckbo B E, Verma S. 1994. Managerial Share ownership, voting Power, and cash dividend policy[J]. Journal of Corporate Finance, 1(1): 33-62.

Faleye O. 2004. Cash and corporate control[J]. Journal of Finance, 59(5): 2041-2060.

Fama E F. 1980. Agency problem and the theory of the firm[J]. Journal of Political Economics, 88(4): 288-307.

Fazzari S M, HubbardR G, Petersen B C. 1988. Financing constraints and corporate investment[D] . Brookings Paper on Economic Activity, 1: 141-195.

Fazzari S, Hubbard R G, Perterson B C. 1988. Financing Constraints and Corporate Investment[J]. Brookings Paper on Economic Activity, 1: 141-195.

Francis J, Olsson P, Oswald D. 2000. Comparing the accuracy and explain ability of dividend, free cash flow and abnormal earnings equity valuation models[J]. Journal of Accounting Research, 38: 45-70.

Gaspar J, Massa M., Matos P. 2005. Shareholder investment horizons and the market for corporate control[J]. Journal of Financial Economics, 76: 135-165.

Gillan S, Starks L T. 2000. Corporate governance proposals and shareholder activism: the role of institutional investors[J]. Journal of Financial Economics, 57: 275-305.

Gort M, Klepper S. 1982. Time paths in the diffusion of product innovation[J]. Economic Journal, (92): 630-653.

Griffin J M. 1988. Atest of the free cash flow hypothesis: results for the petroleum industry[J]. Review of Economics and Statistics, 70: 76-82.

Grinstein Y, Michaely R. 2005. Institutional holdings and payout policy[J]. The Journal of Finance, 60(3): 1389-1426.

Gul F A, Tsui J S L. 1998. A test of the free cash flow and debt monitoring hypothesis: evidence from audit pricing[J]. Journal of Accounting and Economics, 1998, 24(2): 219-237.

Hansen B E. 1992. Tests for parameter instability in regressions with 1(1) processes[J]. Journal of Business & Economic Statistics, 10 (3): 321-335.

Harford J, Mansi S A, Maxwell W F. 2004. Corporate governance and firm cash holdings[D]. Working Paper, SSRN.

Harford J. 1999. Corporation reserves and acquisitions[J]. Journal of Finance, 54: 1969-1997.

Hart O D. 1995. Firm, Contracts, and Financial Structure[M]. London: Oxford university Press.

Hart O D. 2001. Financial contracting [J]. Journal of Economic Literature, 39(4): 1079-1100.

Hirsch F. 1976. Social Limits to Growth[M]. Cambridge: Harvard University Press.

Hotchkiss E S, Strickland D. 2003. Does shareholder composition to corporate matter? Evidence from the market reaction to corporate earnings announcements[J]. The Journal of Finance, 58(4): 1469-1498.

Jarrell G A, Poulsen A B. 1987. Shark repellentsand stock prices: the effects of anti-takeover amendments since[J]. Journal of Financial Economics, 19: 127-168.

Jensen M C, Meckling W H. 1976. Theory of the firm: managerial behavior, agency costs and ownership structure[J]. Journal of Financial Economics, 3(4): 305-360.

Jensen M. 1986. Agency costs of free cash flow, corporate finance and takeovers[J]. American Economic Review, 76(2): 323-329.

Lakonishok J, Shleifer A, Vishny R. 1994. Contrarian investment, extrapolation, and risk[J]. The Jounal of Fiance, 49: 1541-1578.

Lang L H P, Stulz R M, Walkling R A. 1991. A test of the free cash flow hypothesis: the case of bidder returns[J]. Journal of Financial Economics, 29(2): 315-335.

Lee C W J, Xiao X. 2002. Cash dividends and large shareholder expropriation in china[D]. Working Paper.

Lehn K, Poulsen A. 1989. Free cash flow and stockholder gains in going privet transactions[J]. Journal of Finance, 44(3): 771-787.

Lintner J. 1956. Distribution of incomes of corporations among dividends. retained earnings and taxes[J]. American E economic, 46(2): 97-113.

Lyon J D, Maher M W. 2005. The importance of business risk in setting audit fees: evidence from cases of client misconduct[J], Journal of Accounting Research, 43(1): 133–151.

Miguel A D. Pindado J. 2001. Determinants of capital structure: new evidence from Spanish panel data[J]. Journa of corporate finance, 7: 77-99.

Modigliani F, Miller M H. 1958. The cost of capital, corporation finance and the theory of investment[J]. The American Economic Review, (48): 261-297.

Murphy K J, Canyon M J. 2000. The prince and the pauper? CEO pay in the U. S. and the U. K[J]. Economics Journal, 110: 640-671.

Myers S C. 1987. The capital structure puzzle[J]. Journal of Finance, 39(3): 575-592.

Narayanan M. 1988. Debt vs. Equity Under asymmetric information[J]. Journal of financial and Quantitative analysis, 23: 39-51.

Nuys K V. 1993. Corporate governance through the proxy process: evidence from the 1989 honeywell proxy sociatation[J]. Journal of Financial Economics, (34): 101-132.

Patibandla M. 2006. Equity pattern, corporate governance and performance: a study of India's corporate sector[J]. Journal of Economics Behavior & Organization, (59): 29-44.

Pawlina G, Renneboog I. . 2005. Is Investment cash flow sensitivity caused by agency costs or asymmetric information? Evidence from the UK[J]. European Financial Management, (14): 483-513.

Pinto M. 1998. The Role of institutional investor in the corporate governance[D]. German Working Paper in Law and Economics, 6(4): 213-216.

Porta R L, Silanes F L, Shleifer A, et al. 2000. Agency problems and dividend policies around the world[J]. Journal of Finance, 55(1): 1-33.

Pound, J. 1988. Porxy Contests and the Efficiency Of Shareholder oversight[J]. Journal of Financial Economics, 20(1-4): 237-265.

Qiu L. 2004. Which institutional investors monitor? Evidence from acquisition activity[D]. Brown University working paper.

QiuL, Wan H. 2008. Selection or influence? Institutional investors and acquisition targets[D]. Working Paper.

Rajan R G, Wulf J. 2006. Are perks purely managerial excess?[J] Journal of Financial Economics, 79(1): 1-33.

Richardson S. 2006. Over investment of free cash flow[J]. Review o f Accounting Studies, 11: 159-189.

Ross S A. 1973. The Economic theory of agency: the principalcs problem[J]. American Economic Review, 5(2): 134-139.

Rozeff M S. 1982. Growth, beta and agency costs as determinants of dividend payout ratios[J]. The Journal of Financial Research, 5(3): 249-259.

Scharfstein D S, Stein J. 2000. The dark side of internal capital markets: divisional rent seeking and inefficient investment[R]. NBER unpublished manuscript, 59-69.

Servaes H. 1996. The value of diversification during the conglomerate merger wave[J]. Journal of Finance, 51(4): 1201-1226

Sharma V D. 2004. Board of director characteristics, institutional ownership, and fraud: evidence from australia[J]. Auditing: A Journal of Practice& Theory, 23(2): 105-119.

Shleifer A, Vishny R W. 1997. A survey of corporate overmanned[J]. Journal of Finance, (52)2: 737-783.

Short H, Zhang H, Keasey K. 2002. The link between dividend policy and institutional ownership[J]. Journal of Corporate Finance, 8: 105-122.

Simunic D A. 1980. The pricing of audit services: theory and evidence[J]. Journal of Accounting Research, 18(1): 161-190.

Soo J K, Wonsik S, Shin A K. 2010. Impact of foreign institutional investors on dividend policy in Korea: a stock market perspective[J]. Journal of Financial Management and Analysis, (1): 11-26.

Stapledon G P. 1996. Disincentive to activism by institutional investors in listed Australian companies[J]Sydney Law Review, 18(2): 152-192.

Stulz R. 1990. Managerial discretion and optimal financing policies[J]. Journal of Financial Economics, 26(1): 3-28.

Vishny S. 1986. Institutional investors and director pay[J]. Journal of Multinational Financial Management，16-29.

Vogt S C. 1994. The cash flow/investment relationship：evidence from U. S. manufacturing firms[J]. Financial Management，23(2)：3-20.

Woidtke T. 2002. Agents waching agents？：evidence from pension fund ownership and firm value[J]. Jounal of Financial Economics，(63)：99-131.

Zeckhauser R J，Pound J. 1990. Are large shareholders effective monitors？ An investigation of share ownership and corporate performance，in Hubbard，R. G. (ed.)，Asymmetric Information，Corporate Finance and Investment[M]. Chicago: University of Chicago Press：151-166.

索　引